Andrea Grote

Integriertes Marketing- und Vertriebsmanagement

Andrea Grote

Integriertes Marketing- und Vertriebsmanagement

Unter Berücksichtigung
der Hersteller-Handel-Interaktion
im Konsumgütermarkt

DE GRUYTER
OLDENBOURG

ISBN 978-3-11-053576-1
e-ISBN (PDF) 978-3-11-053573-0
e-ISBN (EPUB) 978-3-11-053608-9

Library of Congress Control Number: 2018953408

Bibliografische Information der Deutschen Nationalbibliothek
Die Deutsche Nationalbibliothek verzeichnet diese Publikation in der Deutschen
Nationalbibliografie; detaillierte bibliografische Daten sind im Internet über
http://dnb.dnb.de abrufbar.

© 2018 Walter de Gruyter GmbH, Berlin/Boston
Umschlaggestaltung: Wavebreakmedia Ltd/Wavebreak Media/Getty Images Plus
Satz: le-tex publishing services GmbH, Leipzig
Druck und Bindung: CPI books GmbH, Leck

www.degruyter.com

Inhalt

Abbildungsverzeichnis

https://doi.org/10.1515/9783110535730-201

Tabellenverzeichnis

https://doi.org/10.1515/9783110535730-202

1 Einleitung

1.1 Motivation

Gegenwärtige Veränderungen des Umfeldes gehen u. a. auf der Absatzseite mit gravierenden Folgen für die Unternehmen einher. Die dynamische Veränderung des Käuferverhaltens, bedingt durch die fortschreitende Digitalisierung, erfordert ein Überdenken der bestehenden Aufgaben und Strukturen in den Unternehmen. Hersteller markenstarker Produkte, die im Rahmen dieser Arbeit im Fokus stehen, spielen beispielsweise bei der Etablierung von Online-Shops eine große Rolle. Ein sich hieraus ergebender aggressiver Preiswettbewerb, der sich ebenfalls auf die Ebene des stationären Handels verlagern kann, wirkt sich kontraproduktiv auf die Markenstärke und ihre Anziehungskraft aus und kann im schlimmsten Fall zu einem ruinösen Preiskampf führen. Die Attraktivität der Marke geht verloren, denn die Bedeutung aus Konsumentensicht schwindet. Für den Hersteller jedoch ist die Marke der wichtigste immaterielle Vermögensgegenstand – ihre Markenstärke ist einer der wichtigste Werttreiber im Unternehmen.

Entsprechend wichtig für den Hersteller ist es, die zukünftige Positionierung der Marke auf dem Absatzmarkt zu überdenken, bestehende Absatzwege in Frage zu stellen und zu überprüfen, ob sie für innovative Handelsmodelle, die online und/oder offline auftreten, gewappnet sind. Gefordert sind gemeinsam mit der Unternehmensführung die Funktionen Marketing und Vertrieb, die im Rahmen ihres Tagesgeschäftes sowohl die Verantwortung für den Auftritt der Markenprodukte als auch für die Handelspartner übernehmen, über die die Marke distribuiert wird. Resultierend aus der vormals ausschließlich stationären Distribution ihrer Marke stehen vor allem diese beiden Funktionseinheiten gravierenden Veränderungen gegenüber.

Unter den Gesichtspunkten des Marketing-Mix lässt sich regelmäßig nachfolgende Zuordnung der Aufgabenbereiche zwischen Marketing und Vertrieb vornehmen: Das funktionale Marketing ist in erster Linie verantwortlich für die Marken- respektive Produktpolitik sowie die Kommunikationspolitik. Es ist damit vor allem auf die Konsumenten ausgerichtet. Dem Vertrieb hingegen werden vor allem die Distributionspolitik sowie die Konditionenpolitik zugeordnet. Aus Herstellersicht obliegt ihm die Verantwortung für die Handelsunternehmen, die den Verkauf der Produkte an den Endkunden übernimmt und aufgrund der Aufhebung der vertikalen Preisbindung den Endverbraucherpreis bestimmen kann. Je nach verfolgter Strategie wird der einen oder anderen Einheit in den Unternehmen eine unterschiedliche Bedeutung eingeräumt. Denn ist das Unternehmen in Bezug auf seine Absatzmarktstrategie eher marken- bzw. produktgetrieben, so hat das Marketing die dominierende Position. Liegt hingegen der Fokus primär auf der Zusammenarbeit mit den Händlern, so ist die vertriebliche Tätigkeit federführend.

https://doi.org/10.1515/9783110535730-001

Zielsetzung des vorliegenden Buches ist es, Marketing und Vertrieb eine gleichgewichtete Bedeutung einzuräumen und es integriert zu führen. Beide Einheiten sollen nicht als voneinander getrennt agierende Leistungsbereiche angesehen werden, sondern vielmehr als eine für den Absatzmarkt verantwortliche, ganzheitliche Unit, deren Tätigkeiten einen weitreichenden Einfluss auf den effektiven und effizienten Auftritt im Markt haben. Die markengeführte Distribution ist die Leitlinie, die den Anforderungen an eine absatzmarktgerichtete Einheit gerecht wird; die Begrifflichkeit „markengeführt" umschließt dabei die Anforderungen an das Marketing, während die Distribution in den Kompetenzbereich des Vertriebs fällt.

Den Ausführungen liegen dabei zwei Prämissen zugrunde:

1. In die Betrachtung einbezogen werden ausschließlich die Hersteller, die ihre Marke im Gros über den indirekten Vertriebsweg vermarkten und die Aufgaben der Distribution größtenteils auf institutionelle Handelsunternehmen verlagern. Das Führen eigener Flagship-Stores ergänzt den Auftritt der Marke im Markt sinnvoll und soll einer möglichen Konfusion der Nachfrager in Bezug auf die Markenbotschaft entgegenwirken. Diese kann entstehen, wenn dem Endkunden zu viele Kontaktpunkte mit unterschiedlichen Botschaften im Handel entgegenstehen.[1] Wesentlich für das weitere Verständnis ist aber die Voraussetzung der Distribution über Handelsunternehmen.

2. In den kommenden Jahren dürfte für die Handelsunternehmen das Multi-Channel-Konzept prägend sein. Hier werden für den Konsumenten die Vorteile des stationären Handels mit den Vorteilen der Online-Welt verbunden. So erfolgt die Produktbestellung beispielsweise im Internet, die Ware wird dann aber vor Ort im Geschäft abgeholt oder aber nach Hause gelieferte Ware wird im Falle des Umtauschs im stationären Geschäft zurückgegeben. Des Weiteren fällt hierunter eine Bestandsprüfung via Internet, um abzuklären, ob die Ware vor Ort im Geschäft verfügbar ist und dort gekauft werden kann. Die wirtschaftliche Basis für diese Multi-Channel-Strategien wird dabei vor allem das stationäre Geschäft sein. D. h. die Verfasserin geht von der Annahme aus, dass die Bedeutung des stationären Einzelhandels weiterhin bestehen bleibt. Pure Player des Online-Handles werden ihre Geschäftstätigkeit auf die reale Welt ausdehnen und umgekehrt. Folglich wird bei den Erläuterungen weitestgehend darauf verzichtet, explizit zwischen Online- und Offline-Handel zu unterscheiden. Operative Maßnahmen gelten für beide Kanäle gleichermaßen – modifiziert gemäß ihrer jeweiligen Anforderungen. Beispielhaft verdeutlicht werden soll diese Annahme anhand des Geschäftsauftritts. Während für das reale Geschäft die Qualität der Verkaufsraumgestaltung, Beratungskompetenz der Mitarbeiter und Sortimentskompetenz ausschlaggebend sind, spielen auch in der virtuellen Welt derartige Entscheidungskriterien eine Rolle. So sind beispielsweise die Auffindbarkeit des Shops im Internet, seine Werbeaktivitäten, seine grundlegende Professionalität im Auftritt bis hin zur

---

1 Vgl. Meffert et al. (2012), S. 558.

einzelnen Produktpräsentation ebenso wie die Benutzerfreundlichkeit herausragende Qualitätskriterien für den digitalen Verkaufsraum. Darüber hinaus spielen der Auftritt der Markenprodukte in Bezug auf Bildqualität, Informationsgehalt zu den Produkten sowie die Möglichkeit, im Bedarfsfall auf eine qualifizierte persönliche Beratung via Hotline zurückgreifen zu können, eine zentrale Rolle. Mit der Sortimentsbreite und -tiefe, der Warenverfügbarkeit, den Versandkosten und nicht zuletzt mit der Lieferdauer und Lieferzuverlässigkeit entscheidet der Handel über seine Wettbewerbsfähigkeit und somit darüber, ob der Online-Handel im relevanten Set der Konsumenten auftaucht und Bestellungen über ihn erfolgen.

1.2 Bezugsrahmen und Aufbau des Lehrbuchs

Im Grundsatz sind Marketing und Vertrieb zwei Einheiten innerhalb eines komplexen Gesamtsystems im Inneren eines Unternehmens. Denn sie sind ein Teilbereich der unternehmerischen Gesamtwertschöpfungskette mit der Schnittstelle zum Absatzmarkt und damit zum Kunden. Die Wertschöpfung eines Unternehmens wird in einzelne Aktivitäten gegliedert wie etwa Forschung & Entwicklung, Einkauf, Produktion, Logistik, Marketing und Vertrieb, die dann arbeitsteilig ihren Beitrag zur Sachzielerfüllung des Unternehmens erbringen. Diese Funktionen stellen die primären Wertschöpfungsaktivitäten dar. Im Vergleich zu den sekundären, die die Erfüllung primärer Tätigkeiten unterstützen wie Buchhaltung, IT oder der Kantinenbetrieb, ist der primäre Wertschöpfungsprozess für die Erfüllung des originären Sachziels eines Unternehmens zuständig.

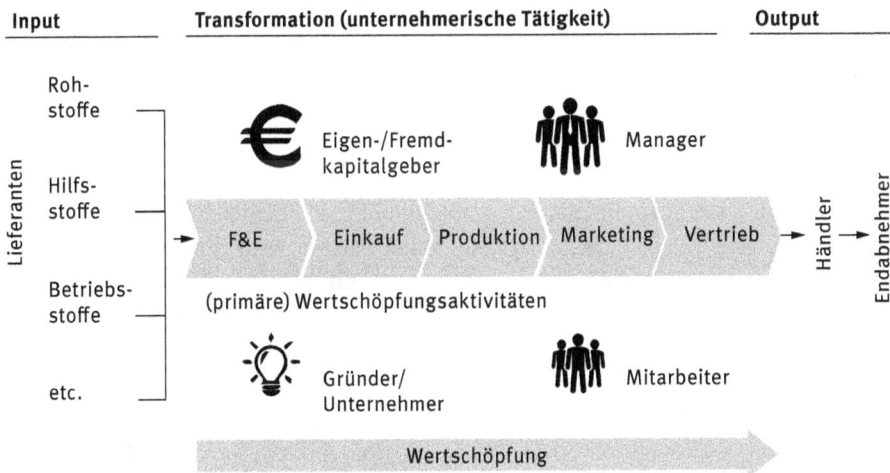

Abb. 1.1: Wertschöpfung eines Unternehmens[2]

---

2 Quelle: in Anlehnung an Barth et al. (2017), S. 12.

> **Marketing und Vertrieb** übernehmen die Verantwortung für die Vermarktung der hergestellten Produkte und sind maßgeblich für die Kunden verantwortlich. Sie liefern darüber hinaus aufgrund ihres absatzmarktspezifischen Wissens einen wesentlichen Input für die Forschung & Entwicklung (F&E), deren Kompetenz in der Schaffung von Innovationen liegt, sowie zur Optimierung der weiteren Wertschöpfungsaktivitäten, um diese auf die Belange der Kunden auszurichten.

Im Mittelpunkt des Interesses liegen im Rahmen dieses Buches die Ausgestaltung sowie die Art des Zusammenspiels zwischen den beiden betrachteten Funktionseinheiten am Ende der Wertschöpfungskette. Dieses hängt von zwei übergeordneten Kriterien ab. Zum einen von der anbietenden Produktstruktur des Herstellers, die sich aus der Produktart und dem Produktangebot – zusammengefasst dem Produktprogramm – ergibt. Zum anderen von der Absatzmarktstruktur, also von der Gliederung des Marktes, auf dem die Produkte dargeboten und verkauft werden.

Dabei müssen die vom Marketing und Vertrieb initiierten Aktivitäten auf dem Absatzmarkt regelmäßig in zweifacher Hinsicht wirken: Erstens vermarktet der Hersteller seine Produkte über rechtlich und wirtschaftlich selbstständige Handelsinstitutionen, übernehmen sie die Federführung in der Distribution. Entsprechend sind die handelsseitigen Anforderungen in die Vermarktungsaktivitäten einzubeziehen. Zweitens gilt es, den Bedürfnissen der Endverbraucher, also den Letztabnehmern der Produkte, zu entsprechen. Denn von ihrer Nachfrage hängt es schlussendlich ab, ob ein Produkt im Handel nachgefragt wird. Die Marktgängigkeit von Produkten spiegelt sich dabei in ihrer Umschlagshäufigkeit wider. Insgesamt betrachtet haben Marketing und Vertrieb somit zwei Zielgruppen, auf die die strategischen wie operativen Aufgaben auszurichten sind – nämlich die Händler und die Endverbraucher.

Der Blick dieses Buches richtet sich ausschließlich auf Konsumgüter, die der Konsument, also der Endverbraucher, zum Zwecke des Verbrauchs (z. B. Lebensmittel) oder Gebrauchs (z. B. Automobile) benötigt. Zu den wichtigsten Produktgruppen im Konsumgütermarkt zählen Lebensmittel, Bekleidung und Einrichtung. Verbrauchsgüter werden häufig im Gegensatz zu Gebrauchsgütern in kurzen Wiederkaufszyklen erneut erworben und als „Fast Moving Consumer Goods" (FMCG) bezeichnet. Von den Konsumgütern abzugrenzen sind Dienstleistungen. Sie stellen immaterielle Produkte dar und umfassen beispielsweise Hotel- oder Bankleistungen, Reise- oder Friseurleistungen sowie Versicherungen. Industriegüter sind hingegen für andere Unternehmen oder Organisationen bestimmt und betreffen zum Beispiel Maschinen, Produktionsanlagen oder Betriebsmittel, die eingesetzt werden, um weitere Produkte herzustellen.[3]

Unter Einbezug der herstellerinternen Wertschöpfungskette obliegt den beiden Organisationseinheiten Marketing und Vertrieb die Verantwortung der zielgruppengerechten Vermarktung des Produktprogramms über die Händler an die Endverbraucher. Die Vermarktung der Produkte ist somit das zentrale Anliegen bzw. die zentrale

---

3 Vgl. hierzu auch Meffert et al. (2012), S. 24 ff.

Aufgabe von Marketing und Vertrieb. Aufgrund der fast auf allen Märkten nachvollziehbaren Käufermarktsituation und des damit einhergehenden Verdrängungswettbewerbs zwischen den konkurrierenden Angeboten, wird dies zu einer immensen Herausforderung – denn der Absatzmarkt zeigt sich als ein wesentlicher Engpass für die Unternehmen.

Obgleich Marketing und Vertrieb gleichsam für den Erfolg auf dem Absatzmarkt verantwortlich sind, lassen sich in der Praxis oftmals Probleme in der Zusammenarbeit bzw. eine zu geringe Kooperationsbereitschaft zwischen den absatzmarktgerichteten Funktionsbereichen nachvollziehen. Der Zielsetzung einer in Einklang befindlichen ganzheitlichen Marktbearbeitung von Händler und Konsument stehen isoliert arbeitende und historische gewachsene Abteilungsstrukturen gegenüber, was sich unter den Käufermarktgesichtspunkten kontraproduktiv auf die Effektivität und Effizienz der Marktbearbeitung auswirkt. Basierend auf durchgeführten empirischen Untersuchungen lassen sich dafür vor allem folgende Gründe nachvollziehen.

– Erstens die oftmals **strikte Trennung der Aufgabenbereiche**, die zu einer einseitigen Erfüllung der produktbezogenen versus vertriebsbezogenen Aufgaben führt und absatzseitig weitgehend getrennt arbeitende Subbereiche entstehen lässt. Entsprechend bergen vor allem handelsbezogene Aufgaben aufgrund einer fehlenden Kooperation und eines mangelnden Interesses der Marketingmitarbeiter an den vertrieblichen Anforderungen nahezu kein Konfliktpotenzial. Ausgeprägte Dissonanzen lassen sich unterdessen immer dann feststellen, sobald Abstimmungen zwischen den Abteilungen zwingend erforderlich werden bzw. der Vertrieb zu spät in die Planungsphase eingebunden, aber für die erfolgreiche Umsetzung mitverantwortlich gemacht wird. Dies ist regelmäßig dann der Fall, wenn Aufgaben im Rahmen des koordinierten auf den Endverbraucher gerichteten Marketings vom Hersteller *und* Handel zu erfüllen sind.

– Zweitens der **abteilungsbegrenzende Einsatz von Zielsystemen**. Die Leistung des Marketings ist primär auf die Erfüllung produktbezogener Ziele ausgerichtet; distributionsrelevante Aspekte, wie der Erfolg im Absatzkanal oder bei einzelnen Händlern, sind von untergeordneter Bedeutung. Im Rahmen der vertrieblichen Tätigkeit hingegen dominieren die Umsatzziele als Maßgröße. Handels- oder produktbezogene Deckungsbeiträge, Rentabilitätsziele oder Ziele, die auf das Image der Produkte abheben, sind von geringerer bzw. keiner Relevanz.

– Drittens die grundlegend **divergierende Ausgestaltung der Mitarbeiteranreize**, bei denen ein überwiegend auf langfristige Motivationswirkung ausgerichtetes Anreizsystem im Marketing einem kurzfristigen umsatzbezogenen „Belohnungssystem" im Vertrieb gegenübersteht.

– Viertens der **geringe Einsatz funktionsübergreifender Koordinationsinstrumente**, wobei die Zusammenarbeit der Einheiten oftmals über Abstimmungsmeetings und temporäre Projekte unterstützt wird. Das Bestreben der Unternehmen, das Augenmerk auf Prozessabläufe zu legen, lässt die Notwendigkeit des Einsatzes effizienterer Koordinationsinstrumente erkennen. Hierfür sind sowohl alternative organisatorische Instrumente vonnöten, die eine weitreichendere Koordinationswirkung versprechen, aber auch der Einsatz moderner Informations- und Kommunikationstechnologien, um das damit verbundene Kooperationspotenzial erschließen zu können.

Schlussfolgernd aus den o. g. Erkenntnissen lässt sich eine grundlegende Zweiteilung der Arbeitsweisen nachvollziehen. Die per se verschiedenen Perspektiven (Endverbraucher versus Händler) führen demnach auch zu einer differenzierten Klassifizierung in Bezug auf ausgewählte Kriterien, die sich wie folgt darstellen:

Tab. 1.1: Perspektiven der Marketing- und Vertriebsmitarbeiter

	Perspektive der Marketingmitarbeiter	Perspektive der Vertriebsmitarbeiter
Zielsetzung der Tätigkeit	Generierung von Erfolg durch Gewinnung und Bindung der Endverbraucher an die Produkte	Generierung von Erfolg durch die Erzielung von Umsatz bei den Händlern (digital wie stationär)
Handlungsperspektive	produktbezogene Sichtweise	händlerbezogene Sichtweise
Einsatzort	fast ausschließlich im Herstellerunternehmen	fast ausschließlich vor Ort beim Absatzmittler
übergeordnetes Aufgabengebiet	Entwicklung produktbezogener Konzepte zur Bindung der Endverbraucher an den Hersteller im Sinne eines Consumer-Relationship-Managements	Ausgestaltung der Geschäftsbeziehung zu den Händlern im Sinne eines Customer-Relationship-Managements, Positionierung der vorgegebenen produktbezogenen Konzepte in den Einkaufsstätten der Absatzmittler
Wissensgrundlage zur Erfüllung der Aufgaben	„breit" überblickartig – Orientierung an Marktforschungsdaten und Marktsegmenten (Bedürfnisse und Verhalten von Endverbraucherzielgruppen stehen im Vordergrund)	„tief" detailliert – Orientierung an händlerbezogenen Daten (Anforderungen einzelner Absatzmittler stehen im Vordergrund)
Verantwortlichkeiten	produktbezogene Budget-, Marktanteilsverantwortung	händlerbezogene Budget-, Umsatz- und Absatzverantwortung

Quelle: eigene Darstellung.

Zielsetzung des vorliegenden Buches ist es, unter Effektivitäts- und Effizienzaspekten die Ansätze einer **ganzheitlichen Bearbeitung des relevanten Marktes** aufzuzeigen. Die Anforderung liegt nun darin, Lösungsansätze zu erarbeiten, die den zuvor beschriebenen Defiziten unter der Berücksichtigung der übergeordneten Bedingungen, nämlich der gegebenen Produkt- und Händlerstruktur, Rechnung tragen. Dies setzt zum einen die Überwindung der intraorganisationalen Grenzen voraus, indem nicht partielle Teilaufgaben, sondern gesamte Geschäftsabläufe im Sinne der Prozessorientierung in den Mittelpunkt der Betrachtung zu stellen sind. Hier kommt insbesondere die Vernetzung zu der nachgelagerten Handelsstufe zum Tragen. Zum anderen sind Führungs- und Steuerungssysteme zu harmonisieren und miteinander zu verknüpfen, um so das Grundgerüst für eine gemeinsame Perspektive zu schaffen.

Unter Einbezug der obigen Ausführungen gestaltet sich der Aufbau des vorliegenden Buches wie folgt: **Kapitel 2** widmet sich zunächst den Grundlagen und beleuchtet die unterschiedlichen Perspektiven von Marketing und Vertrieb.

Im Anschluss daran beschäftigt sich **Kapitel 3** mit den relevanten internen und externen Einflussgrößen, die die Anforderungen an das Marketing und den Vertrieb bestimmen. Unternehmensintern ist es die Marken- respektive Produktstruktur, wie sie seitens der Geschäftsführung oder im Falle international agierender Unternehmen durch das zentrale Marketing vorgegeben werden. Sie spiegelt die Gliederung des Marken- bzw. Produktprogramms wider, welches auf dem Absatzmarkt dargeboten werden soll. So differenzieren sich Anforderungen, Aufgaben und Organisation in den Fällen, in denen lediglich eine Dachmarke mit einem Produktprogramm oder mehrere unterschiedlich positionierte Marken mit jeweils einem Produktprogramm auf dem Absatzmarkt zu führen sind. Der zweite Einflussfaktor analysiert die externen Rahmenbedingungen, die der betrachtete Hersteller auf dem Absatzmarkt vorfindet. Gemeint sind in erster Linie die Handelsstrukturen, aus denen sich die Anforderungen der Händler ableiten lassen. Je nach eingeschlagenem Distributionsweg trifft der Hersteller auf Handelsebene auf zentral gesteuerte Geschäftsstätten, auf miteinander kooperierende Handelsunternehmen, auf Online-Händler, auf viele einzelne kleinere inhabergeführte Unternehmen oder auf Mischformen. Beispielhaft verdeutlicht sind an einem Ende des Kontinuums die deutschlandweit zentral geführten Filialen von Drogeriemarktketten, während am anderen Ende Apotheken stehen. Hier existieren eine Vielzahl an inhabergeführten Geschäften, die jedes für sich seine eigene Sortimentspolitik betreibt.

Kapitel 4 beschäftigt sich eingehend mit der eigentlichen Ausgestaltung der Schnittstelle zwischen Marketing und Vertrieb. D. h. hier werden die Möglichkeiten aufgezeigt, wie die Zusammenarbeit von Marketing und Vertrieb gestaltet sein kann, um die höchstmögliche Effektivität und Effizienz auf dem Absatzmarkt zu erlangen und eine gemeinsame Marktbearbeitung sicherzustellen. Im Fokus stehen hier sowohl die aufgabenbezogene wie organisatorische Ausgestaltung, aber auch die koordinierenden motivierenden Instrumente.

Den Abschluss bildet **Kapitel 5** mit der Präsentation eines integrativen Controllingkonzeptes. Ausführlich behandelt wird die Balanced Scorecard, die neben einer Verknüpfung der unterschiedlichen Bereiche auch den Einbezug von qualitativen Kennzahlen zulässt.

Kapitel 2

interne und externe Einflussfaktoren:
– Marken-/Produktstruktur
– Handelsstruktur/Händleranforderungen

interne Schnittstelle

zentrales Marketing

dezentrales Marketing

dezentrale Vertriebseinheit

Handel I

Handel II

Handel n

Ziel-gruppe

Ziel-gruppe

Marktsegmente

externe Schnittstelle

Ausgestaltungspunkte in Bezug auf:
– Zeile, Aufgaben und Prozesse
– Organisation und Struktur
– Motivation und Koordination

integratives Controllingkonzept

Kapitel 4

Kapitel 5

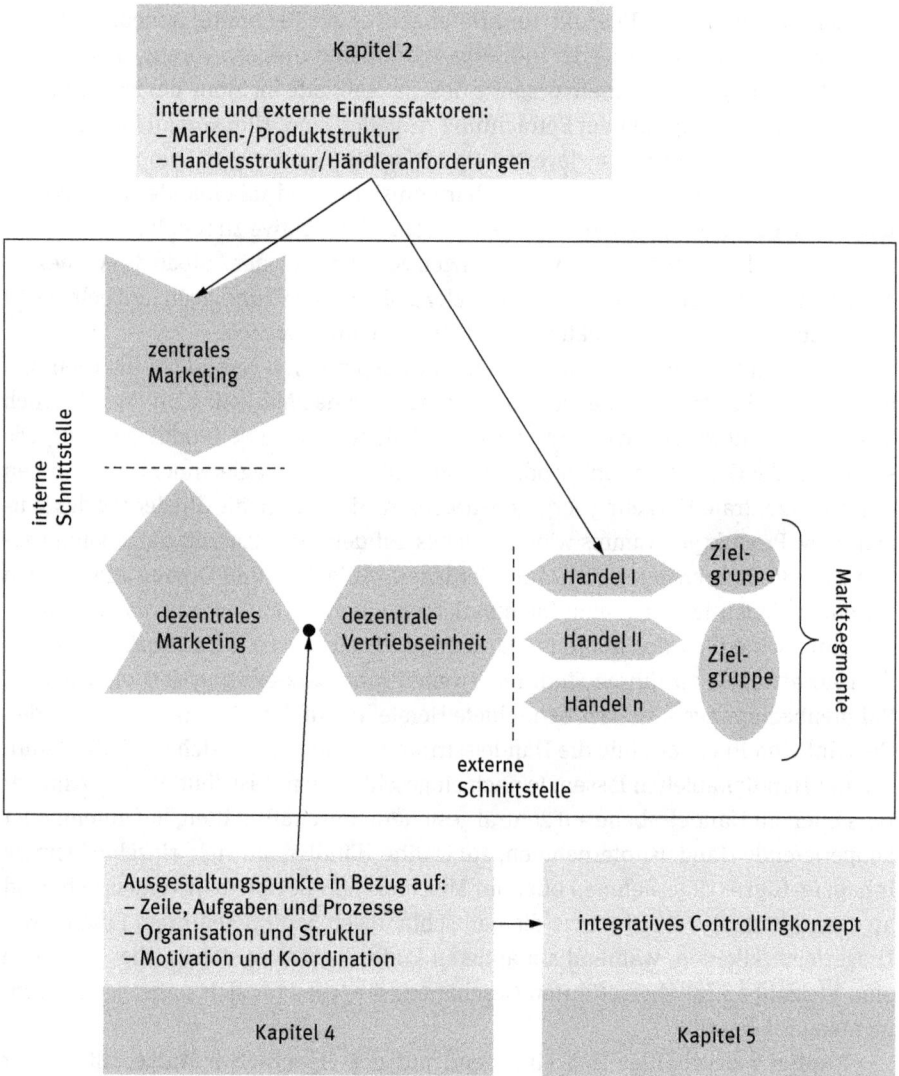

Abb. 1.2: Inhaltlicher Aufbau des Lehrbuches[4]

---

4 Quelle: eigene Darstellung.

2 Bestimmungsmerkmale von Marketing und Vertrieb

Lernziele

Das zweite Kapitel beschäftigt sich mit den Grundlagen, definiert und systematisiert die Begriffe Marketing und Vertrieb.

– Sie setzen sich mit dem Marketing (verstanden als Führungskonzept) auseinander. Diese Bedeutung resultiert aus dem Käufermarkt – also dem hohen Sättigungsgrad auf einer Vielzahl von Märkten.

– Sie lernen die unterschiedlichen Formen des Marketings kennen, die auf den Absatzmarkt wirken und erkennen in diesem Zuge die Bedeutung des Vertriebs.

– Sie beschäftigen sich mit dem Marketing und dem Vertrieb als unternehmerische Funktionen, die integriert in die Wertschöpfungskette des Unternehmens die Verantwortung für die Vermarktung der Produkte übernehmen.

2.1 Zur Bedeutung des Marketings

Im Rahmen der Generierung des Kundennutzens spielt der Begriff Marketing eine zentrale Rolle. Dabei existiert in der Literatur eine Vielzahl von Ansätzen, die den Marketing-Begriff unterschiedlich definieren und abgrenzen. Weitgehende Einigkeit besteht jedoch darüber, was das Kernverständnis ausmacht:[1] Der Begriff Marketing birgt eine zweifache Begriffsbedeutung in sich („**duales Führungskonzept**"[2]).

Danach wird Marketing einerseits als unternehmerische Denk- und Handlungsweise verstanden, die mit der Forderung verbunden ist, alle Unternehmensaktivitäten im Hinblick auf die jeweiligen Erfordernisse der Märkte auszurichten.[3] Dieser Gedanke beruht auf der Erkenntnis, dass in jeder Teilfunktion Potenziale zur Realisierung strategischer Wettbewerbsvorteile liegen können und damit sämtliche Unternehmensfunktionen marktspezifisch auf die Rahmenbedingungen des Käufermarktes auszurichten sind.[4] Es dominiert die prozessorientierte Sichtweise, um entlang der gesamten Wertschöpfungskette Wettbewerbsvorteile zu generieren. Andererseits wird das Marketing auch als eigenständige Unternehmensfunktion mit absatzwirtschaftlichem Schwerpunkt aufgefasst, das für die Vermarktung der Marke bzw. der Produkte verantwortlich zeichnet.

---

1 Vgl. hierzu Bruhn (2014), S. 13 ff.; Kotler/Bliemel (2001), S. 3 ff.; Meffert (2000), S. 4 ff.; Nieschlag/Dichtl/Hörschgen (1997), S. 3 ff.

2 Meffert (2000), S. 6.

3 Vgl. Meffert (2000), S. 4.

4 Vgl. hierzu Schlüter (2000), S. 47.

https://doi.org/10.1515/9783110535730-002

2.1.1 Marketing als integratives, marktorientiertes Führungskonzept

Der strategische Schwerpunkt hat sich verschoben – von der Erhaltung zur Zerstörung von Wettbewerbsvorteilen. Der Wettbewerb schreitet durch eine Reihe von dynamischen strategischen Interaktionen auf vier Wettbewerbsschauplätzen voran: Kosten und Qualität, Zeitwahl und Knowhow, [Unternehmens-]Hochburgen [...] [sowie] finanzielle Stärke [...] Die einzige Quelle wirklich dauerhafter Wettbewerbsvorteile liegt in der Fähigkeit eines Unternehmens, seine dynamischen strategischen Interaktionen durch häufiges Handeln zu steuern und sich so auf jedem der vier Wettbewerbsschauplätze eine relative Position der Stärke zu bewahren. Ironischerweise müssen Unternehmen nach kurzfristigen Wettbewerbsvorteilen streben, wenn sie langfristig ihre Vormachtstellung behaupten wollen.[5]

Folgt man dem Gedanken von D'Aveni, so werden **Schnelligkeit**, **Flexibilität** und **Innovationskraft** zu den maßgeblichen Erfolgsfaktoren auf dynamischen Märkten. Das Marketing avanciert zum Management komparativer Konkurrenzvorteile – mit dem Ziel, „im Wahrnehmungsfeld der Nachfrager besser als die relevanten Konkurrenzangebote beurteilt zu werden."[6] Voraussetzung hierfür ist die Ausrichtung des gesamten Unternehmens an den Bedingungen der aktuellen und potenziellen Märkte, was sowohl durch eine prospektive als auch integrative Vorgehensweise sicherzustellen ist.

Prospektiv, um der Dynamik der Märkte Rechnung zu tragen, integrativ, um alle Unternehmensfunktionen an den Gegebenheiten des Marktes respektive der Kunden auszurichten; denn am Ende ist es immer der Kunde, der durch seine Kaufentscheidung über Erfolg und Misserfolg eines Unternehmens am Markt entscheidet.[7]

Das historische Marketingverständnis, Marketing als eine eigenständige Abteilung oder „gar als raffiniertere Form des Verkaufens"[8] aufzufassen, wird durch ein ganzheitliches Verständnis ersetzt. Dies betonte bereits Drucker im Jahre 1977, indem er die Ansicht vertrat, dass das Marketing für den Unternehmenserfolg so fundamental sei, das man es nicht einer einzelnen Abteilung überlassen dürfe.[9] Als integrierende Unternehmensaufgaben werden vielmehr Führungskräfte und Mitarbeiter aller Funktionsbereiche aktiv an der Schaffung von Kundennutzen beteiligt.

Um distributionsseitig den Anforderungen der Handelspartner Rechnung zu tragen, basiert die auf den Handel gerichtete Marktbearbeitung primär auf einem Denken im Sinne der **market based view of strategy** – also dem marktorientierten Strategieansatz.[10] D. h. die spezielle Beziehung des Herstellers zu den Handelsunternehmen bildet die Grundlage zur Erzielung von Wettbewerbsvorteilen. In diesem Zusammen-

---

5 D'Aveni (1995), S. 398.
6 Backhaus (2003), S. 7.
7 Herp (1990), S. 76.
8 Vgl. Kotler/Bliemel (2001), S. 1240.
9 Vgl. Drucker (1977), S. 91.
10 Grundlage für die market based view of strategy ist das von der Harvard-Schule entwickelte Struktur-Verhalten-Ergebnis-Paradigma, vgl. hierzu Scherer (1980), S. 3 ff.; Bain (1968), S. 7 ff.

hang steht die segmentierte oder gar individualisierte Ansprache der Handelsunternehmen im Mittelpunkt der Betrachtung. Da jedoch alle Hersteller zur Leistungserstellung a priori auf die gleichen Ressourcenpools, wie Arbeits- und Kapitalmarkt[11], sowie absatzseitig auch mit denselben virtuellen wie realen Absatzmittlern zusammenarbeiten, können Alleinstellungsmerkmale nur dann generiert werden, wenn es dem Hersteller gelingt, seine unternehmenseigenen Ressourcen und Fähigkeiten so zu kombinieren, dass einzigartige Kernkompetenzen entstehen, die langfristig einen Erfolgsunterschied zwischen konkurrierenden Unternehmen herbeiführen.[12] Ein Beispiel hierfür ist das sogenannte **Category-Management**, bei dem der Hersteller exemplarisch als Initiator eine Kooperation mit dem Handel anstrebt, um die Warengruppen, in der er mit den Produkten vertreten ist, gemeinsam mit dem Handel konsequent nach verbraucherrelevanten Kriterien auszurichten. Ein Vielzahl von Fallbeispielen belegen, dass über das Category-Management mit einer verbraucherrelevanten Sortimentsstruktur und -steuerung eine höhere Kundenorientierung und damit Kundenzufriedenheit erreicht wird. Dies spiegelt sich wider in nachhaltigen Umsatz- und Ertragssteigerungen zunächst im Handel und dann über einen gestiegenen Einkaufsbedarf auch beim Hersteller.

Kernkompetenzen aufgebaut über den **ressourcenorientierten Ansatz** (resource based view of strategy) liegen regelmäßig dann vor, wenn folgende vier Bedienungen erfüllt sind:

–   **Nicht-Imitierbarkeit:** Die Ressourcenausstattung eines Unternehmens wird durch die spezifische Unternehmensgeschichte geprägt, wobei im Laufe der Zeit Know-how aufgebaut wird, das den Konkurrenten in dieser Form nicht zur Verfügung steht. Das Zusammenspiel verschiedener Ressourcen innerhalb eines Unternehmens erschwert die Kopierbarkeit.

–   **Unternehmensspezifität:** Mit Unternehmensspezifität wird die Integration einer Ressource in ein Unternehmen und hier insbesondere in die Unternehmenskultur verstanden. Gleichzeitig müssen die Ressourcen allerdings flexibel genug sein, um auf verschiedene Arten genutzt werden zu können und dem Unternehmen eine Anpassung an Veränderungen der Umwelt zu gewährleisten.

–   **Nicht-Substituierbarkeit:** Konkurrenzanbietern darf es nicht möglich sein, mit einer völlig anderen Ressourcenkombination dieselben Vorteile zu erzielen.

–   **Fähigkeit zur Nutzenstiftung am Markt:** Unternehmensspezifische Ressourcen und Fähigkeiten können nur dann zu einem komparativen Konkurrenzvorteil führen, wenn sie aus Sicht der Kunden einen Nutzen erbringen, d. h. wertstiftend sind."[13]

---

11 Vgl. Osterloh/Wübker (1999), S. 56.
12 Vgl. auch Karg (2001), S. 37.
13 Karg (2001), S. 44; vgl. auch Barney (1991), S. 105 ff.

Neben den physisch greifbaren Ressourcen wie Kapitalausstattung oder Verfahrenstechnologien gewinnen zunehmend auch nicht greifbare Ressourcen in Form von Humankapital bzw. sozialem Kapitel an Bedeutung. Diese Größen beziehen sich beispielsweise auf die Einzigartigkeit der unternehmerischen Fähigkeit in der Unternehmenskultur, in einem effizienten Wissensmanagement oder aber auch auf außergewöhnlich gute Beziehungen zu Kunden, Mitarbeitern und Lieferanten.[14] Vor allem aber spiegelt sich in starken Marken die herausragende Kernkompetenz des Herstellers wider.

Beide Ansätze – sowohl der markt- als auch der ressourcenorientierte – verfolgen das Ziel, Wettbewerbsvorteile zu generieren. Sie bauen jedoch auf differenzierten perspektivischen Betrachtungsweisen auf. Ihre jeweilige Grundstruktur ist in Abbildung 2.1 dargestellt.

Die isolierte Forcierung nur eines Ansatzes wird nicht den Herausforderungen gerecht, denen sich die Hersteller gegenwärtig stellen müssen. So birgt beispielsweise die einseitige Konzentration auf die Bedürfnisse der Absatzmittler im Rahmen des marktorientierten Ansatzes (Beispiel Unterstützung des Handels bei der Optimierung seiner Warengruppe) die Gefahr der Verwässerung bis hin zum Verlust der in der Regel historisch gewachsenen Unternehmens- bzw. Markenidentität. Eine einseitige Konzentration auf den marktorientierten Ansatz steht folglich im Widerspruch dazu, eine Marke als Kernkompetenz zu verstehen und würde letztlich bei einer ausschließlichen Anpassung an die Bedürfnisse der Absatzmittler zu einem ruinösen Preisverfall der Marke führen.

Die ausschließliche Konzentration auf den ressourcenorientierten Ansatz wiederum grenzt das unternehmerische Aktivitätsfeld ein, da es die Fähigkeit unterbindet, flexibel auf Marktveränderungen zu reagieren[15] und spezifischen Kundenerwartungen zu entsprechen. Diese stellen jedoch gerade im Hinblick auf die Zusammenarbeit mit den Handelspartnern einen erheblichen und nicht zu vernachlässigenden Erfolgsfaktor dar.

> **!** Für den Hersteller ergibt sich somit die Notwendigkeit, dauerhaft erfolgsversprechende Wettbewerbsvorteile über eine komplementäre Handhabung beider Perspektiven aufzubauen.[16] Dementsprechend muss die Fähigkeit des Unternehmens darin liegen, Bedürfnisse aufzuspüren und zu entscheiden, wie diese am besten befriedigt werden können, gleichsam aber auch verbunden mit der Befähigung, unternehmensspezifische Ressourcen auszuschöpfen, um diese aufgedeckten externen Potenziale zu erschließen.[17]

Der „Königsweg" zu dauerhaften komparativen Konkurrenzvorteilen führt somit über eine Synthese von externer Bedürfnis- und interner Ressourcenorientierung.[18]

---

14 Vgl. Osterloh/Wübker (1999), S. 57.
15 Vgl. Karg (2001), S. 46.
16 Vgl. Jenner (1999), S. 151.
17 Vgl. Karg (2001), S. 46; Kuss/Tomczak (1998), S. 115.
18 Tomczak/Reinecke (1995), S. 514

Beschaffungsmarkt
Gewinnung von Ressourcen wie Arbeit, Kapital

ressourcenorientierter Ansatz:
resource based view of strategy

marktorientierter Ansatz:
market based view of strategy

Schritt 1
Identifikation von
Kernkompetenz im
Unternehmen

Schritt 3
Aufbau der entsprechenden
Ressourcen

Schritt 2
Suche nach geeigneten
Einsatzmöglichkeiten

Schritt 2
Suche nach geeigneten
Ressourcen zur Erlangung
dieser Wettbewerbsvorteile

Schritt 3
Umsetzung der Ressourcen
in Wettbewerbsvorteile

Schritt 1
Identifikation von
Wettbewerbsvorteilen in
spezifischen Märkten

Absatzmarkt
Zusammenarbeit mit stationären oder virtuellen Handelsunternehmen

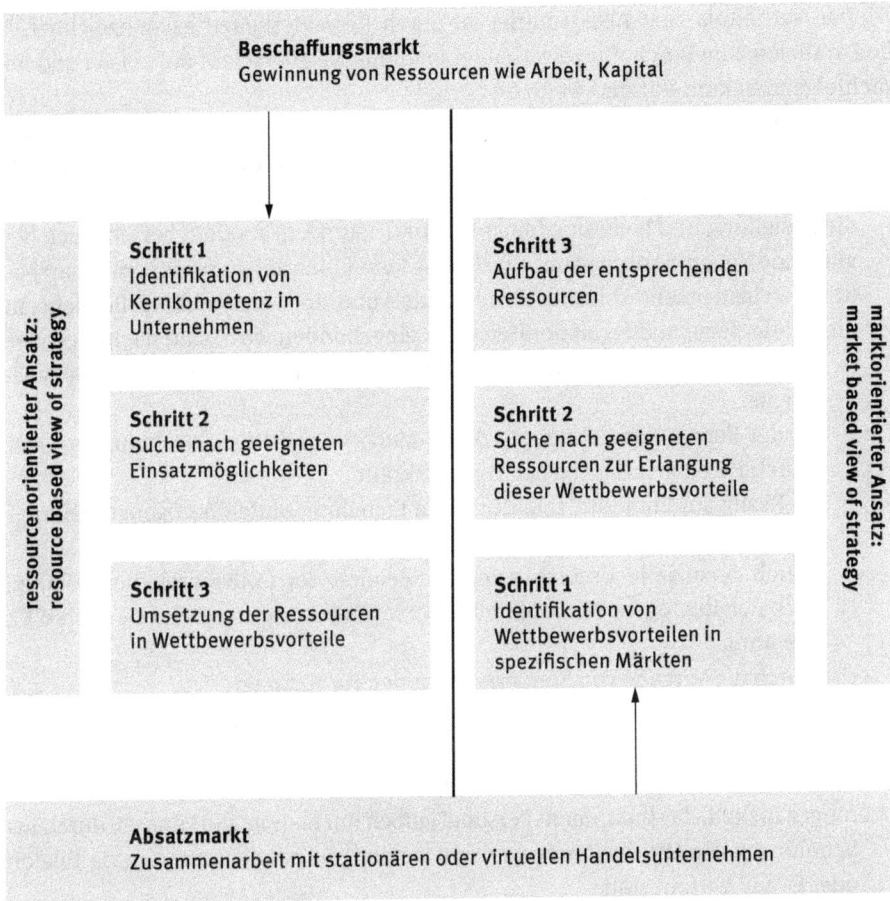

Abb. 2.1: Wege zur Generierung von Wettbewerbsvorteilen[19]

Da der Blick dieser Arbeit auf die unternehmensinterne Zusammenarbeit zwischen den Funktionsbereichen Marketing und Vertrieb gerichtet ist und das Ziel verfolgt, die Effektivität und Effizienz in einer markenkonformen Distribution zu erhöhen, wird im Nachfolgenden das Verständnis sowohl des markt- als auch ressourcenorientierten Ansatzes zugrunde gelegt. Denn neben der Marke als unternehmensinterne Ressource ist ein wesentlicher Engpassfaktor für eine erfolgreiche Distribution das Verhältnis zum Händler – als unmittelbarer Kunde. Aus der marktorientierten Blickrichtung ist dieser als wirtschaftlich und rechtlich selbstständiges Wirtschaftssubjekt in die Betrachtung einzubeziehen.

---

19 Quelle: in Anlehnung an Jenner (1999), S. 241.

Das Verhältnis zum Absatzmittler ist durch Besonderheiten gekennzeichnet,[20] die Parallelen zum Beschaffungsverhalten im Industriegütersektor aufweisen und im Nachfolgenden kurz skizziert werden:

- **Händler sind organisationale Nachfrager**, deren Produktbedarf sich regelmäßig aus der nachgelagerten Wertschöpfungsstufe, den Konsumenten, ableitet.[21] Die Beziehung zwischen Hersteller und Handel beschränkt sich jedoch nicht auf die Bestellung und Lieferung reiner Produktleistungen, sondern bezieht auch begleitende Nebenleistungen mit ein.[22] Diese lassen sich ableiten aus dem absatzpolitischen Instrumentarium des Einzelhandels und sind sehr vielfältig. Bereiche, in die in aller Regelmäßigkeit der Hersteller eingebunden wird, sind nachfolgende:
    - im Bereich Ware, z. B. Wissensaustausch im Bereich des Category-Managements,
    - in der Personalqualifizierung durch Marken- und Produktschulungen oder durch Bereitstellung eigener Verkaufskräfte,
    - in Bezug auf Standort, z. B. durch die Erstellung umfeldbezogener Zielgruppenanalysen,
    - durch finanzielle Unterstützung im Bereich der Endverbraucherwerbung, z. B. Beteiligung an Werbeblättern durch Werbekostenzuschüsse – auch WKZ genannt,
    - durch die Vergabe von Sonderkonditionen für Aktionen,
    - durch aktive Einflussnahme in der Verkaufsraumgestaltung, z. B. über markenbezogene Ladeneinrichtungen oder Regalplatzservices.

    Im Kontext der Internethändler entfallen die Instrumente Standort und Verkaufsraum gänzlich, das Instrument Personal jedoch nur bedingt. So könnten durchaus Schulungen von Mitarbeitern angedacht werden, die mit der Beratung via Telefon oder E-Mail betraut sind.
- Ferner ist die Geschäftstätigkeit mit dem Handel primär **langfristiger Natur** und zeichnet sich durch **stark identische und regelmäßig wiederkehrende Aufgaben** aus, denen ein formalisierter in der Regel IT-gestützter Beschaffungsprozess zugrunde liegt.[23] Wettbewerbsvorteile für den Hersteller ergeben sich folglich nicht aus Einzeltransaktionen, sondern liegen in der ganzheitlichen und langfristig gearteten Ausgestaltung der Beziehung mit dem jeweiligen Händler. Der Grund ist darin zu sehen, dass spezifische Investitionen in die Geschäftsbeziehung die Kosten der regelmäßig wiederkehrenden Transaktionen reduzieren und dass sich opportunistische Verhaltensweisen durch den Aufbau von Wechselkosten verringern.[24]

---

20 Siehe dazu auch: Tomczak/Schögel/Feige (1999), S. 850.
21 Vgl. Tomczak/Schögel/Feige (1999), S. 849 f.
22 Vgl. Engelhardt/Kleinaltenkamp/Reckenfelderbäumer (1993), S. 407 ff.
23 Vgl. Czech-Winkelmann (2012), S. 14.
24 Vgl. Barth/Wille (2000), S. 9.

Zielsetzung des Herstellers muss es somit sein, eine möglichst einzigartige Beziehung zum Absatzmittler aufzubauen, sodass sich eine **Win-Win-Situation** als Grundlage einer partnerschaftlichen Zusammenarbeit für beide einstellt.[25] Ein in diesem Zusammenhang bedeutendes Konzept ist der **Key-Account-Management-Ansatz**, bei dem es zu einer kundenspezifischen Ausrichtung des Marketings auf einige erfolgsentscheidende, d. h. strategische Handelsunternehmen kommt. Dem hochqualifizierten Einkäufer des Handels wird in Form eines Key-Account-Managers ein ähnlich kompetenter Verhandlungs- und Gesprächspartner gegenüber gestellt. Durch Kenntnis der handelsbezogenen Entscheidungsstrukturen versucht man, den handelsseitigen Beschaffungsentscheidern bessere Informationen zu bieten und potenzielle handelsinterne Konflikte bereits im Vorfeld zu verhindern.[26]

Große markengetriebene Hersteller wie Procter & Gamble gehen sogar noch einen Schritt weiter und setzt im Vertrieb auf Customer-Business-Developer, deren Zielvorgabe – neben ihrem eigenen Umsatz – die Entwicklung ihrer Kunden umfasst.[27] Erweitert man die traditionell übliche Eins-zu-Eins-Kommunikation zwischen dem Vertriebsmitarbeiter und dem Handelseinkäufer, so können **Customer-Business-Development-Teams** eingesetzt werden, die kundenspezifisch arbeiten und multifunktional zusammengesetzt werden, u. a. aus Mitarbeitern der Bereiche Vertrieb, Marketing, Finanzen, Logistik sowie IT und dem multifunktionalen Beschaffungsgremium, dem sogenannten Buying-Center,[28] auf Handelsseite entspricht. Dadurch wird sichergestellt, dass jedem Mitarbeiter des handelsseitigen Buying-Center ein entsprechend kompetenter Ansprechpartner auf Herstellerseite gegenübersteht. In diesem Fall obliegt nicht dem Vertrieb bzw. Key-Account-Manager die alleinige Betreuung und Verantwortung für die Absatzmittler; vielmehr werden angesichts der Komplexität Mitarbeiter wesentlicher Funktionen in die Schaffung von Kundennutzen eingebunden.

Neben dem Key-Account-Management-Ansatz hat sich darüber hinaus das oben bereits kurz erwähnte Category- bzw. Warengruppen-Management als weiteres Konzept zum Abbau der marktpolitischen Konfliktfelder zwischen Handel und Hersteller in den Unternehmen etabliert. Der erstmals im Jahre 1987 von Procter & Gamble und Colgate Palmolive initiierte Ansatz verfolgt das Ziel der Steigerung der Abverkäufe und Bruttomargen am PoS, indem durch Zusammenführung des herstellerbezogenen Marketing mit den marketingpolitischen Aktivitäten der Handelsbetriebe eine effizientere Ansprache der Kunden in der Geschäftsstätte erreicht wird.[29] Dabei kann eine Catego-

---

25 Wird der Letztabnehmer in diese Betrachtung noch einbezogen, dann spricht man von einer Win-Win-Win-Situation. Dabei stehen der Begriff „Win" je für einen Marktakteur Hersteller – Handel – Endverbraucher.

26 Vgl. Barrett (1986), S. 66 f.

27 Siehe Vortrag von Procter & Gamble (Anke Teckentrup) im Jahr 2015 am CampusforSales.

28 Vgl. Barth (1993), S. 277; Rudolph (1998), S. 58.

29 Vgl. Barth et al. (2002), S. 194.

ry im weitesten Sinne als eine Menge zusammengehöriger Objekte verstanden werden, wobei es sich bei diesen Objekten um Produkte oder Marken handeln kann.[30] Grundsätzlich setzt sich das Category-Management aus drei sich gegenseitig beeinflussenden Elementen zusammen:[31]

- der **Philosophie**, einer Führung von Warengruppen als strategische Geschäftsfelder zur bedarfsgerechten Leistungsbereitstellung für den Konsumenten (Zusammenlegung von Einkauf und Verkauf auf Handelsebene) sowie zur Planung und Realisierung von Umsatz- und Gewinnzielen;
- dem **Prozess**, der Festlegung von Warengruppen sowie der warengruppenspezifischen Strategieentwicklung und -umsetzung auf der Grundlage der Zusammenarbeit zwischen dem Handelsunternehmen und Herstellern zur Optimierung des Einsatzes der absatzpolitischen Instrumentalvariablen;
- dem **organisatorischen Konzept**, einer Verschmelzung von Beschaffungs- und Absatzmarketing für einzelne Warengruppen zu relativ eigenständigen Entscheidungskompetenz- und Gewinnverantwortungsbereichen.

Da die Gestaltung und Steuerung des Sortiments oder der Warengruppen zu den originären Aufgaben des Handels gehört, wird in der Literatur das Category-Management meist handelsorientiert dargestellt. Es lässt sich jedoch in der Praxis nachvollziehen, dass vermehrt auch Hersteller und hier vor allem markenstarke Hersteller die Notwendigkeit erkennen, sich mit dem Category-Management auseinander zu setzen. Durch den Einsatz eines Category-Managers soll das „Denken in Warengruppen"[32] in den herstellerbezogenen Leistungsprozess implementiert und die Mitverantwortung für eine gesamte Warengruppe im Handel über das herstellereigene Marken- bzw. Produktportfolio hinaus ausgedehnt werden.[33] Idealerweise kooperieren der Category-Manager auf Herstellerebene mit dem Category-Manager auf Handelsseite.

In jedem Fall ist der Ausgangspunkt für ein derartiges Marktbearbeitungskonzept die kundensegmentspezifische respektive kundenindividuelle Geschäftsbeziehung zum Absatzmittler, in der sich der marktorientierte Ansatz widerspiegelt. Der Aufbau einer Einzigartigkeit in der Beziehung zum Handelsunternehmen muss wiederum über herstellereigene Kernkompetenzen wie durch starke Produkte sowie durch Know-how und soziale Kompetenz der Mitarbeiter sichergestellt werden; sie entstehen durch eine einzigartige Kombination von Fähigkeiten und Ressourcen und entsprechen der perspektivischen Innenbetrachtung des ressourcenorientierten Ansatzes.

---

30 Vgl. hierzu die Ausführungen bei Hahne (1998), S. 7 ff.
31 Vgl. zur inhaltlichen Bestimmung des Category-Managements-Konzeptes Barth et al. (2002), S. 194, sowie Harris/Partland (1993), S. 5 f.
32 Hahne (1998), S. 14.
33 Vgl. Hahne (1998), S. 14 f.

2.1.2 Erscheinungsformen des Absatzmarketings

Grundsätzlich liegt der Schwerpunkt der vorliegenden Arbeit auf dem Absatzmarketing, mit dem der Absatzmarkt als zentraler Engpass der Unternehmenstätigkeit effektiv und effizient zu bearbeiten ist. Es gilt, sämtliche Aktivitäten über die gesamte Wertkette hinweg auf die Erfolgsposition im Markt auszurichten, indem die Marktakteure zielgerichtet beeinflusst werden.[34] Das Absatzmarketing eines Konsumgüterherstellers ist ein sehr komplexes Konstrukt, das hohe Anforderungen sowohl an die interne als auch an die stufenübergreifende Koordinationskompetenz des Herstellers stellt.

Es müssen drei mehr oder weniger differenzierte Marketingkonzepte, die ein hohes Potenzial an Reibungsverlusten in sich bergen, parallel aufeinander abgestimmt und umgesetzt werden.[35] Abbildung 2.2 verdeutlicht unter Berücksichtigung des herstellerinternen Wertschöpfungsprozesses diese drei differenzierten Formen des Absatzmarketings und ihre jeweiligen Zielsegmente.

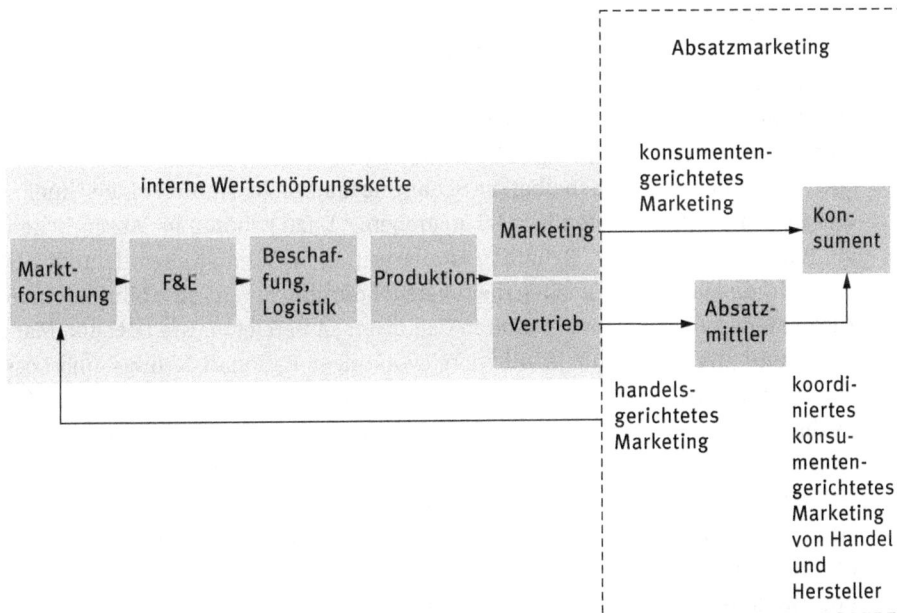

Abb. 2.2: Marketing als konsumenten- bzw. kundenorientierte Steuerung der Wertschöpfungskette[36]

---

34 Vgl. Meffert (2000), S. 26 f.
35 Vgl. Gegenmantel (1996), S. 10.
36 Quelle: in Anlehnung an Meffert (2000), S. 27.

Zu unterscheiden sind grundsätzlich erstens das klassische Consumer-Marketing mit den Konsumenten als Zielgruppe, zweitens das handelsgerichtete Marketing mit den Absatzmittlern als Zielgruppe sowie drittens das koordinierte Marketing von Handel und Hersteller mit handelsseitiger Federführung, auch bezeichnet als vertikales Marketing.[37]

– Ziel des **Consumer-Marketings** ist es, die Bindung der Konsumenten an die Herstellerprodukte – trotz Zwischenschaltung von Handelsinstitutionen in den Distributionsprozess – zu gewährleisten. Durch Marketingaktionen, die sich unmittelbar an die Zielgruppe richten, wie Werbung, Events, Sponsoring oder sonstige kommunikationspolitische Aktivitäten sollen Markenbekanntheit, ein positives Image sowie Sympathie und Loyalität für die Marke aufgebaut werden. Dies soll zu einer intensiven Nachfrage der Konsumenten nach der Marke im Handel führen und den Abverkauf sicherstellen. Dabei wird dieses Marketingkonzept auf operativer Ebene regelmäßig in die Hände von Marken- bzw. Produktmanagern gelegt. Ihre Aufgabe ist es, die marken- bzw. produktbezogenen Aktivitäten in zielgruppenbezogene Endverbraucheraktivitäten zu überführen.

– Ziel des **handelsgerichteten Marketings** – auch als Trade-Marketing (im weiteren Sinne) bezeichnet – ist es, die Position des Erst- bzw. Vorzugslieferanten bei ausgewählten und potenzialstarken Absatzmittlern zu erlangen.[38] Es umfasst die Summe der auf den Handel gerichteten Aktivitäten. In erster Linie sind dies Instrumente, die vornehmlich über die Schaffung materieller Anreize einen Hineinverkauf der Produkte in den Handel anstreben.[39] Dazu gehören im Wesentlichen die Einkaufskonditionen, Rabatte, Listungsgelder, WKZ etc. Neben dem klassischen Trade-Marketing forcieren die Hersteller darüber hinaus eine bifunktionale Zusammenarbeit bzw. Kooperation in den diversen Bereichen wie Logistik, Marketing und Controlling, um über Synergiewirkungen Rationalisierungs- und Kostensenkungsmöglichkeiten zu erschließen. Konkret handelt es sich hierbei um die Realisierung des weit verbreiteten Efficient-Consumer-Response-Konzeptes (auch bekannt als ECR-Konzept), im Rahmen dessen multifunktionale Expertenteams auf Handels- und Herstellerebene eingesetzt werden, um die Effektivität und Effizienz der Zusammenarbeit in zweifacher Weise zu erhöhen: erstens auf der Logistikseite (Suppy-Chain-Management), die die physische Warendistribution meint, und zweitens die Warengruppenpräsentation (Category-Management) am Ort des Verkaufs. Die übergeordnete Verantwortung für den erfolgreichen Auf- und Ausbau einer derartigen Geschäftsbeziehung mit einem Händler wird in der Regel einem Key-Account-Manager übertragen.

---

37 Der Begriff des vertikalen Marketings geht auf McCammon (1970) zurück und beschreibt grundsätzlich „[...] die Zusammenarbeit organisatorischer Einheiten unterschiedlicher Distributionsstufen im Marketing." Florenz (1992), S. 19.

38 Vgl. Tietz (1993), S. 127.

39 Vgl. Gierl/Helm/Puhlmann (2000), S. 237.

– Ziel des **koordinierten Marketings von Handel und Hersteller** ist die abgestimmte Marktbearbeitung am PoS. Da die Entscheidung über die Aktivitäten, die in seiner Einkaufsstätte/in seinem digitalen Verkaufsraum umgesetzt werden, dem Händler obliegt, hat der Hersteller auf dieses Konzept lediglich einen mittelbaren Einfluss. Der Einfluss des Herstellers beschränkt sich vielmehr darauf, dem Handel marken- bzw. produktbezogene Aktionsvorschläge zu unterbreiten, die er im Rahmen sogenannten „Verkaufsrunden" in den Handel hineinverkauft und vom ihm zeitversetzt am PoS präsentiert werden. Aus Herstellersicht kann es als Trade-Marketing im engeren Sinne aufgefasst werden. Ziel ist es, den Abverkauf der Marke bzw. Produkte aus der Einkaufsstätte der Absatzmittler zu fördern.[40] Die Herausforderung liegt darin, seine absatzpolitischen Instrumente in das verbraucherbezogene Marketing des Handels zu integrieren. Konkret handelt es sich hierbei um:
  – die Vereinbarkeit von **Produktprogrammpolitik** des Herstellers mit der Sortimentspolitik des Handels,
  – die Durchsetzung der **preislichen** und **kommunikativen Positionierung** der Marke innerhalb der Einkaufsstätte
  – sowie sämtlicher **Merchandising-Maßnahmen**, wie Regalpflege, Warenbevorratung und die Durchführung von Verkaufsförderungsaktionen.
Da es hier zwangsläufig zu Überschneidungen mit dem konsumentengerichteten Marketing kommt, ist eine Integration beider Marketingansätze in den herstellerseitigen Unternehmensprozessen erforderlich. Feige spricht in diesem Zusammenhang von der Notwendigkeit einer **handelsorientierten Markenführung**, mit der Zielsetzung, die Produktmarke auch erfolgreich im Handel zu steuern.[41]

In welchen Ausprägungen sich die Marketingaktivitäten auf dem Absatzmarkt zeigen, verdeutlicht Abbildung 2.3.

2.1.3 Marketing als organisatorische Unternehmensfunktion

Zur Erläuterung der Wertkette des Herstellers kann auf das Modell der Wertschöpfungskette von Porter zugegriffen werden.[42] Porter unterscheidet zwischen zwei Arten von Aktivitäten im Unternehmen. Den primären und den sekundären bzw. unterstützenden Aktivitäten. Während die Primäraktivitäten die Aktivitäten umfassen, die unmittelbar in Zusammenhang mit der Lagerung und Distribution von Betriebsmitteln für die Produktion, der Herstellung des Produktes bzw. der Erstellung der Leistung selbst, der Auslieferung sowie der Vermarktung (inkl. dem Kundendienst) an den Endverbraucher bzw. den Händler verbunden sind, beeinflussen die Sekundär-

---

40 Vgl. Diller (2001a), S. 1678.
41 Vgl. Feige (1997), S. 16.
42 Vgl. Porter (1999), S. 62 ff.

konsumentengerichtetes Marketing

Konsument

Beispiele hierfür:
- Flagshipstores
- Online-Shop
- Social-Media-Aktivitäten
- Printwerbung
- Onlinewerbung

**koordiniertes Marketing
von Handel und Hersteller**

Hersteller

Beispiele hierfür:
Die Marke ...
- beworben in Händlerwerbung
- integriert im Händler-Shop
  stationär wie online

Beispiele hierfür:
- Konditionenpolitik
- Verhandlungen über
  Zweit-/Aktionsplatzierungen
- Marken-/Produktschulungen
  für PoS-Mitarbeiter

Händler

handelsgerichtetes Marketing

Abb. 2.3: Ausprägungen des Marketings[43]

aktivitäten den eigentlichen Leistungserstellungsprozess nur mittelbar. Als flankierende Maßnahmen unterstützen sie die Abwicklung der Primäraktivitäten. Den Sekundäraufgaben werden die Funktionen Beschaffung, Personalmanagement, Organisationsentwicklung und Controlling sowie die Entwicklung der Informations- und Kommunikationsinfrastruktur zugeordnet.[44]

Diese von Porter aufgestellte Wertkette bezieht sich vor allem auf die industriebetriebliche Perspektive. Betrachtet man demgegenüber einen Handelsbetrieb, so kann die Sichtweise, die Funktion Beschaffung sei eine Sekundäraufgabe, nicht aufrechterhalten werden. Handelsunternehmen sind Organisationseinheiten, die sich auf die Beschaffung und den Absatz von Gütern ohne Be- und Verarbeitung spezialisiert haben. Insoweit hat die Beschaffung im Handel eine strategische Bedeutung, denn über die Beschaffung generiert der Handel seine strategischen Wettbewerbsvorteile. Dies bezieht sich sowohl auf die zu beschaffenden Produkte als auch auf den Beschaffungsprozess. Den handelsseitigen Gegebenheiten muss auch der Hersteller im Rahmen seines handelsgerichteten Marketings Rechnung tragen, um eine erfolgreiche Geschäftsbeziehung zum Absatzmittler aufzubauen.

Dabei fällt der Marketing-Funktion des Herstellers aufgrund seines absatzwirtschaftlichen Schwerpunktes die Schlüsselrolle zu.[45] Als eigenständiger organisatorischer Funktionsbereich übernimmt es die Vermarktung der zuvor physisch erzeugten Produkte.[46] Es bestimmt die marktbezogenen Aktivitäten und setzt marketingpoliti-

---

43 Quelle: eigene Darstellung.
44 Vgl. Porter (1999), S. 62 sowie 67 ff.
45 Vgl. Meffert (2000), S. 6 f.
46 Vgl. Porter (1999), S. 62.

sche Instrumentarien ein, mit denen die absatzmarktbezogenen Ziele erreicht und die formulierte Strategie umgesetzt werden sollen. Als marketingpolitische Instrumentarien können klassischerweise die Produktpolitik, die Endverbraucherpreispolitik, die Kommunikationspolitik sowie die Distributionspolitik angeführt werden, die miteinander kombiniert den **Marketing-Mix** ergeben.[47]

Historisch bedingt obliegt der Funktion Marketing respektive den in die Abteilung integrierten Marken- bzw. Produktmanagern das Consumer Marketing mit Zuständigkeit für die Produkt-, Endverbraucherpreis- und Kommunikationspolitik.[48] Für die Distributionspolitik hingegen ist in der Regel die organisatorische Funktionseinheit Vertrieb zuständig, die analog zur Unternehmensfunktion Marketing eine eigenständige Abteilung bildet. In der Distributionspolitik sind dabei die Konzepte des Trade-Marketing vereint, sodass insgesamt betrachtet zwei unterschiedliche Adressaten der Vermarktungspolitik vorliegen. Die sich daraus ergebenden Synergie- und Verbundeffekte machen folglich ein in hohem Maße koordiniertes Auftreten der Funktionsbereiche Marketing und Vertrieb notwendig.

2.2 Zur Bedeutung des Vertriebs

2.2.1 Vertrieb als organisatorische Unternehmensfunktion

Zur ursprünglichsten und auch heute noch bedeutendsten Aufgabe des Vertriebs zählt die Sicherstellung der Produktverfügbarkeit im Sinne der relevanten Markenstrategie in der Einkaufsstätte des Handels, d. h. die Marke muss für den Nachfrager zu angemessenen Kosten, zum richtigen Zeitpunkt sowie am rechten Ort bereitgestellt werden.[49] Dies setzt voraus, dass der Vertrieb den Regalplatz sowie die Kommunikation für die Marke am PoS sichert.[50] Entsprechend fallen in das Aufgabengebiet des Vertriebs die Gestaltung der physischen Warenverteilungsprozesse und die der Warenverkaufsprozesse. Die physischen Distributionsprozesse beziehen sich auf die Erfüllung der logistischen Funktion, während im Rahmen der Warenverkaufsprozesse die akquisitorische Funktion im Vordergrund steht. Da die logistische Komponente im weiteren Verlauf der Untersuchung ausgeklammert wird, beschränkt sich das Verständnis des Vertriebs auf alle marketingpolitischen Entscheidungen, die sich auf die Versorgung der nachgelagerten Distributionsstufe beziehen, sodass die Konsumenten die Herstellerleistung im Handel in Anspruch nehmen können.[51]

---

47 Vgl. hierfür beispielhaft Kotler/Bliemel (2001), S. 149 ff.
48 Vgl. Homburg/Schäfer (2001), S. 158.
49 Vgl. Reichwald/Bastian/Lohse (1999), S. 12; Böcker (1994), S. 297.
50 Vgl. Ahlert (2001), S. 21.
51 Vgl. Bruhn (2014), S. 249.

2.2.2 Stellenwert des Vertriebs innerhalb des Absatzmarketings

Ein Blick in die Vergangenheit zeigt, dass der Vertrieb vormals die Verfügbarkeit der Marke vor allem bei einer Vielzahl von lokal tätigen Absatzmittlern gewährleisten musste, die rechtlich und wirtschaftlich weitgehend selbstständig agierten. Für den Hersteller als Produktspezialist übernahmen diese die Aufgabe des Distributionsspezialisten, die aufgrund der anfangs vorherrschenden Verkäufermarktsituation weitgehend auf eigeninitiierte Marketingaktivitäten verzichteten.[52] Das übergeordnete Ziel des Vertriebs bestand dann darin, den Handel dazu zu bewegen, das herstellerbezogene Marketingkonzept möglichst unverändert am PoS umzusetzen sowie gegenüber möglichen Marketingmaßnahmen des konkurrierenden Handels zu immunisieren. Folglich beschränkte sich die vertriebliche Tätigkeit einerseits auf die akquisitorischen Aktivitäten, um so die Präsenz der Marke am PoS zu realisieren sowie andererseits auf die koordinierende Einbindung der Handelsunternehmen in den Vermarktungsprozess des Herstellers.

> **!** Heute ist die ursprünglich ausführende vertriebliche Tätigkeit aufgrund der veränderten Wettbewerbsbedingungen nicht mehr zeitgemäß.[53] Seine Stellung am Ende des herstellerseitigen Wertschöpfungsprozesses entwickelt sich zunehmend zum zentralen strategischen Erfolgsfaktor für den Hersteller – der Vertrieb als strategisches Fenster zum Handel.

Die Gründe hierfür liegen auf der Hand:
–   Als unmittelbare Schnittstelle zum Absatzmittler übernimmt der Vertrieb die Schlüsselfunktion in Sachen **Kundenorientierung.** Insbesondere vor dem Hintergrund der anhaltenden Konzentrationstendenzen im Handel bei gleichzeitiger Entwicklung eines zunehmend eigenständigen Handelsprofils steigen machtbedingt die Ansprüche der Händler an die Qualität der herstellerseitigen Leistung.[54] Um Kundennutzen für den Absatzmittler zu generieren, muss der Vertrieb die individuelle Bedingungslage der Händler kennen und sollte in der Lage sein, sich auf die jeweiligen Gegebenheiten einzustellen und ihnen zu entsprechen.[55] Neben einer konsequenten Orientierung an den Anforderungen der Absatzmittler muss der Vertrieb darüber hinaus über die Fähigkeit verfügen, die herstellerseitigen Offerten aus der Sichtweise der Händler darzustellen und ihnen entsprechend das handelsspezifische Nutzenpotenzial aufzuzeigen.[56] Insgesamt betrachtet wird ein hohes Maß an Kompetenz und Flexibilität vorausgesetzt.
–   Da von seiner Leistungsfähigkeit letztlich die **Qualität der Zusammenarbeit** mit dem Handel abhängt, beeinflusst er zwangsläufig auch die Entscheidungen, ob

---

52 Vgl. Esch (2003), S. 49.
53 Vgl. Homburg/Krohmer (2017), S. 700 ff.
54 Vgl. Esch (2003), S. 49.
55 Vgl. Bauer (2000), S. 40.
56 Vgl. Belz/Bußmann (2000), S. 19.

neue Produkte erfolgreich im Markt eingeführt, markenstrategische Bedingungen am PoS erfüllt und Endverbrauchersegmente in den Geschäftsstätten wirkungsvoll bearbeitet werden. Folglich müssen die Mitarbeiter im Vertrieb über ein hohes markenbezogenes Wertbewusstsein verfügen, damit eine markenkonforme Distribution erfüllt werden kann.

– Um den anspruchsvollen Wachstumszielen der Hersteller sowie dem veränderten Kaufverhalten der Konsumenten zu entsprechen, entwickelt sich die vertriebliche Arbeit von der vormals primär verfolgten Einkanaldistribution hin zum **Aufbau und der Koordination eines Multi-Channel-Vertriebs**.[57] Dabei sind im Rahmen der Distribution nicht nur einzelne markenrelevante Absatzkanäle auszuwählen, zu gestalten und zu steuern, vielmehr sind die Kanäle – aufgrund entsprechender Wechselwirkungen – wirksam voneinander abzugrenzen und zu koordinieren.[58] Dies setzt voraus, dass die Vertriebsmitarbeiter die strategische Bedeutung der Marke und der einzelnen Vertriebskanäle kennen, um so marktbezogene Interdependenzen bestmöglich auszuschöpfen.

Insgesamt betrachtet muss sich der Vertrieb als „**strategisches Fenster**" zum Kunden anspruchsvollen Herausforderungen stellen. Als unmittelbarer Verhandlungspartner für den Handel übernehmen die Vertriebsmitarbeiter die Konkretisierung der Markenstrategie in distributionspolitischer Hinsicht. Von ihrer Leistungsfähigkeit und ihrem Einfluss auf die Händler hängen entscheidend die Verfügbarkeit und Sichtbarkeit der Marke am PoS ab.

Trotz der steigenden Bedeutung des Vertriebs für den absatzseitigen Erfolg des Unternehmens wird der Einbindung des Vertriebs in markenstrategischen Überlegungen mit Vorsicht begegnet. Gründe hierfür finden sich vor allem in der **Markendominanz in den Unternehmen**, was u. a. aus der Bedeutung der Marke als immaterieller Wertgegenstand des Herstellers resultiert. Danach werden die Erlöse über die Marken bzw. Produktprogramme erzielt, sodass sich die unternehmerische Tätigkeit im Allgemeinen nach einem marken- bzw. produktorientierten als nach einem händlerbezogenen Denken und Handeln ausrichtet.[59] Erschwerend kommt hinzu, dass die vertriebliche Leistung ein äußerst sensibler Bereich ist. Erfolge wie Misserfolge wirken sich gleichermaßen unmittelbar auf den Umsatz aus.

> Eingriffe [wirken] oft kontraproduktiv, denn manche Verkaufserfolge entstehen chaotisch, und eine stärkere Steuerung und Kontrolle stört meist besonders die Spitzenverkäufer. Tatsächlich scheinen sich Verkäufer häufig auf ihre Freiräume und die ganz individuelle Vorgehensweise zu konzentrieren, die sie auch bei neuen Vorgaben, Systemen und Eingriffen der stetig wechselnden Topmanager [zu] bewahren [versuchen]. Sie bekämpfen einfach neue Lösungen durch eine unauffällige Minimalbeteiligung.[60]

---

57 Vgl. Schögel/Tomczak (1999), S. 12.
58 Vgl. Schögel (1997), S. 26 ff.
59 Vgl. Kleinaltenkamp (1999), S. 285.
60 Belz/Bußmann (2000), S. 20.

Auch oder gerade deswegen war der Vertrieb oftmals von den Bemühungen der Produktivitätssteigerung weitgehend ausgeklammert, denn in vielen Unternehmen

> ist ein hohes Maß an Verunsicherung im Hinblick auf negative Auswirkungen von Maßnahmen der Produktivitätssteigerung im Vertrieb [zu beobachten]. Dies ist insbesondere dann der Fall, wenn es um Ressourcenverlagerung oder [gar um] Verringerung der eingesetzten Ressourcen geht. Die Furcht vor Umsatzrückgängen und entgangenen Deckungsbeiträgen – nicht selten von Vertriebsmanagern geschürt – erstickt vielerorts Ansätze zur Produktivitätssteigerung im Keim.[61]

---

61 Homburg/Schäfer/Schneider (2016), S. 2.

3 Relevante interne und externe Einflussgrößen

Lernziele
Kapitel 3 beschäftigt sich mit den Einflussfaktoren, die maßgeblich das Zusammenspiel von Marketing und Vertrieb beeinflussen. Getrieben werden sie durch die Marke, die über einen besonderen Stellenwert im Konsumgütermarkt verfügt.
- Sie lernen die einzigartige Bedeutung der Marke im Konsumgütermarkt kennen und verstehen, woraus diese resultiert.
- Sie befassen sich mit den unterschiedlichen Ausprägungen einer Markenstrategie. Dies sind unternehmensinterne Einflussfaktoren, die bei der Ausgestaltung der Marketing- und Vertriebseinheit zu berücksichtigen sind.
- Die unternehmensexternen Einflussfaktoren ergeben sich aus den Handelsstrukturen. Sie fließen als zweite feststehende Größe in die Überlegungen zu Marketing und Vertrieb ein.

3.1 Die Marke im Konsumgütermarkt

Die Markierung von Produkten reicht weit in die Geschichte der menschlichen Zivilisation zurück. So spielte bereits in der Antike – etwa bei Tonwaren von Ägyptern, Griechen und Römern die Markierung von Handwerkserzeugnissen der Zünfte und ihrer Meister eine bedeutende Rolle und wird auch später immer wieder von bedeutenden Manufakturen und Handelshäusern praktiziert.[1] Die Kennzeichnung von Produkten zielte nur schon damals darauf ab, die Herkunft der Produkte zu dokumentieren, den Hersteller zu identifizieren sowie gewisse Qualitätsstandards sicherzustellen. Einen neuen und erweiterten Sinn erhielt die Markierung von Produkten, als in der zweiten Hälfte des letzten Jahrhunderts die handwerkliche Fertigung durch die industrielle Massenproduktion abgelöst wurde. Der damit einhergehende Abbruch der persönlichen Beziehung zwischen dem Hersteller eines Produktes und dem Endabnehmer wurde durch die herstellerseitige Entwicklung eines Markenartikelsystems begegnet, mit dem die heute noch vorherrschende Prägung des **„modernen" Markenartikels** entstand.[2]

Ausgangspunkt der nachfolgenden Ausführungen bildet der moderne Markenartikel. Dabei wird zunächst die definitorische Entwicklung des Markenartikel-Begriffs aufgezeigt, und seine wesentlichen Funktionen werden erläutert. Der sich anschließende Gliederungspunkt beschäftigt sich ausführlich mit der Entwicklung der Marke als Vertriebskonzept. Neben einem kurzen historischen Aufriss werden vor allem die Rahmenbedingungen beleuchtet, die die Distribution von Marken in einem mehrstufigen Absatzkanal mit autonomen Wirtschaftssubjekten in der heutigen Zeit prägen. Komplexitätsmehrend kommt darüber hinaus die vom Handel verfolgte Eigenmarkenstrategie hinzu.

---

1 Vgl. Dichtl (1978), S. 17 ff.
2 Vgl. Rüschen (1994), S. 122.

https://doi.org/10.1515/9783110535730-003

3.1.1 Begriffsdefinition und Markenfunktionen

Der Begriff Markenartikel kann in formaler und in inhaltlicher Sichtweise abgegrenzt werden.[3] Die **formale Sicht** zielt auf die äußere Kennzeichnung der Ware ab. Dies entspricht der gesetzgeberischen Auffassung, wonach zu den schutzfähigen Marken gemäß § 3 Abs. 1, Markengesetz

> alle Zeichen, insbesondere Wörter einschließlich Personennamen, Abbildungen, Buchstaben, Zahlen, Hörzeichen, dreidimensionale Gestaltungen einschließlich der Form einer Ware oder ihrer Verpackung sowie sonstige Aufmachungen einschließlich Farben und Farbzusammenstellungen [...] [gehören], die geeignet sind, Waren oder Dienstleistungen eines Unternehmens von denjenigen anderer Unternehmen zu unterscheiden.

Folglich dient die Marke aus formaler Sicht der Individualisierung und Differenzierung des Leistungsangebotes der Anbieter, wobei der Gesetzgeber sowohl Produkt- als auch Dienstleistungsmarken in den Schutzbereich einbezieht. Der dieser Arbeit zugrundeliegende Markenbegriff klammert jedoch die Dienstleistung als Leistungsangebot aus und konzentriert sich ausschließlich auf markierte Produkte, sodass die Termini Markenartikel und Marke als Synonyma verwendet werden.

Die **inhaltliche Analyse** hingegen setzt sich mit dem Ergebnis der Markierung auseinander.[4] Die ursprüngliche Wesensbestimmung des Markenartikels erfolgte unter merkmalsbezogenen Aspekten und wurde im Wesentlichen durch Mellerowicz geprägt. Im Rahmen dieser klassischen Definition werden zentrale Bestimmungsfaktoren zusammengefasst, die ausschlaggebend für den erfolgreichen Aufbau eines Konsumguts am Markt sind.[5] „Markenartikel sind für den privaten Bedarf geschaffene Fertigwaren, die in einem größeren Absatzraum unter einem besonderen, die Herkunft kennzeichnenden Merkmal (Marke) in einheitlicher Aufmachung, gleicher Menge sowie in gleichbleibender oder verbesserter Güte erhältlich sind und sich dadurch sowie durch die für sie betriebene Werbung die Anerkennung der beteiligten Wirtschaftskreise (Verbraucher, Händler und Hersteller) erworben haben (Verkehrsgeltung)."[6] Erfüllte ein Produkt diese Anforderungen, dann lag ein „echter" Markenartikel vor. Weitere in diesem Zusammenhang stehende und in der Literatur vorzufindende Erklärungsansätze der Marke stellen der intensitätsbezogene, der

---

3 Siehe dazu: Sander (1994), S. 5 ff.; Hätty (1989), S. 6.
4 Vgl. dazu auch: Bekmeier-Feuerhahn (1998), S. 12 ff.
5 Vgl. Bruhn (1994), S. 7.
6 Mellerowicz (1963), S. 39. Obwohl zu dieser Zeit die vertikale Preisbindung gesetzlich zulässig war und es als unbestritten galt, dass jeder „echte" Markenartikel im Preis gebunden war, hat Mellerowicz dieses Merkmal bewusst nicht in seinen Kriterienkatalog aufgenommen. Zum einen begründet er dies mit möglichen Änderungen des geltenden Rechts, die bei einem generellen Preisbindungsverbot der Realisierung „echter" Markenartikel im Sinne seines Kriterienkatalogs unterbunden hätten. Zum anderen konnte das Kartellamt gemäß § 17 GWB Preisbindungen für unwirksam erklären, sofern sie missbräuchlich gehandhabt wurden.

herkunftsstrukturierende, der instrumentale, der absatzsystembezogene sowie der erfolgsorientierte Ansatz dar.[7] Gemein ist all diesen Erklärungsansätzen, dass sie die Marke aus dem hersteller- bzw. produktbezogenen Blickwinkel betrachten, die Sichtweise des Kunden(nutzens) jedoch vollständig unberücksichtigt lassen.

Bestrebt, das Defizit der o. g. Ansätze auszugleichen, erklärt der **wirkungsbezogene Ansatz** die Marke aus Konsumentensicht. Diese Wesensbestimmung rückt das Nutzenerlebnis des Konsumenten in den Mittelpunkt des Interesses.[8] Danach erlangt ein Produkt den Status einer Marke, sofern es von den Konsumenten auch als solches tatsächlich wahrgenommen und anerkannt wird.[9] Konkret bedeutet dies: eine Marke ist „ein in der Psyche des Konsumenten verankertes, unverwechselbares Vorstellungsbild von einem Produkt"[10]. Diese Begriffsauffassung induziert zwei Grundvarianten zur Wesensbestimmung von Marken.[11] Einerseits behalten ursprüngliche Merkmale wie gleichbleibende Qualität, hohe Verkehrsgeltung, flächendeckende Ubiquität auch weiterhin an Gültigkeit, wie namhafte Marken (Persil, Ferrero und Maggi) belegen. Andererseits existieren Marken, die der ursprünglich gültigen Merkmalsausprägung nicht entsprechen, jedoch in der Vorstellung des Konsumenten den Stellenwert einer Marke innehaben; so beispielsweise bei Luxusprodukten wie etwa die Marken Rolex oder Armani. Bedeutung gewinnt in diesem Zusammenhang ein modifiziertes Kriteriensystem mit den unterschiedlichsten Ausprägungsformen. So werden beispielsweise Produkte mit einer beschränkten Ubiquität bei gleichzeitiger globaler Bekanntheit als Marke angesehen, oder die Anerkennung eines Produktes als Marke begrenzt sich ausschließlich auf eine bestimmte Szene bzw. Zielgruppe.[12]

Die wirkungsbezogene Sichtweise ergänzend existiert in der Literatur ein weiterer Ansatz der gegenwärtig in Theorie und Praxis von hoher Aktualität ist. Ausgangspunkt hierfür ist die Überlegung, die Marke als ein sozialpsychologisches Phänomen mit einer **eigenen Persönlichkeit bzw. Identität** aufzufassen.[13] Abgeleitet aus der Persönlichkeit eines Individuums ist auch die Persönlichkeit der Marke durch Werte geprägt, die dem Konsumenten bestimmte Einstellungen und Haltungen signalisieren.[14] So erkannte bereits Domizlaff im Jahre 1937 die Besonderheit der Markenpersönlichkeit und stellte die These auf, dass die menschliche Psyche stets versuche, mit einem Wort eine Vorstellung zu verbinden.[15] Die Persönlichkeit einer Marke ergibt sich

---

7 Zur detaillierten Beschreibung der jeweiligen Ansätze siehe Baumgarth (2014), S. 21 ff.; Bruhn (1994), S. 7 ff.

8 Siehe dazu: Bauer/Huber (1997), S. 2.

9 Vgl. Berekoven (1978), S. 43.

10 Meffert/Burmann (2002), S. 169.

11 Vgl. im Weiteren: Herrmann/Huber/Braunstein (2000), S. 108 f.; Bauer/Huber (1997), S. 2 f.

12 Vgl. Meffert/Twardawa/Wildner (2001), S. 13.

13 Vgl. Meffert/Burmann (1996), S. 378.

14 Siehe dazu auch: Herrmann/Huber/Braunstein (2000), S. 112.

15 Vgl. Herrmann/Huber/Braunstein (2000), S. 110 f.; Domizlaff (1994), S. 700.

also grundlegend aus den Assoziationen, die der Konsument mit der Marke verbindet und sich in Form von inneren Bildern in seinem Bewusstsein manifestiert.[16] Das Wissen über eine Marke generiert er dabei durch eigene Erfahrungen, Einstellungen und Empfehlungen von Dritten, Beobachtungen, Warentests oder sonstigen Berichten.[17] Auch nimmt der Hersteller durch den Einsatz seiner absatzpolitischen Aktivitäten erheblichen Einfluss auf die Bildung von Assoziationen[18] und verfolgt dabei das Ziel, das Kaufverhalten des Konsumenten zu Gunsten der Marke zu lenken.[19]

Die Konstanz der Kernbestandteile des Markenbildes, wie sie der **persönlichkeitsorientierte Erklärungsansatz** fordert, signalisieren dem Konsumenten bestimmte Einstellungen und Haltungen in Form von Einzigartigkeit und vermitteln ihm letztlich in einem zunehmend komplexeren und dynamischeren Umfeld eine gewisse Beständigkeit.[20] Dies bedeutet jedoch gleichsam, dass die Marke im Spannungsfeld zwischen Kontinuität und zeitbedingtem Wandel[21] steht, denn einer eindeutig dauerhaften Identität steht die Notwendigkeit der situativen Anpassung an veränderte Kontextbedingungen wie verbesserte Qualität, veränderter Produktnutzen, zeitgemäße Verpackung oder neue Wege der Kommunikation gegenüber. Besonders deutlich zeigt sich das Erfordernis der Anpassung an veränderte Kontextbedingungen im Rahmen der fortschreitenden Digitalisierung.

Die Kombination aus wirkungs- und persönlichkeitsorientiertem Erklärungsansatz bildet das weitere Markenverständnis: Demnach verfügt die Marke über eine eigenständige Persönlichkeit, „die sich als ein in der Psyche des Konsumenten [...] fest verankertes, unverwechselbares Vorstellungsbild von einem Produkt [...]"[22] widerspiegelt. „Die zugrunde liegende Leistung wird dabei in einem möglichst großen Absatzraum über einen längeren Zeitraum in gleichartigem Auftritt und in gleichbleibender oder verbesserter Qualität angeboten."[23]

Gleichsam erstreckt sich dieses Markenverständnis auf die Produkttypen der Verbrauchs- und Gebrauchsgüter, deren grundsätzliche Unterscheidung auf der Anzahl der Verwendungseinsätze beruht.[24]

> **!** Verfügt eine Marke nun über eine ausgeprägte Persönlichkeit – auch bezeichnet als Markenstärke – d. h. über einen bei der Zielgruppe hohen Bekanntheitsgrad, und der Konsument verbindet mit ihr einzigartige Assoziationen, so erfüllt sie wichtige Funktionen für die Marktakteure und ist

---

16 Siehe dazu: Kroeber-Riel (1993).
17 Vgl. Brandmeyer (1990), S. 115 f.
18 Vgl. Becker (1991), S. 41.
19 Vgl. Bekmeier-Feuerhahn (1998), S. 114.
20 Vgl. Kellner (1994), S. 620 f.
21 Siehe dazu auch: Jenner (1999), S. 151.
22 Meffert/Burmann/Koers (2002), S. 6.
23 Meffert/Burmann/Koers (2002), S. 6.
24 Kotler/Bliemel (2001), S. 670, 719 f.

sowohl für den Hersteller (als Eigentümer der Marke), für den Handel (als Absatzmittler) als auch für den Konsumenten (als Endabnehmer der Marke) mit einem hohen Nutzen verbunden. Der Markenartikel beansprucht in diesem Fall eine Art Monopolstellung für sich.[25]

Abbildung 3.1 beinhaltet die zentralen Funktionen, die eine starke Marke differenziert nach den Wirtschaftssubjekten erfüllt.

Herstellersicht	Handelssicht	Konsumentensicht
– **Monopolisierungsfunktion** Schaffung einer „uniqueness" durch den Aufbau einer Markenpersönlichkeit; Schaffung eines Ausgleichs zur funktionalen Produkthomogenität innerhalb aller konkurrierenden Leistungsangebote – **Machtausgleichsfunktion** Schaffung von Verhandlungsspielräumen gegenüber dem Handel – **Kommunikationsfunktion** Generierung von Vertrauen und Vermittlung von Informationen zur Reduzierung der physischen und psychischen Distanz zum Konsumenten – **Marktabschottungsfunktion** Schaffung von finanziellen Markteintrittsbarrieren für potenzielle Wettbewerber – **Stabilisierungsfunktion** Reduzierung des Absatzrisikos durch Generierung von Markentreue	– **Geschäftsstättenprofilierungsfunktion** Sicherung von Sortimentssäulen; Erhöhung des akquisitorischen Potenzials – **Renditefunktion** Sicherung einer überdurchschnittlichen Handelsspanne – **Absatzsicherungsfunktion** Verringerung des Absatzrisikos durch Bekanntheit, Akzeptanz und Nachfrage – **Preisprofilierungsfunktion** Vermittlung von Preiswürdigkeit durch aggressive Preispolitik in Form von Sonderangeboten Dauerniedrigpreisen	– **Güte- und Garantiefunktion** Gewährleistung einer hohen Produktqualität – **Vertrauensbildungsfunktion** Reduzierung des Kaufrisikos; Entlastung bei der Kaufentscheidung – **Orientierungs-, Ordnungs- und Sicherheitsfunktion** Nutzung als Orientierungshilfe im anonymen Markt – **Wiedererkennungsfunktion** Möglichkeit zur Habitualisierung des Kaufverhaltens **Ideologie-, Identifikations- und Prestigefunktion** Befriedigung von immateriellen Bedürfnissen

Abb. 3.1: Markenfunktionen differenziert nach Marktakteuren[26]

---

25 Die Monopolstellung des Markenartikels beruht dabei im Gegensatz zu der rein rechtlich begründeten Machtstellung der Kartelle auf einem durch Leistung und Innovation erarbeiteten Monopol, dessen Vorzugsstellung eng mit der Akzeptanz der breiten Öffentlichkeit verbunden ist. Entfällt diese Prämisse, so wird der Markenartikel als Gegenstand wertlos. Vgl. hierzu auch Giersberg (2003), S. U 10.
26 Quelle: in Anlehnung an Barth et al. (2002), S. 68; Meffert (2000), S. 847 ff.; Bauer/Huber (1997), S. 7 ff.; Bruhn (1994), S. 24 f.

Der Ursprung des **Vertriebskonzepts „Marke"** liegt im Lebensmittelbereich und spielt in diesem Markt auch heute noch eine zentrale Rolle, wenngleich die Konkurrenz nicht zuletzt aufgrund der vom Handel initiierten Handelsmarken- sowie Markenimitationsstrategien eine deutliche Verschärfung in den vergangenen Jahren erfahren hat.[27] Voraussetzung für die Marke als Vertriebskonzept ist die Distribution des Herstellers über rechtlich und wirtschaftlich selbstständige Händler, die sowohl das volle Unternehmerrisiko tragen als auch frei in der Gestaltung ihrer beschaffungs- und absatzpolitischen Instrumente sind. Diese Eigenständigkeit bewirkt letztlich die Ungebundenheit an die Weisungen der Markenindustrie, sodass der Hersteller zwangsläufig die divergierenden handelsbetrieblichen Ziele im Rahmen seiner Marktbearbeitungsstrategie berücksichtigen muss, um langfristig erfolgreich im Markt zu agieren.

Die im Zuge der Industrialisierung hervorgebrachte Form des heutigen „modernen" Markenartikels geht zurück auf die Mitte des 20. Jahrhunderts.[28] Bedingt durch die zunehmende Anonymisierung der Märkte als Folge der modernen industriellen Massenfertigung entstand der Markenartikel als eine neue Vertriebsform für die Hersteller, wobei die Etablierung und branchenübergreifende Ausbreitung des Markenartikels eine grundlegende Veränderung im traditionellen Distributionsprozess herbeiführte. Die herstellerseitige Überführung der ursprünglich „losen" Ware in abgepackte verbrauchsgerechte Produkteinheiten sowie die Sicherstellung der Selbstverkäuflichkeit der Produkte ließ das Angebot im anonymen Markt immer vielfältiger und unübersichtlicher werden.[29] Zur Profilierung der eigenen Leistung aus der ansteigenden Angebotsvielfalt fiel der gleichbleibenden Produktbezeichnung, Gestaltung, Ausstattung und Verpackung der Produkte als absatzpolitische Instrumentarien des Herstellers eine wesentliche Bedeutung zu.[30] Neben der produktions- und vertriebstechnischen Produktausgestaltung sollte der Markenartikel darüber hinaus auch den konsumwirtschaftlichen und -psychologischen Anforderungen der Endverbraucher entsprechen, um so Nachfrage zu generieren und daraus folgend den Absatz der Produkte im Markt zu gewährleisten.[31]

Für den Hersteller eröffnete sich mit der Einführung des Markenartikels die Möglichkeit, sich erstmalig den direkten Zugang zum Konsumenten zu verschaffen, was zu einer Zweigleisigkeit seines Vermarktungsprozesses führte: „das Angebot des Herstellers erreicht den Konsumenten einmal direkt durch die Werbung und einmal indi-

---

27 Als Pioniere des Markenartikelsystems gelten Unternehmen wie Henkel, Dr. Oetker, Bahlsen, Nestlé, Knorr und Maggi. Vgl. Rüschen (1994), S. 122.
28 Siehe dazu Nieschlag (1980), S. 63.
29 Siehe dazu Mellerowicz (1963), S. 5 ff.
30 Vgl. Nieschlag (1980), S. 76.
31 Vgl. Mellerowicz (1959), S. 46.

rekt über den Handel durch die Ware."[32] Der Markenartikel entwickelte sich, gefördert durch die Preisbindung der zweiten Hand, zu einem durchgängig geschlossenen Vertriebskonzept des Herstellers. Der Einfluss des Händlers auf den Vermarktungsprozess war unbedeutend, da er die Preisvorgabe des Herstellers übernehmen musste.[33] Ausschlaggebend für den Absatzerfolg des Unternehmens war vielmehr die Verankerung der Marke im Bewusstsein der Konsumenten über die Werbung.

> Das Urteil über die Qualität liegt beim Verbraucher, der aber alles andere als unbefangen urteilt. Er ist vielmehr durch die Werbung eingehend bearbeitet und erzogen worden, den Markenartikel so zu sehen, wie die Markenfirma ihn gesehen haben möchte. [...] Der sich zwischen Markenartikel und Konsument einschiebende Handel kann zwar, seine Sachkunde unterstellt, bei der Beratung der Verbraucher ein Werturteil über den verlangten Markenartikel abgeben. Der Verbraucher wird aber in vielen Fällen so sehr im positiven Sinne durch die Markenwerbung beeinflusst sein, dass er dem Rate des Händlers, eine andere, ihm weniger oder überhaupt nicht bekannte Ware statt des verlangten Markenartikels zu kaufen, misstraute.[34]

Die in den 1960er-Jahren nachvollziehbare markenpolitische Zielsetzung der Hersteller, über eine gleichbleibende oder verbesserte Produktqualität bei einheitlicher Aufmachung und hoher Verkehrsgeltung, Bekanntheit und Sympathie für die Marke aufzubauen, und den Konsumenten zum Kauf bzw. zur Verwendung der Marke zu bewegen, hat bis zum heutigen Zeitpunkt nicht an Gültigkeit verloren. Allerdings lässt sich festhalten, dass dem Hersteller heute durch internes Wachstum, Akquisition und Fusion komplexe Handelsorganisationen gegenüberstehen, die sich in den vergangenen 50 Jahren „schrittweise von lokalen Händlern über Regionalfilialisten hin zu national und international tätigen Händlern"[35] entwickelt haben und zukünftig ihren Einfluss und ihre Vorstellungen in punkto Marktbearbeitung verstärkt durchsetzen.[36] Gründe hierfür liegen u. a. in nachfolgenden Punkten:

- Grundlegend führte zunächst die **Aufhebung der vertikalen Preisbindung** durch die zweite Novelle des Gesetzes gegen Wettbewerbsbeschränkung im Jahr 1974 zu Veränderungen in den Vermarktungsbedingungen der Hersteller über die Absatzmittler. Die damit einhergehende **Verlagerung der Preishoheit auf den Handel** versetzte diesen in die Lage, den Markt aktiv und eigenständig zu bearbeiten. Gerade die durch Sprungwerbung beim Konsumenten hinreichend bekannten Markenartikel eigneten sich ausgezeichnet zur Vermittlung eines günstigen Preis-/Leistungsverhältnisses. Durch handelsseitig preisaggressive Angebote, die darauf abzielten, die Marke günstiger als die unverbindliche Preisempfehlung des Herstellers anzubieten, erlangte er aus Sicht der Konsumenten die Kompetenz in preislicher Hinsicht.

---

32 Mellerowicz (1959), S. 47.
33 Siehe dazu Tietz (1973), S. 209.
34 Seyffert (1961), S. 78 f.
35 Krause (2000), S. 25.
36 Vgl. Fiesser/Schneider (2000), S. 38.

– Unterstützt durch die **mengenabhängige Konditionen- und Nebenleistungs-politik der Hersteller**, die eine wachsende Handelsbetriebsgröße durch selektive Kostenentlastung fördert,[37] kam es vor allem in der Lebensmittelbranche zu einem **Selektions- und Konzentrationsprozess auf Handelsebene**, der zu einer extremen Verschärfung des Wettbewerbs führte. So beherrschen vier stationäre Handelsketten im Lebensmittelbereich mehr als zwei Drittel des deutschen Marktes, während die Lieferantenanteile am Einkaufsvolumen des Handels – selbst für die marktstärksten Anbieter – meist nicht mehr als 1 bis 3 Prozent im Falle einer produktmarktspezifischen Betrachtung überschreiten.[38] Auch der sich über die Jahre einstellende hohe Sättigungsgrad auf einer Vielzahl von Konsumgütermärkten[39] sowie die zumeist einseitige Konzentration auf den Preis als absatzpolitisches Instrumentarium riefen mehrheitlich einen Preisdruck hervor, der sich hersteller- wie handelsseitig über den Preisverfall in rückläufigen Erträgen widerspiegelt.

– Die **zunehmende Bedeutung von Eigenmarken im Handel**, die sich auf Food- wie auch Non-Food-Warengruppen erstrecken, bringen die bestehenden Herstellermarken in Bedrängnis. So wird der Anteil der Eigenmarken im Einzelhandel inzwischen auf fast 40 Prozent geschätzt.[40] Gleichsam verfügt rund ein Drittel der Hersteller über keine für den Handel unverzichtbare Marke und nur ein Viertel der Händler erzielt über 50 Prozent des Umsatzes mit den Top-Marken.[41] Der Handel hat nach und nach gelernt, selbst Markenführung zu betreiben und gibt sich schon seit längerer Zeit nicht mehr nur mit den günstigen No-Name-Produkten zufrieden. Markenimitate wie „balea" aus dem Hause „dm" oder „Rewe Feine Welt" von Rewe steigen in die Riege der Etablierten auf und werden zu ernstzunehmenden Wettbewerbern.

– Zu einer **grundlegenden Veränderung der bestehenden Marktsituation** führt in jüngerer Zeit die **Digitalisierung.** Insbesondere zur Etablierung von Online-Shops im Internet spielen Markenartikel – über einen niedrigen Preis dargeboten – eine herausragende Rolle. Die hohe Markttransparenz erleichtert es zudem dem User, das günstigste Angebot binnen kürzester Zeit standortunabhängig ausfindig zu machen und zu ordern. Dies spiegelt sich auch in dem stabilen Wachstum wider, das sich seit den 1990er-Jahren im Online-Handel nachvollziehen lässt. Demnach tätigten die deutschen Privathaushalte – isoliert betrachtet – in 2015 20 Prozent ihres Umsatzes im Online-Handel (34 Mrd. €) und 80 Prozent

---

37 Vgl. Barth et al. (2002), S. 8.
38 Vgl. Statista (2016), Diller, (2001b), S. 121; Monopolkommission (1994), S. 132.
39 So ging Harrigan bereits 1989 davon aus, dass weltweit mehr als 75 % der Märkte gesättigt sind, vgl. Harrigan (1989).
40 Vgl. Rechmann (2016).
41 Zentes/Swoboda (2000), S. 805.

(134 Mrd. €) über den stationären Handel.[42] Zukünftig zu erwarten ist die steigende Bedeutung des **Crosschannel-Shopping** – die Konsumenten decken ihren Bedarf kanalübergreifend. In der Handelslandschaft bleibt dies nicht ohne strategische Konsequenzen. So rüsten sich traditionelle Handelsunternehmen für die virtuelle Welt, erweitern ihre bestehenden Vertriebskanäle oder gehen Kooperationen ein, um auch in der Online-Welt vertreten zu sein. Es lassen sich aber auch Entwicklungen in die andere Richtung nachvollziehen. „Pure Player" der New Economy Händler treten in das stationäre Geschäft ein.

> Der Handel ist – ob virtuell oder stationär – der „Katalysator"[43] oder „gatekeeper"[44] für die Markendistribution des Herstellers und entscheidet grundlegend über die Markenverfügbarkeit und die Qualität des Markenauftritts am PoS oder im digitalen Verkaufsraum. Seinerseits kontraproduktive Verhaltensweisen hinsichtlich Warenplatzierung, Preisstellung, Beratungs-, Kulanz- und Serviceverhalten wirken sich imageschädigend auf die Marke aus und können sich aufgrund seiner Eigenständigkeit dem Einfluss des Herstellers entziehen.[45]

Trotz des starken und nachfragemächtigen Einflusses der Absatzmittler auf die Distribution des Herstellers bestimmen Marken gegenwärtig mehr denn je das Konsumbild des Endverbrauchers: „Von der Frühstücksflocke bis zum Auto – Markenartikel und Markennamen beherrschen zunehmend unser alltägliches Leben. [...] Der Symbolgehalt des Markennamens ersetzt vielfach die naturalistische Beschreibung des Gebrauchsgegenstandes [...] eine eingehendere Produktbeschreibung finden wir dann nicht mehr nötig."[46] Doch hat sich die ursprünglich vorherrschende Meinung zum Markenartikel aus Sicht der Konsumenten gewandelt. Während der Konsument anfänglich die Marke als das Qualitätssymbol anerkannte und damit einhergehend eine hohe Preiszahlungsbereitschaft aufwies, ist die gedankliche Auflösung der Verbindung „Marke = Qualität und höherer Preis" im Bewusstsein des Konsumenten größtenteils vollzogen;[47] vielmehr ist in den letzten Jahren das Phänomen aufgetreten, einen „billigen" Preis als Motiv für viele Kaufentscheidungen heranzuziehen.[48]

Der Konsument ist über die Jahre kritischer und anspruchsvoller geworden. Er zeichnet sich durch langjährige Erfahrung in Kauf und Konsum von Markenartikeln aus[49] und ist darüber hinaus in der Lage, vorhandene produktbezogene oder preisli-

---

42 Vgl. Handel digital – Online-Monitor 2016.
43 Irrgang (1989), S. 3.
44 Vgl. zur Bedeutung des „gatekeepers" Hansen (1990), S. 44 f.
45 Vgl. Laurent (1996), S. 42; Irrgang (1989), S. 3 f.
46 Pavitt (2001), S. 16 f.
47 Vgl. Bekmeier-Feuerhahn (1998), S. 11; Sommer (1998), S. 30.
48 Vgl. Liebmann/Zentes (2008), S. 508.
49 Vgl. Weinberg (1993), S. 268.

che Informationsdefizite binnen kurzer Zeit bedarfsgerecht und neutral durch die Nutzung digitaler Medien auszugleichen. Bedingt durch den Anstieg des Wohlstands und die weitgehende Sättigung der materiellen Bedürfnisse beeinflussen in erheblichem Maße auch verhaltensbezogene Ausprägungen wie Erlebnis-, Freizeit- und Genussorientierung, Gesundheits- und Umweltbewusstsein, internationale und multikulturelle Tendenzen sowie der Hang zur Selbstverwirklichung zunehmend die Kaufentscheidung des Konsumenten.[50] Sowohl der Einkauf in Geschäftsstätten mit einem niedrigen als auch mit einem hohen Preislagenniveau oder die Wahlmöglichkeit, digital oder real einkaufen zu gehen, versetzen ihn in die Lage, die in der Regel begrenzten finanziellen Mittel gemäß seiner Bedürfnisstruktur optimal einzusetzen. Dabei macht der sogenannte hybride Konsument sein Kaufverhalten insbesondere vom angestrebten Lebensstil und dem Ansehen im gewünschten sozialen Umfeld abhängig.[51]

Um das Nachfrageverhalten der Konsumenten grundsätzlich zu systematisieren, kann auf das von Schmalen entwickelte **Modell des hybriden Kaufverhaltens** zurückgegriffen werden. Danach lässt sich ein hybrides Kaufverhalten als ein „Nebeneinander von Billig- und Teuer-Käufen"[52] charakterisieren: Ein und derselbe Konsument kauft aufgrund seiner individuellen Präferenzstruktur sowohl Produkte des ge-

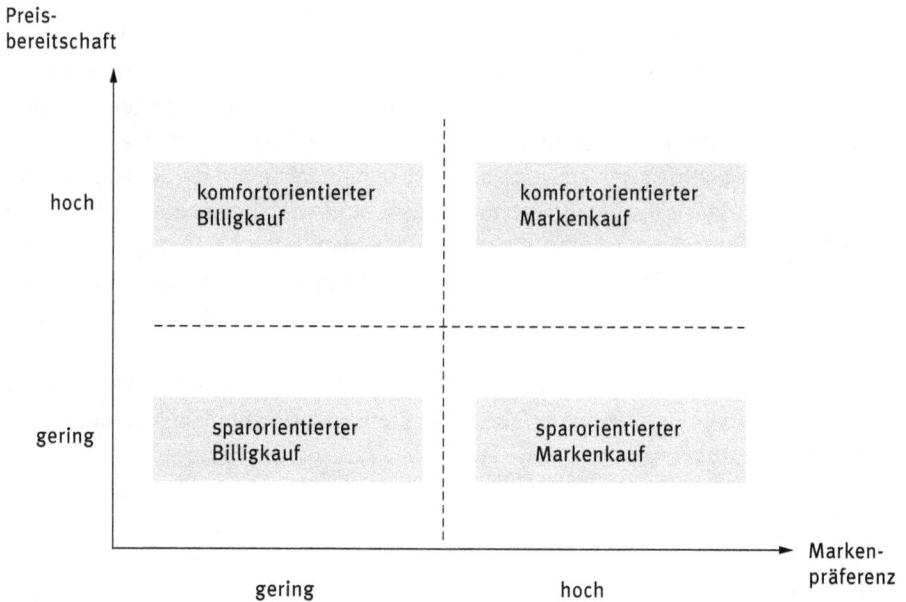

Abb. 3.2: Facetten des hybriden Konsumenten[53]

---

50 Vgl. Kroeber-Riel/Esch (2004), S. 26 f.
51 Vgl. Schmalen (1994), S. 1222 f.
52 Schmalen (1994), S. 1223.
53 Quelle: in Anlehnung an Schmalen (1994), S. 1227.

hobenen als auch des unteren Preisniveaus ein. Ursache des hybriden Verhaltens sind die unterschiedlichen Ausprägungen des Produkt- und Kaufinvolvements.[54]

Involvement wird definiert als „die Motivationsstärke [des Konsumenten] zur objektgerichteten Informationssuche, -aufnahme und -verarbeitung"[55], die das Engagement des Konsumenten bei einer Kaufentscheidung ausdrückt. Als eindimensionales Konstrukt kann es dabei mehr (high) oder weniger stark (low) ausgeprägt sein, was sich beispielsweise in der Bereitschaft zur Informationsaufnahme zum betreffenden Produkt, der Sorgfältigkeit (Extensivität) des Entscheidungsprozesses sowie der Verankerung (Intensität) der Einstellung zur Marke ausdrückt. Das Involvement eines Konsumenten wird regelmäßig umso höher sein, je wichtiger das Produkt und/oder je risikobehafteter der Kauf dieses Produktes für ihn ist. Wann nun ein Konsument markensensibel bzw. markenindifferent und/oder preisdesinteressiert bzw. preisachtsam ist, ergibt sich durch die Kombination der möglichen eindimensionalen Ausprägungen von Produkt- und Kaufinvolvement. Es lassen sich **vier differenzierte Verhaltensweisen** unterscheiden. Sie bieten durchaus einen Systematisierungsansatz für mögliche Betriebstypen im Einzelhandel.

Komfortorientierter Markenkauf

Der Konsument weist ein hohes Produktinvolvement sowie ein hohes Kaufinvolvement auf, d. h. da der Käufer das Produkt als wichtig einordnet und gleichsam ein hohes Kaufrisiko empfindet, beschafft er es als Markenprodukt unter komfortorientierten Bedingungen, wie beispielsweise durch Inanspruchnahme von Auswahl und Beratungsleistung, und zahlt bereitwillig einen höheren Preis für das Markenprodukt.

Sparorientierter Markenkauf

Der Konsument weist ein hohes Produktinvolvement bei geringem Kaufinvolvement auf, d. h. der Käufer ordnet das Produkt zwar als wichtig ein, empfindet jedoch beispielsweise aufgrund langjähriger Erfahrungen eine hohe Produktsicherheit und damit folglich ein geringes Kaufrisiko. Zwar wird er dem Markenprodukt den Vorzug geben, achtet jedoch bei seiner Wahl auf einen günstigen Preis, z. B. durch die Wahrnehmung von Sonderpreisaktionen, durch die Deckung seines Bedarfs in den sogenannten Markendiscountern oder durch den Bezug über das Internet.

Komfortorientierter Billigkauf

Der Konsument weist ein geringes Produktinvolvement bei hohem Kaufinvolvement auf, d. h. der Kauf dieses Produktes ist zwar notwendig, dem über einen Markenkauf erzielbaren Zusatznutzen steht er jedoch primär indifferent gegenüber. Da jedoch der

---

54 Vgl. Kroeber-Riel/Weinberg (2013); Trommsdorff (2008), S. 41; Schmalen (1994), S. 1226.
55 Trommsdorf (2008), S. 51.

Kauf mit einem hohen Risiko verbunden ist, legt er Wert auf Einkaufskomfort und sichert so seine Kaufentscheidung ab. Folglich ist seine Preiszahlungsbereitschaft höher, hängt jedoch wesentlich vom absoluten Preisniveau der Produktgattung ab. Da die Marke für ihn in diesem Zusammenhang eine eher untergeordnete Bedeutung spielt, fließen Einkommensrestriktionen mit in die Kaufentscheidung ein.

Sparorientierter Billigkauf

Der Konsument weist sowohl ein geringes Produktinvolvement als auch ein geringes Kaufinvolvement auf. Ähnlich wie beim Komfortorientierten Billigkauf legt er keinen Wert auf ein Markenerzeugnis, empfindet jedoch auch kein hohes Kaufrisiko.

> Die Vielschichtigkeit des Nachfrageverhaltens der Konsumenten einhergehend mit der Angebotsvielfalt von Hersteller und Handel sowie die Vielzahl und Vielfalt der Bezugsmöglichkeiten führen zu einer Fragmentierung der Märkte. Der Kampf um die Gunst des Konsumenten und damit um die derivative Nachfrage des Handels führt auf Herstellerebene zu einem „Hyperwettbewerb"[56].

Durch das fast unüberschaubare Angebot an Produkten und Marken sowie die jährlich hinzukommenden **„Schein"-Innovationen** und **Line Extensions** soll der Marktsättigungsgrad kompensiert und die Nachfrage angeregt werden.[57] [58] Zur Gewährleistung der erforderlichen raschen Marktdurchdringung sowie der Kompensation fehlender Alleinstellungsmerkmale wird die Inflation des Produktangebotes durch den massiven Einsatz der Kommunikationspolitik unterstützt, um die Marke ins Bewusstsein der Konsumenten zu rücken. Innovationsdefizite werden durch Werbedruck kompensiert, sodass sich der vormals vorherrschende Produktwettbewerb zunehmend zu einem Wettbewerb auf kommunikativer Ebene entwickelt.[59] Es kommt zu einer Informationsüberflutung und -überlastung der Konsumenten und damit zu einer rückläufigen Wahrnehmung der kommunikativen Botschaft. So werden nach einer Berechnung des Instituts für Konsum- und Verhaltensforschung 98 Prozent der Informationen durch den Konsumenten nicht wahrgenommen.[60] Die Folge ist eine Erhöhung der Wirkungsschwellen des Marketing,[61] die herstellerseitig eine kontinuierliche Aufstockung des Mitteleinsatzes erfordert, oder auch innovative Werbekonzepte, die über neue Aktivie-

---

56 D'Aveni (1995), S. 13.
57 Esch/Wicke haben diese Auswirkungen am Zahnpasta-Markt untersucht. Dieser ist im Hinblick auf die angebotenen Marken bzw. Produkte von 1950 bis zum Jahr 2000 um annähernd 660 % gewachsen. Siehe dazu: Sattler (2007), S. 24 ff; Esch/Wicke (2000), S. 12 f.
58 Vgl. Laurent (1996), S. 40. Dabei handelte es sich hierbei meist um Varianten eines schon vorhandenen Produktes, wie etwa „Nadler-Bistro-Salat Toast Hawaii", „Maggi Fix für mediterrane Reispfanne", „Vittel+ Energy Orange mit Vitamin B Complex und Kohlehydraten". Vgl. Rohwetter (2004), S. 20.
59 Vgl. Boenigk (2001), S. 2.
60 Zitiert bei Esch/Wicke (2000), S. 17.
61 Vgl. Belz (1998), S. 25 f.

rungstechniken zu einer Verbesserung der Wahrnehmungswahrscheinlichkeit beitragen, um erlangte Marktpositionen zu halten oder zumindest Maßnahmen der Konkurrenz zu kompensieren.

Diese starke Konzentration der herstellerseitigen Marktbearbeitung auf die kommunikationspolitischen Aktivitäten wirkt sich auch auf die Verhandlungen mit dem Handel aus. Zwar korreliert die konsumentenbezogene Markennachfrage im Handel regelmäßig positiv mit seiner Einsatzbereitschaft für eine Marke, jedoch fördert das Fehlen „echter" Alleinstellungsmerkmale das Konfliktpotenzial zwischen den Marktakteuren und schränkt die Verhandlungsinhalte vielfach auf wertverzehrende Diskussionen über Spannen- und Aufgabenverteilung ein. Bereits Anfang der 1970er-Jahre wurde die Notwendigkeit einer stufenübergreifenden Partnerschaft zwischen den Marktakteuren zur Harmonisierung der Zusammenarbeit erkannt.[62] Auch die Realisierung aktueller Lösungsansätze, die auf eine intensive und wertschöpfende Zusammenarbeit mit konsequenter Ausrichtung auf die Bedürfnisse der Konsumenten abzielen, wie beispielsweise das in Theorie und Praxis vielseitig diskutierte **ECR-Konzept**, scheitert oftmals an den fundamentalen Zieldivergenzen in der Marktbearbeitung und dem mangelnden Vertrauen zwischen den Teilnehmern.[63]

Denn während für den Hersteller die Profilierung und Omnipräsenz seines gesamten Produktprogramms im Vordergrund stehen, ist der Handel in erster Linie an der Profilierung seines Sortimentes respektive seiner Einkaufsstätte interessiert.[64] Die Bedeutung des einzelnen Produktes des Herstellers im Sortiment des Handels wird relativiert, denn „aus der Vielzahl konkurrierender Konsumgüter sucht der Entscheidungsträger im Handelsbetrieb dasjenige aus, von dem er annimmt, es könne am ehesten seine leistungs- und betriebspolitischen Zielsetzungen erreichen, und zwar unter Berücksichtigung der in seinem Absatzgebiet vorhandenen Nachfragesituation."[65]

Die zuvor beschriebenen komplexen und dynamischen Wettbewerbsverhältnisse spiegeln sich auf einer Vielzahl von Konsumgütermärkten wider. Folglich sind Hersteller darauf angewiesen, über ein **integriertes Marketing** Kundenvorteile sowohl für die Konsumenten als auch für die Absatzmittler zu generieren. Bezogen auf die Konsumenten spielt die Stärke der Marke eine herausragende Bedeutung. Für den Absatzmittler hingegen entscheidet neben der markenbezogenen Endverbrauchernachfrage auch die vom Handel empfundene Wertigkeit der stufenübergreifenden Zusammenarbeit zwischen Hersteller und Handel.[66]

---

62 Engelhardt (1976), S. 178; Steffenhagen (1975), S. 157.

63 Entsprechend undifferenziert ist in der Literatur bis dato auch der Einfluss der Marke im Rahmen des Category-Management untersucht worden. Entsprechende Ansätze zeigen sich in den Ausführungen bei Ahlert (2001) oder Goerdt (2005).

64 Vgl. Zentes/Swoboda (1998), S. 826.

65 Barth (1999), S. 167.

66 Vgl. Kotler/Bliemel (2001), S. 57 ff.

Zusammengenommen entscheiden diese Komponenten darüber inwieweit der Hersteller in der Lage ist, Kundenvorteile für den Absatzmittler zu generieren. Dies ist immer dann der Fall, wenn der Nutzen des betrachteten Herstellerangebots höher ist als der der Konkurrenz.

Dabei liegt der Nutzen zum einen in einem höheren Gewinn begründet (der Händler erzielt Vorteile aufgrund einer höheren Absatzmenge respektive einer möglichen Preisprämie, die mit der Marke durchsetzbar ist). Zum anderen kann ein Kundenvorteil realisiert werden, indem der Hersteller das Buying-Center des Handels besser oder billiger betreut, so z. B. durch die optimale Verknüpfung der Prozesse zwischen den Wertschöpfungsakteuren.[67] In jedem Fall muss der Kundenvorteil bedeutsam und dauerhaft sein – er muss von den Entscheidungsträgern im Handel wahrgenommen werden, um zum Erfolg und dort zu einer Wertsteigerung führen.[68]

3.2 Markenbezogene Kriterien

Zielsetzung dieses Gliederungspunktes ist es, die unterschiedlichen Ausgangssituationen in Bezug auf alternative Markenstrategien aufzuzeigen, die im Rahmen der Distribution zu berücksichtigen sind. Dabei greift diese Darstellung die Sicht der Konsumenten auf und geht der Frage nach, wie der Konsument die Marke(n) am jeweiligen Verkaufspunkt sehen sollen.

Die Identifizierung alternativer markenbezogener Gegebenheiten erfolgt in Anlehnung an den empirisch-induktiven Ansatz,[69] der in seiner ursprünglichen Form alternative Absatzprozesse bestimmt, indem eine **Typologisierung der zu vermarktenden Produkte** vorgenommen wird. Über relevante Beschreibungsmerkmale werden die betrachteten Güter entsprechend der jeweiligen Ausprägung Gruppen zugeordnet, die in sich weitgehend homogen, den anderen Gruppen gegenüber jedoch möglichst heterogen sind.[70]

Entsprechend müssen diese Kriterien auch die Entwicklung und Umsetzung der markenbezogenen Handelskonzepte determinieren. Produktbezogene Besonderheiten werden schließlich nur insofern berücksichtigt, als dass durch sie besondere Leistungsanforderungen an die dezentrale Einheit gestellt werden.

Markenbezogene Merkmale ergeben sich dabei aus:
- der zugrundeliegenden **Markenarchitektur**, die sich im Auftritt der Marke(n) am PoS widerspiegeln und in Einklang mit den übergeordneten direkt auf den Endverbraucher gerichteten kommunikativen Maßnahmen stehen muss, um positiv die Bekanntheit und das Image der Marke(n) zu beeinflussen;

---

67 Vgl. Klumpp (2000), S. 25.
68 Vgl. Backhaus (2010), S. 38.
69 Vgl. zur Systematisierung der Vermarktungsprozesse insbesondere Backhaus (2010), S. 300 ff.
70 Vgl. Wiedmann/Schmidt (1997), S. 10; Barth et al. (2017), S. 83 f.

– der **Marktstimulierungsstrategie,** die die Art und Weise der Marktbeeinflussung und -steuerung definiert und die Positionierung der Marke bestimmt;
– dem **Grad der Erklärungsbedürftigkeit der Produkte,** mit dem die Anforderungen an und der Umfang von produktbegleitenden Dienstleistungs- und Serviceaufgaben definiert werden.

3.2.1 Markenarchitektur

Die Systematisierung der Markenarchitektur erfolgt anhand der Erfassung unterschiedlicher Ausgestaltungsformen zwischen Unternehmens- und Produktmarke. Esch und Bräutigam gehen – entsprechend der vorherrschenden Markendefinition – von einer wirkungsbezogenen Klassifikation aus und sehen als „zentrales Kriterium für die notwendigen Differenzierungsstufen [...] die erreichbaren Wirkungen bei den Zielgruppen [an]. Konkret geht es darum, ob diese Unterschiede zwischen einzelnen Branding-Optionen wahrzunehmen sind und welche Konsequenzen sich daraus jeweils für die Bekanntheit und das Image der involvierten Marken ergeben."[71] Bezogen auf den Auftritt der Marke im Handel umfasst dies insbesondere die Markenpositionierung in preislicher und kommunikativer Hinsicht sowie in Bezug auf die Platzierung am PoS oder die Darstellung und Auffindbarkeit im digitalen Verkaufsraum.

> Grundsätzlich ist aus markenbezogener Sicht die Frage zu beantworten, wie der Endverbraucher die Marke im Handel wahrnehmen soll, damit sie in Einklang zu den vom Hersteller direkt vermittelten Markenbotschaften steht. Diese Überlegungen müssen sich ebenfalls auf die virtuelle Welt erstrecken.

Existiert im Unternehmen lediglich eine Marke, so spricht man von der klassischen **Dachmarkenstrategie,**[72] bei der sämtliche Produkte eines Unternehmens unter einer Marke geführt werden. **Unternehmens- und Produktmarke sind folglich identisch.** Die Vermittlung eines klaren Vorstellungsbildes vom Unternehmen und von den Produkten bzw. Produktgruppen wird zur zentralen Herausforderung für die dezentralen Organisationseinheiten. Je unterschiedlicher die Produkte und je heterogener die Märkte sind, auf denen die Marke geführt wird, desto schwerer ist der Aufbau eines einheitlichen Images und die Vermittlung einer spezifischen Markenpositionierung.[73] Dachmarken im Konsumgütersektor bewegen sich in der Regel auf stark

---

71 Esch/Bräutigam (2001), S. 29.
72 Ausgangspunkt sind in diesem Zusammenhang Mehrproduktunternehmen, sodass die sog. Monomarken (das Unternehmen vertreibt *ein* Produkt unter einer Marke) vernachlässigt werden. Meffert/Bierwirth/Burmann (2002), S. 170; Esch/Bräutigam (2002), S. 30 sprechen in diesem Zusammenhang auch von der Corporate-Brand-Strategie. Im Weiteren wird jedoch der klassische Begriff Dachmarkenstrategie verwendet. Vgl. hierzu auch: Esch (2003), S. 409 ff.
73 Vgl. Esch (2003), S. 411 ff.

affinen Märkten, sodass im Falle einer Dachmarkenstrategie ein tendenziell homogenes Leistungsspektrum unterstellt wird. Beispielhaft hierfür steht die Marke Pelikan für Schreibartikel, die Marke Lindt für Schokolade oder die Marke Sony für Unterhaltungselektronik. Zielsetzung ist es, die horizontalen Synergien zwischen den jeweiligen Produkten bzw. Produktgruppen derart zu erschließen, dass es gleichzeitig zu einer Profilierung und Stützung der Unternehmensmarke kommt. Dies setzt – bezogen auf die Präsentation in der Einkaufsstätte – aufgrund der Auswahlverbunde zwischen den Produkten einen weitgehend geschlossenen Auftritt des gesamten Produktprogramms voraus. Dem entgegen steht jedoch die Bildung von Warengruppen durch den Handel.

Anders hingegen verhält es sich bei der Führung von **Einzel- respektive Familienmarken** (den sog. house of brands[74]), bei denen der Konsument nicht unmittelbar auf das Unternehmen schließen kann.[75] Hier managt das zentrale Marketing ein Portfolio an Marken, die klar voneinander abzugrenzen sind. Die operative Ebene übernimmt die Verantwortung für die Umsetzung der Positionierung der geführten Marken im Markt. Eine klare Trennschärfe zwischen den einzelnen Marken wird dabei umso wichtiger, je mehr sich die Produktsegmente ähneln, innerhalb derer die Marken geführt werden. Den extremsten Fall bildet in diesem Zusammenhang die Führung einer **Mehrmarkenstrategie**.[76] Hier werden mindestens zwei Marken in demselben Produktbereich geführt, wobei die Eigenständigkeit der Marken durch voneinander abweichende Leistungsmerkmale wie differenzierte kommunikative Auftritte und Preislagenniveaus erzielt werden soll. Beispielhaft hierfür kann die strategische Geschäftseinheit L'Oréal Cosmétique Active aus dem Hause L'Oréal angeführt werden. Diese Unit steuert die Marken für den Absatzkanal „Apotheken". Hier werden parallel drei Markenfamilien mit unterschiedlichen Zielgruppenausrichtungen geführt – Vichy für Kunden mit normaler bis empfindlicher Haut, La Roche-Posay für Kunden mit stark empfindlicher bis kranker Haut und Skin Ceuticals, Kosmetik im Premiumsegment mit medizinischem Charakter.

Im Rahmen der dritten Variante – **der gemischten Marken** – wird neben der Unternehmensmarke ein komplexes Markenportfolio mit einer Vielzahl von Produktmarken geführt.[77] Dominiert die Unternehmensmarke die Produktmarke bzw. stehen Unternehmens- und Produktmarke gleichberechtigt nebeneinander, so soll das positive Image der Unternehmensmarke auch auf die Produktmarken übertragen werden. Da in diesen Fällen die Unternehmensmarke im Vordergrund steht und die einzelnen Produktmarken auch entsprechend mit dem Unternehmen in Verbindung gebracht wer-

---

74 Meffert/Bierwirth/Burmann (2002), S. 170; Esch/Bräutigam (2002), S. 30
75 Klassisches Beispiel hierfür ist das Unternehmen Procter & Gamble mit seiner Einzelmarkenstrategie.
76 Vgl. Meffert (2002), S. 139 ff.
77 Vgl. Esch/Bräutigam (2001), S. 27.

den sollen, liegt hier eine annähernd gleiche Ausgangssituation vor, wie bei der reinen Unternehmensmarke respektive der Dachmarkenstrategie. Anders hingegen gestaltet es sich, sofern der Produktmarke die Vorzugsstellung eingeräumt wird. Hier sollen bei klarer Positionierung der einzelnen Produktmarken die Kompetenz und das Image der Unternehmensmarke genutzt werden. Ob eines klar profilierten und eigenständigen Erscheinungsbildes der einzelnen Marken, sollen die Marken vom Konsumenten in Verbindung mit dem Unternehmen gebracht werden wie beispielsweise die Marken Persil, Der weiße Riese sowie Spee aus dem Hause Henkel. Entsprechend sollten die Produktmarken klar voneinander abgegrenzt und als weitgehend eigenständige Marke im Markt etabliert werden. Folglich entspricht dieser Fall tendenziell der reinen Einzel- bzw. Familienmarkenstrategie, wobei jedoch auch dem Aufbau eines positiven Images der Unternehmensmarke aufgrund des Kenntnisstandes der Konsumenten eine besondere Bedeutung zukommt.

Anders hingegen gestaltet es sich auf Märkten, in denen die handelsseitige Nachfragemacht gering oder kaum vorhanden ist als im oligopolistisch-geprägtem Lebensmittelhandel. Beispiele hierfür sind die polypolistischen Märkte wie etwa der Apothekenmarkt mit deutschlandweit 20.249 Apotheken im Jahr 2015 oder der Friseurmarkt mit deutschlandweit 80.664 Unternehmen im Jahr 2016.[78] Hier werden die Unternehmen in der Regel inhabergeführt und ihre einzelne Bedeutung für den Hersteller ist tendenziell gering. Für die Durchsetzung seiner Interessen in Bezug auf die Platzierung seiner Marken besteht ein größerer Spielraum – insbesondere dann, wenn der Hersteller hierfür auch die Kosten übernimmt. Die zentrale Frage lautet vielmehr, welche Geschäftsstätte verfügt über das Umsatz- und Absatzpotenzial, als dass sich der finanzielle Mittelaufwand für eine Vorzugsplatzierung lohnt?

3.2.2 Marktstimulierungsstrategien

Im Rahmen der Marktstimulierungsstrategie soll in diesem Zusammenhang die Art und Weise der Marktbeeinflussung und -steuerung im Sinne einer angestrebten Positionierung festgelegt werden.[79] Abgeleitet aus den generischen Wettbewerbsstrategien nach Porter[80] ist in der ursprünglichen Form zwischen der **Preis-Mengen-Strategie** und der **Präferenzstrategie** zu unterscheiden.

---

78 Vgl. statista.com, aufgerufen am 12.01.2018.

79 Vgl. zu den weiteren Ausführungen Becker (2001), S. 179 ff.

80 Porter unterscheidet zwischen drei generischen Wettbewerbsstrategien (auch als Fokusstrategien bezeichnet), über die sich Wettbewerbsvorteile erzielen lassen: erstens durch eine im Vergleich zum Wettbewerber überlegene Kostenposition (Kostenführerschaft), zweitens durch einen Nutzenvorteil gegenüber dem Konkurrenten (Differenzierung) oder drittens durch die Konzentration auf Schwerpunkte bzw. Nischen bei gleichzeitigem Fokus auf die Kosten und den Nutzen (Spezialisierung). Vgl. Porter (1980), S. 36 ff.; Welge/Al-Laham (2017), S. 375 ff.

Die reine Preis-Mengen-Strategie ist durch einen niedrigen Preis bei niedriger Qualität (im Sinne von Standardqualität) gekennzeichnet, während bei der reinen Präferenzstrategie über eine hohe Qualität bzw. durch die Schaffung eines Zusatznutzens ein höherer Preis realisiert werden soll. Unter statischen Rahmenbedingungen führt die konsistente Verfolgung eines Strategietyps (entweder Preis oder Qualität) zu dauerhaften Wettbewerbsvorteilen. Die hohe Dynamik und Komplexität im Wettbewerbsumfeld bedingt jedoch, dass Wettbewerbsvorteile lediglich temporär zu erzielen sind, sodass die Hersteller vielmehr in der Lage sein müssen, die Produkte entsprechend der vorherrschenden Position im Lebenszyklus erfolgreich zwischen Qualitäts- bzw. Kostenführerschaft zu führen.[81]

Anders ausgedrückt verlangt diese sogenannte „**Outpacing-Strategie**"[82] im Zeitablauf einen Strategiewechsel, der sich wie folgt begründet: Markenartikelhersteller mit einer hohen Innovationsfähigkeit, schaffen durch neue Produkte oder Konzepte einen Kundennutzen, der es ihnen ermöglicht, Preisprämien zu generieren.[83] Derartige Pionierrenten locken wiederum Konkurrenten an, die regelmäßig mit niedrigeren Preisen in den Markt eintreten.[84] Der damit einhergehende oftmals drastische Preisverfall erfordert auch vom Innovator die Reduktion der Preise, um langfristig im Markt zu bestehen. Diese Preisreduktion ist jedoch nur dann realisierbar, wenn die Qualitätsführerschaft bei gleichzeitiger Erschließung von Kostensenkungspotenzialen sichergestellt werden kann. Ansatzpunkt hierfür ist beispielsweise die Fähigkeit – über die Produktebene hinaus – zur Innovation auf Prozess-, Verfahrens- oder Organisationsebene.

Um nun die Vielzahl von Marken hinsichtlich der grundlegenden Marktziele und der anvisierten strategischen Positionierung zu klassifizieren, bietet es sich an, in Anlehnung an das von Schmalen vorgestellte Modell des hybriden Konsumenten auf die unterschiedlichen – als idealtypisch anzusehenden – Konsumenten- und Marktschichten abzuheben.[85] Danach existiert ein oberes, mittleres und unteres Marktsegment, die sich hinsichtlich ihrer Präferenzlage und ihrer Preiszahlungsbereitschaft unterscheiden lassen. Die Marken des oberen Marktsegments werden als Premium-Marken, die des mittleren Marktsegments als Value-Marken und die des unteren Marktsegments als Niedrigpreis-Marken bezeichnet.[86]

– **Premium-Marken** zeichnen sich durch eine über das übliche Qualitätsniveau hinausgehende Leistung bei gleichzeitig hohem Preisniveau aus. Diese Leistung

---

81 Vgl. D'Aveni (1995), S. 16 ff.

82 Fleck spricht von einer hybriden Strategie, wobei der Begriff hybrid dem Griechischen entstammt und „aus Verschiedenartigem zusammengesetzt" bedeutet. Vgl. Fleck (1995), S. 2 zitiert bei Welge/Al-Laham (2017), S. 390.

83 Vgl. o. V. (2003), S. 14.

84 Vgl. Becker (2001), S. 373.

85 Vgl. hierzu Becker (2001), S. 179 ff.

86 Vgl. Diller (2001b), S. 123 ff.

kann sich sowohl auf eine herausragende technische, geschmackliche, ästhetische, modische o. ä. Komponente im Vergleich zu den Wettbewerbsprodukten beziehen. Der hohe Preis wird zum Nutzenmerkmal, da der Konsument sich durch den Kauf dieser Marke von der Masse der Käufer abheben möchte.

–   Auch bei den **Value-Marken** resultiert die Stärke aus prägnanten Merkmalen, wie z. B. Innovationskraft, hohe Zuverlässigkeit, Trendorientierung o. ä. Im Vergleich zu den Premium-Marken verfügen sie aber über ein angemessenes Preis-Leistungsverhältnis, um dem Konsumenten möglichst viel Wert respektive Kundennutzen für den geforderten Preis zu bieten. Value-Marken befinden sich aufgrund ihrer Ansiedlung im mittleren Preis- bzw. Qualitätsbereich in der gefährlichen Zwischen-den-Stühlen-Position[87]. So können sie – sofern sie über kein klares Profil verfügen – sowohl von den Premium-Marken (im Falle einer temporären Preisreduktion) als auch von den Niedrigpreis-Marken bedrängt werden.

–   Eine Abwanderung der Konsumenten zu den **Niedrigpreis-Marken** ist insbesondere dann nachzuvollziehen, wenn aus Sicht der Konsumenten der Zusatznutzen der Marke, als Rechtfertigung für den höheren Preis, nicht klar erkennbar ist. Niedrigpreis-Marken verfügen, trotz der Erfüllung eines gewissen Mindestqualitätsanspruchs, über eine hohe Preiswürdigkeit bei weitgehendem Verzicht auf Zusatzleistungen. Diese wird in der Praxis häufig auch als „Kampfmarke" bezeichnet.

Vor dem Hintergrund, „dass es besser ist, wenn Konsumenten zwischen verschiedenen Marken des eigenen Unternehmens wählen können, statt zwischen einer eigenen Marke und Konkurrenzmarken wählen zu müssen"[88], bieten Konsumgüterhersteller im Falle der Führung eines Markenportfolios in den verschiedenen Marktschichten jeweils eine oder mehrere Einzel- respektive Familienmarke(n) an. Diese **Mehrmarkenstrategie** ist dabei durch folgende Kriterien gekennzeichnet:[89]

–   die Marken sind allesamt auf den **gleichen Markt** ausgerichtet,
–   sie unterscheiden sich durch eine **sachlich-funktionale** und/oder **emotionale Eigenschaft** voneinander,
–   und sie treten **getrennt** im Markt auf.

Eine weitere Voraussetzung, die häufig im Zusammenhang mit der Mehrmarkenstrategie steht, ist die organisatorisch getrennte Führung der Marken eines Marktsegments. Von dieser Prämisse wird jedoch im Rahmen dieser Ausführungen Abstand genommen. Der Grund liegt darin, dass sich der Zuständigkeitsbereich der marktorientierten Organisationseinheit regelmäßig auf sämtliche Marken beziehen sollte, die inner-

---

87 Vgl. Becker (2001), S. 227.
88 Mason/Milne (1994), S. 163 zitiert bei Esch (2003), S. 359.
89 In enger Anlehnung an Meffert/Perrey (2002), S. 206.

halb affiner Warengruppen positioniert sind und zur Reduzierung der Komplexitäts-kosten über denselben Absatzkanal distribuiert werden. Dadurch wird sichergestellt, dass im Rahmen der Gespräche mit den Händlern nicht die einzelne Marke, sondern sämtliche Marken des Herstellers zum Verhandlungsgegenstand avancieren, um so die herstellerseitige Angebotsmacht zu erhöhen. Dies gilt insbesondere für Mehrmar-kenstrategien innerhalb eines Absatzkanales, bei denen Marken in unterschiedlichen Preislagenniveaus geführt werden oder differenzierte Konsumentenpräferenzen ab-decken sollen. Für diese Fälle ergibt das kumulierte Ergebnis der einzelnen Marken entsprechend den Erfolg der marktorientierten Organisationseinheit.

Unter Berücksichtigung der jeweiligen Ausprägungen der Markenarchitektur lässt sich die vollständige Bearbeitung des relevanten Marktes im Falle der Familienmarken erzielen, die im Rahmen einer übergeordneten Mehrmarkenstrategie geführt werden; denn die einzelnen Marken werden vom Konsumenten nicht unmittelbar mit dem Un-ternehmen in Verbindung gebracht. Beispielhaft hierfür kann erneut das Unterneh-men L'Oréal angeführt werden, das den Markt der haar- und hautkosmetischen Pro-dukte im oberen und mittleren Marktsegment abdeckt. Je Absatzkanal (u. a. LEH und Drogerien, Parfümerien, Apotheken, Friseure) werden differenzierte Marken geführt, wobei die Marken eines Absatzkanals im Regelfall eine eigenständige Sparte bildet. In-nerhalb der einzelnen Distributionskanäle verfolgt das Unternehmen darüber hinaus eine Mehrmarkenstrategie. So werden im Retailbereich dem Endverbraucher die Mar-ken L'Oréal Paris als Premium-Marke und die Marke Garnier als Value-Marke darge-boten, über Parfümerien u. a. die Marken Lancôme, Helena Rubinstein und Biotherm sowie über Friseursalons beispielsweise die Marken L'Oréal Professionnel, Kérastase, Redken und Matrix.

Grundsätzlich geht die Führung einer Vielzahl von Einzel- respektive Familien-marken mit hohen Marktbearbeitungskosten einher. Es müssen eigenständige Mar-kenprofile, die klar voneinander abgrenzbar sind, aufgebaut werden. Dies setzt ei-ne hohe Eigenständigkeit der operativen Absatzeinheiten in ihren markenpolitischen Handlungen voraus, da auch den jeweils unterschiedlichen strukturellen Marktbedin-gungen in Bezug auf die Händlerstruktur entsprochen werden muss. Ausgenommen hiervon sind die Marken, die länderübergreifend geführt werden. Gemäß der Devise „think global – act local" übernimmt das internationale Marketing die strategische Markenführung, während die dezentrale Markteinheit länderspezifisch agiert und für die lokale Operationalisierung verantwortlich zeichnet. Der dezentrale Gestaltungs-spielraum in markenpolitischer Hinsicht wird dennoch größer sein als im Falle eines einheitlichen Marktauftritts aller Produktgruppen, da länderbezogene Besonderhei-ten auch die Entwicklung nationaler Strategien erforderlich machen. Regelmäßig sind dabei die Bereiche im internationalen Marketing etabliert, durch die einerseits der ein-heitliche länderübergreifende Marktauftritt der Marke gewährleistet werden kann und sich andererseits Kostensenkungspotenziale durch die Nutzung von Synergien realisieren lassen. Konkret handelt es sich hierbei um kommunikations- und produktpolitische Entwicklungsmaßnahmen.

Ähnlich gestaltet es sich auch bei der Führung von Einzel- bzw. Familienmarken in heterogenen Produktgruppen. Aufgrund der geringen Affinität der Produkte steht die Eigenständigkeit der jeweiligen Marke im Vordergrund. Beispielhaft hierfür gilt das Unternehmen Procter & Gamble mit seinen diversen Familienmarken in den unterschiedlichsten Kategorien wie Baby- und Damenhygiene, Schönheitspflege, Wasch- und Reinigungsmittel sowie Gesundheit und Rasur.

Die Führung mehrerer Einzel- bzw. Familienmarken erlaubt auch die Abschöpfung des unteren Marktsegments durch Niedrigpreis-Marken, denn hier ist zunächst ein unmittelbarer Rückschluss auf das Unternehmen durch den Konsumenten nicht möglich. Im Falle gemischter Markenarchitekturen kann dies hingegen zu einer Verwässerung der Positionierung führen und den Aufbau eines klaren Images erschweren. Der Einsatz der Präferenzstrategie auf der einen Seite sowie die Vermittlung von Preiskompetenz auf der anderen Seite kann sich negativ auf die Glaubwürdigkeit dem Konsumenten gegenüber auswirken und die Leistung der preislich höher positionierten Marke in Frage stellen, sofern diese über keinen klar erkennbaren Zusatznutzen verfügt. Um dennoch den Anforderungen differenzierter Zielgruppen zu entsprechen, lassen sich Premium- und Value-Marken im Rahmen einer Mehrmarkenstrategie sinnvoll miteinander kombinieren – so werden Synergiepotenziale zwischen den Marken genutzt. Erfolgreiche Anwendungsbeispiele können aus dem Bekleidungssektor adaptiert werden. So führt das Unternehmen Max Mara die Marke Max Mara als Premium-Marke und die preisgünstigere Marke Max & Co. als Value-Marke für die jüngere Zielgruppe.

Dachmarken verfügen über den geringsten Gestaltungsspielraum hinsichtlich der Bearbeitung des relevanten Marktes. Da alle Produktgruppen unter eine Marke gefasst werden, besteht hier lediglich die Wahlmöglichkeit zwischen einer Premium- oder Value-Marke. Die Schaffung eines eindeutigen Markenimages bei gleichzeitiger Erschließung und Nutzung der Synergiepotenziale zwischen den Produktgruppen steht dabei im Mittelpunkt des Markenmanagements. Beispielhaft hierfür kann das Unternehmen Sony angeführt werden, das schwerpunktmäßig Produkte der Unterhaltungselektronik und der neuen Informations- und Kommunikationstechnologie anbietet.

Sowohl bei der Dachmarke als auch im Falle von gemischten Marken, bei der insbesondere die Unternehmensmarke die Einzel- bzw. Familienmarken dominiert, liegt die Aufgabe der dezentralen Marketing-Vertriebeinheit in der Adaption der markenbezogenen Vorgaben durch das zentrale Marketing. Dominieren hingegen bei den gemischten Marken die Einzel-/Familienmarken die Unternehmensmarke, so sind Vorgaben, die die Unternehmensmarke betreffen, in den Auftritt der Einzel-/Familienmarken zu integrieren, um so den „Fit" zwischen Unternehmens- und Produktmarke zu gewährleisten.

3.2.3 Erklärungsbedarf der Produkte

Ein im Rahmen dieser Untersuchung interessanter Ansatz zur Systematisierung der produktbezogenen Besonderheiten ist die Differenzierung der Produkte entsprechend ihres produktspezifischen Erklärungsbedarfes. Dieser ist abhängig vom jeweiligen **Komplexitätsgrad eines Produktes.** „Ist die Handhabung einer Ware für den Käufer nicht ohne weiteres verständlich und sind daher ausführliche Gebrauchsanweisungen oder praktische Vorführungen erforderlich, so handelt es sich um erklärungsbedürftige Waren [...]"[90] Im Gegensatz dazu ist eine Ware nicht erklärungsbedürftig, „wenn ihre Verwendung keine besonderen Probleme aufwirft, wenn sie allgemein bekannt und technisch unkompliziert ist."[91]

Der Produktkomplexitätsgrad entscheidet über die Beratungs- und Serviceanforderungen, die der Hersteller an den Händler stellt; je erklärungsbedürftiger ein Produkt ist, umso intensiver und wichtiger werden die das Produkt ergänzenden immateriellen Leistungen,[92] die in erster Linie – aufgrund der mehrstufigen Distributionsleistung – durch das handelsseitige Verkaufspersonal erbracht werden. Da die Qualität in der Ausführung derartiger Leistungen gleichsam das Markenimage determiniert, können im Falle einer qualitativ schlechten Ausführung durch das Handelspersonal negative Markenassoziationen beim Konsumenten hervorgerufen werden. Dies umso mehr, als dass der Konsument sich gerade bei komplexeren Produkten im Vorfeld über das Internet informiert und somit mit einem entsprechenden Produktkenntnisstand in das Beratungsgespräch zieht. Folglich spielt die richtige Auswahl der Absatzkanäle eine zentrale Rolle.

Die im Rahmen der merkmalsbezogenen Markendefinition ursprünglich geltende ubiquitäre Distribution für den Markenartikel tritt bei Produktgattungen mit hohem Erklärungsbedarf in den Hintergrund.[93] Vielmehr gewinnt die Auswahl von Betriebstypen bzw. Vertriebslinien anhand qualitativer Auswahlkriterien an Bedeutung. Eine derartige selektive Distribution gilt vor allem für Premium- und Luxusmarken, bei denen die Händler ganz konkrete Vorgaben zu erfüllen haben, bevor sie diese Marke ins Sortiment aufnehmen dürfen.

Nicht-erklärungsbedürftige Produkte hingegen eignen sich im besonderen Maße zur „Selbstbedienung" und erfordern geringe bis keine Beratungs- und Serviceleistungen. Positive Markenassoziationen beim Konsumenten werden diesbezüglich vornehmlich durch kommunikative Erlebniswelten aufgebaut. In diesem Fall ist eine möglichst hohe Distribution anzustreben.[94] So formuliert beispielsweise die Geschäftsführung von Nestlé Deutschland das Ziel: „Wann immer, wo immer, wie auch immer die Menschen Lust auf den Genuss von Nestlé Produkten haben, sollen diese

---

90 Knoblich (1969), S. 115 f.
91 Knoblich (1969), S. 115 f.
92 Vgl. Ahlert (2005), S. 44.
93 Vgl. Schmidt (2001), S. 16.
94 Vgl. Kriegbaum (2001), S. 308 f.

verfügbar sein. Und so suchen wir bei Nestlé nach mobilen Ideen, die den Verbraucher überall erreichen."[95] Die gewandelte Kundenperspektive hin zum Convenience Shopping unterstreicht den Trend der Hersteller, neue für den Konsumenten „bequeme" Einkaufsorte, wie Kiosk, Systemgastronomie, Flughäfen- sowie Bahnhofsshops, Tankstellen, Bäckereien etc. zu erschließen.[96] Nichtsdestoweniger ist neben der angestrebten Ubiquität in der Distribution eine Priorisierung der Absatzkanäle wie Absatzmittler vorzunehmen. Denn nur so ist eine markenkonforme Allokation der Ressourcen zu gewährleisten.

Insgesamt betrachtet determiniert der Erklärungsbedarf der Produkte die Anforderungen an die Absatzmittler in Bezug auf Beratung und Service und bestimmt somit wesentlich die Reichweite der Distribution. Je komplexer und damit erklärungsbedürftiger das Produktprogramm ist, umso höher sind die Anforderungen an die Absatzmittler und umso selektierter muss die Markenvermarktung geartet sein. Bei gleichzeitiger Priorisierung der in Frage kommenden Händler wird der Absatz der Produkte gemäß der selektiven Distribution[97] auf die Anzahl der Vertriebskanäle begrenzt, die aus Sicht der Hersteller seinen markenbezogenen Anforderungen genügen. Im anderen Fall, bei nicht erklärungsbedürftigen Produkten, steht das Ziel der Ubiquität im Vordergrund. Zwar erfolgt auch hier, bezogen auf die Zuteilung der knappen Mittel, eine Priorisierung der Einkaufsstätten – entscheidend ist in diesem Zusammenhang jedoch vor allem das differenzierte Kauf- und Konsumverhalten der Endabnehmer, das sich nicht nur nach der zu kaufenden Produktkategorie richtet, sondern auch den Verkaufsort als zentrale Nutzenkomponente in den Vordergrund stellt.[98]

3.3 Händlerbezogene Kriterien

Der Handel im institutionellen Sinn hat in einer arbeitsteilig gegliederten Volkswirtschaft die Aufgabe, die in räumlicher, zeitlicher, qualitativer und quantitativer Hinsicht bestehenden Spannungen zwischen den Vorgängen der Produktion und der Kon-

---

95 Vgl. Nestlé (1999), S. 30.

96 Vgl. Schögel/Tomczak (1999), S. 15.

97 Im Rahmen der selektiven Distribution wählt der Hersteller die Absatzmittler unter qualitativen Gesichtspunkten – wie Image, Geschäftsausstattung, Marketingaktivitäten – aus. Eine Sonderform des Selektivvertriebs ist die exklusive Distribution, bei der zusätzlich zur Qualität auch die Anzahl der Absatzmittler eingeschränkt wird. Vgl. Posselt (2001), S. 36 f.; S. 769; Meffert (2000), S. 599. Im weiteren Verlauf der Untersuchung wird der Exklusivvertrieb aus der Betrachtung ausgeklammert. Der Grund ist darin zu sehen, dass die quantitative Beschränkung der Absatzmittler regelmäßig bis zu Exklusivverträgen mit einzelnen Absatzmittlern führt, sodass sowohl die Problematik der Integration des Produktprogramms in das Sortiment des Handels entfällt als auch preispolitische Wettbewerbe zwischen den einzelnen Handelsstätten unterbunden werden. Beides stellt jedoch zentrale Konfliktbereiche im Rahmen der Zusammenarbeit von Marketing und Vertrieb dar, sofern die Distribution ubiquitär bzw. selektiv erfolgt.

98 Vgl. Schögel/Tomczak (1999), S. 14.

sumtion auszugleichen.[99] Die Übernahme dieser Marktausgleichsfunktion durch den Handel bedingt folglich seine **Marketingdualität**. Einerseits ausgerichtet auf die Beschaffungsseite, mit dem Ziel, „der für die Leistungserstellung und Leistungsverwertung [...] benötigten Güter in der erforderlichen Menge und Qualität zur rechten Zeit, am rechten Ort und zu den günstigen ökonomischen Bedingungen"[100] zu beschaffen, andererseits ausgerichtet auf die Absatzseite, mit dem Ziel der Erhöhung des akquisitorischen Potenzials der Handelsunternehmung. Infolgedessen muss sich eine Analyse der handelsspezifischen Besonderheiten sowohl auf die Beschaffungs- als auch Absatzprozesse erstrecken. Während mit Blick auf die Beschaffungsseite alternative organisatorische Händlerstruktur zu konkretisieren sind, um entsprechend die Betreuung der dezentralen Marketing-Vertriebseinheit danach auszurichten, dient der Einbezug der Absatzseite der Erfassung spezifischer Marktbearbeitungssysteme des Handels, mit dem Ziel, für die Marke relevante Distributionsstätten zu eruieren.

Da auf Handelsebene eine ausgeprägte System- bzw. Gruppenbildung beobachtet werden kann, ist nicht der einzelne Handelsbetrieb (Einkaufsstätte) Gegenstand der weiteren Betrachtung, sondern vielmehr die gesamte Handelsunternehmung und mögliche Beziehungen zu weiteren Handelsunternehmungen. Unterschieden werden in diesem Zusammenhang horizontale und vertikale Verbunde. Während beim horizontalen Verbund Handelsunternehmen einer Wirtschaftsstufe zusammenarbeiten, erfolgt die Abstimmung beim vertikalen Verbund – auch bezeichnet als mehrstufige Handelssysteme – stufenübergreifend als Verknüpfung von Groß- und Einzelhandelsstufe. Die Großhandelsstufe wird durch die Systemzentrale, die Einzelhandelsstufe durch Einzelhandelsbetriebe repräsentiert.

In der Praxis lassen sich differenzierte Erscheinungsformen von Handelsorganisationen beobachten. Diese reichen vom reinen Filialsystem mit rechtlich und wirtschaftlich unselbstständigen Einzelhandelsbetrieben wie Aldi, Carrefour oder die Metro Group mit diversen Groß- und Einzelhandelsbetriebstypen wie C&C, Warenhäuser, Fachmärkte, über freiwillig auf vertraglicher Basis kooperierende (vertikale) Handelssysteme wie Electronic Partner oder Edeka, bis hin zu nicht-organisierten Handelsgruppen, deren Zusammenarbeit sich auf eine reine Austauschbeziehung beschränkt und keinen weiteren vertraglichen Bindungen unterliegt. Auch existieren in der Praxis hybride Systeme,[101] bei denen Filialsysteme und Handelskooperationen von einer Systemzentrale geführt werden. Beispiele aus dem Lebensmittelbereich liefern die Handelssysteme Rewe, Spar und Edeka.

Ein weiteres an Bedeutung gewinnendes System ist das Franchisesystem, bei dem die angeschlossenen Einzelhändler als Franchisenehmer bei vollem unternehmerischem Risiko ihre wirtschaftliche Freiheit hinsichtlich der Gestaltung der beschaffungs- und absatzpolitischen Instrumente an die Systemzentrale (Franchisegeber)

---

99 Vgl. Barth et al. (2017), S. 1.
100 Barth et al. (2017), S. 299.
101 Vgl. Tietz (1999), S. 584.

übertragen. Die Systemzentrale übernimmt die Führungsfunktion sowie die zentral zu realisierenden Aufgaben. Beispielhaft hierfür ist das von dem Handelsunternehmen Rewe initiierte Partnerschaftsmodell.[102]

Zusammenfassend lässt sich somit festhalten, dass die an ein Verbundsystem angeschlossenen Einkaufsstätten von drei unterschiedlichen Typen der Geschäftsführung geleitet werden können, die sich hinsichtlich ihrer wirtschaftlichen und rechtlichen Selbstständigkeit unterscheiden:

- vom **Einzelhandelskaufmann**, der wirtschaftlich und rechtlich als selbstständiger Unternehmer auftritt,
- zweitens vom **kooperierenden Einzelhändler** bis hin zum **Franchisenehmer**, die beide zwar rechtlich eigenständig sind, ihre wirtschaftliche Freiheit jedoch mehr oder weniger einer Systemzentrale übertragen, und
- drittens vom **Filialleiter**, der in einem Angestelltenverhältnis zur Zentrale steht und folglich wirtschaftlich und rechtlich unselbstständig ist.

Entsprechend dieser Rangfolge nimmt auch der Bindungsgrad an die Weisungen der Systemzentrale zu. Während der Filialleiter über sein Anstellungsverhältnis an die Entscheidungen der Zentralinstanz gebunden ist, verfügt der Franchisenehmer über eine begrenzte, und der Einzelhandelskaufmann über eine in der Regel vollständige Entscheidungsfreiheit.

Der **Rahmen der Koordinationsmethode** stellt einen Ansatz zur Systematisierung der unterschiedlichen Erscheinungsformen von Handelsorganisationen dar. Über differenzierte Ausprägungen der Parameter **Zentralisation** und **Bindung** kann auf die Intensität der Beziehung zwischen Systemzentrale und Geschäftsstätte geschlossen werden,[103] sodass gleichsam Aussagen über das Beschaffungs- und Absatzverhalten der Handelsorganisation respektive der Einkaufsstätten getroffen werden können.

Der Zentralisationsgrad bestimmt den Umfang der Weisungsrechte der Systemzentrale gegenüber den zum System gehörenden Einheiten. Er ist hoch, sofern Entscheidungen ausschließlich durch die Systemzentrale getroffen werden – niedrig hingegen, wenn die Systemeinheiten auf freiwilliger Basis die Entscheidungen der Zentrale befolgen können.

Der Bindungsgrad gibt Auskunft über Umfang, Intensität und Dauer der Bindung zwischen den Systempartnern.[104] Er kann Ausprägungen zwischen einmaligen und sofort zu erbringenden Leistungen (Markt) bis hin zur dauerhaften Bestimmung der Geschäftstätigkeit der Systemeinheiten (Hierarchie) annehmen. Verbindet man die Ausprägungsformen der beiden Parameter miteinander, dann lassen sich die Handelsunternehmen dahingehend systematisieren, inwieweit die angeschlossenen

---

102 Vgl. www.partnerschaftsmodell.de.
103 Grossekettler (1978), S. 325 ff.
104 Vgl. Barth et al. (2017), 123.

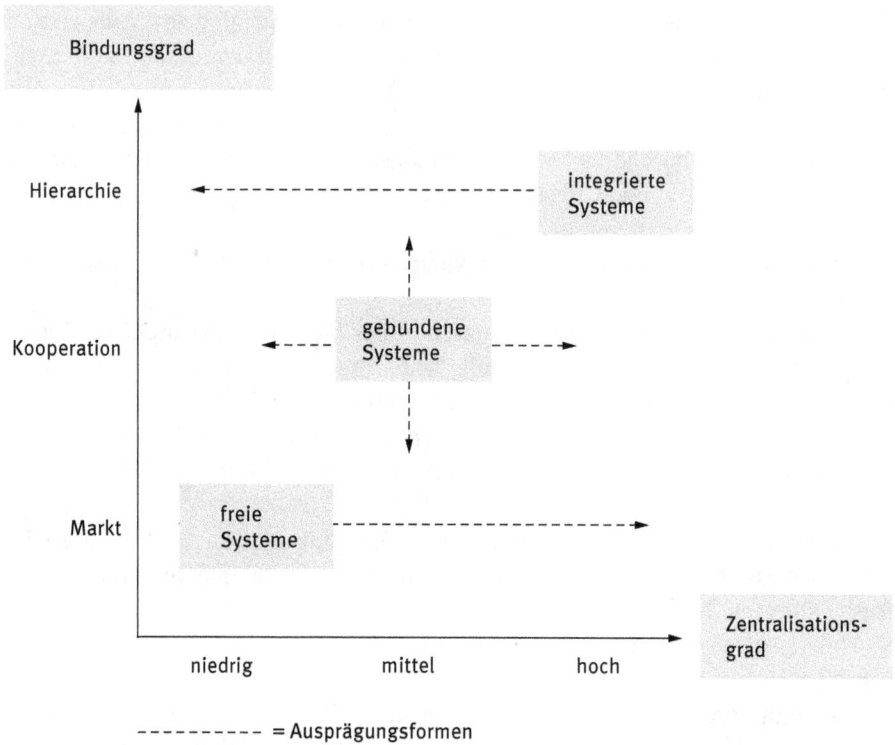

Abb. 3.3: Raum der Koordinationsmethoden[105]

Einkaufsstätten eigenständig im Rahmen ihrer beschaffungs- und absatzseitigen Geschäftstätigkeit handeln können.

3.3.1 Beschaffungsseitige Merkmale

Über den Raum der Kooperationsmethode lässt sich nun das Beschaffungsverhalten von Handelsunternehmen systematisieren. Die Beschaffungsorganisation der Absatzmittler bestimmt wesentlich die Koordinationsanforderungen an die Funktionsbereiche Marketing und Vertrieb beim Hersteller. Grundsätzlich kann die Strukturdimension „Zentralisationsgrad" in Analogie zu dem zuvor aufgezeigten Raum der Koordinationsmethode drei Ausprägungen annehmen: die zentrale, die zentral-koordinierte dezentrale sowie die dezentrale Beschaffung.[106]

---

105 Quelle: in Anlehnung an Barth et al. (2017), S. 123; Ahlert (2001), S. 33; Grossekettler (1978), S. 325 ff.
106 Vgl. Lockau (2000), S. 122.

Im Extremfall einer rein **zentralen Beschaffung** werden alle Teilprozesse der Beschaffung – Lieferanten- und Produktauswahl, Bestellung und Bezahlung – durch die zentrale Instanz wahrgenommen. Diese Konstellation ist einerseits häufig bei Filialsystemen zu beobachten, die ihre Ware ausschließlich über die Zentrale beziehen, andererseits bei gebundenen Systemen, sofern die Kooperationszentrale im eigenen Namen und auf eigene Rechnung die Produkte an die angeschlossenen Systemmitglieder absetzt. In beiden Fällen konzentrieren sich die Verhandlungen des Herstellers auf die Handelszentrale mit dem Ziel, sich dauerhaft als Lieferant zu profilieren. Der Hersteller muss jedoch darüber hinaus regelmäßig für eine adäquate Betreuung der Filialen bzw. Handelsunternehmen auf lokaler Ebene sorgen, wie z. B. im Bereich des Service, der Schulung von Verkaufsmitarbeitern sowie der Beratung. Der Vertriebsmitarbeiter des Herstellers wird mit dem reinen Servicegeschäft betraut, mit dem kein Umsatz generiert werden kann. Folglich besteht die Gefahr, dass er – sofern das Vergütungssystem primär umsatzbezogene Leistungen honoriert – diese Kunden zugunsten der Absatzmittler vernachlässigt, mit denen er umsatzwirksame Geschäfte tätigen kann.

Im Falle einer **rein dezentralen Beschaffung** liegt die Autonomie des gesamten Beschaffungsprozesses bei jedem einzelnen Outlet. Für den Anbieter von Markenprodukten impliziert diese Konstellation einen vergleichsweise hohen Koordinationsbedarf, da Verhandlungen auf lokaler Ebene mit jedem Abnehmer einzeln geführt werden müssen. Aufgrund der fortgeschrittenen Systembildung auf einem Großteil der Märkte des Konsumgütersektors stellt diese Form der Beschaffung jedoch eher die Ausnahme dar. Beispiele hierfür sind Friseurbetriebe oder Apotheken, die im Regelfall inhabergeführt sind. Doch auch hier lassen sich Tendenzen zu einer gemeinschaftlichen Abwicklung von Teilprozessen feststellen, wie z. B. die unternehmensübergreifende Bündelung von Bestellungen, um über die Erhöhung der Beschaffungsvolumina verbesserte Bezugskonditionen zu erhalten. Ist diese Zusammenarbeit dauerhaft, so kann sich das ursprünglich freie System zu einem gebundenen System entwickeln, und die rein dezentrale Beschaffung nimmt die Form einer zentral-koordinierten dezentralen Beschaffung an.

Die **zentral-koordinierte dezentrale Beschaffung** ist grundsätzlich durch die Trennung der Verantwortung für strategische und operative Einkaufsaktivitäten gekennzeichnet.[107] Die auf einen längeren Zeitraum bezogene Auswahl der Lieferanten, die meist jährlich stattfindenden Verhandlungen der Konditionen sowie die Bezahlung werden durch die Systemzentrale vorgenommen, während die einzelnen Systemeinheiten für die Bestellung auf lokaler Ebene verantwortlich sind. Wie stark die Zentralinstanz in die Beschaffungsautonomie der operativen Einheiten eingreift, ist von Fall zu Fall verschieden und hängt wesentlich davon ab, wie ausgeprägt der Bindungsgrad zur zentralen Instanz ist. So ist eine zentral-koordinierte dezentrale Beschaffung durchaus auch bei Filialsystemen denkbar, sofern eine differenzierte den

---

[107] Vgl. Lockau (2000), S. 123.

örtlichen Verhältnissen angepasste Marktbearbeitung seitens der Zentrale (Stichwort: Regionalität) angestrebt wird. Dem Filialleiter wird dann ein mehr oder weniger großer Entscheidungsspielraum gewährt, um das in der Regel von der Zentrale vorgegebene Pflichtsortiment bedarfsgerecht zu ergänzen. Bei kooperierenden Systemen hingegen verfügen die angeschlossenen Systemeinheiten normalerweise über eine hohe Eigenständigkeit in Bezug auf ihre Bestellaktivitäten. Je nach Absprache erstrecken sich die Aufgaben der Zentrale auf:[108]

- die Zentralregulierung von Rechnungen,
- das Delkredere, indem die Zentrale die Übernahme des Risikos eines Forderungsausfalls der Mitglieder übernimmt,
- die Vereinbarung von Rahmenverträgen und Bezugsmengen mit Lieferanten, und
- die Empfehlung bestimmter Lieferanten als Bezugsquelle an die Mitglieder.

Ähnlich wie bei der dezentralen Beschaffungsorganisation ist auch im Falle einer zentral-koordinierten dezentralen Beschaffung die Betreuung des Handelssystems für den Hersteller mit einem erheblichen Koordinationsaufwand verbunden, denn das jeweilige Handelssystem ist simultan auf mehreren Ebenen zu bearbeiten. Je stärker der Einfluss der Zentrale auf die Bestellungen der Mitglieder ist, umso eher muss sich der Hersteller sowohl auf zentraler Ebene als Lieferant qualifizieren als auch auf lokaler Ebene für eine umfassende Ausschöpfung der jeweiligen Umsatzpotenziale sorgen. Damit verbunden sind das Erfordernis eines lückenlosen Informationsaustauschs sowie die Abstimmung kundenspezifischer Aktivitäten zwischen den zentralen und lokalen Kundenbetreuern.

3.3.2 Absatzseitige Merkmale

Aufgrund der Dualität des Handelsmarketing beeinflusst die jeweilige Struktur der Handelsorganisation auch den Grad der wirtschaftlichen Selbstständigkeit der Mitglieder absatzseitig und bestimmt, inwieweit diese frei in der Gestaltung ihrer absatzpolitischen Instrumente sind. Folglich ist in Analogie zur Systematisierung des Beschaffungsverhaltens auch die Marktbearbeitung der Absatzmittler über den Raum der Koordinationsmethode erfassbar.

Den höchsten Koordinationsbedarf zur Realisierung einer konsistenten Marktbearbeitungsstrategie – wie ihn die Markenstrategie letztlich fordert – kann dabei den dezentralen und zentral-koordinierten dezentralen Systemen zugesprochen werden. Hier müssen Vereinbarungen über die Platzierung der Produkte bis hin zu temporären Verkaufsaktionen jeweils einzeln auf lokaler Ebene ausgehandelt werden. Bei streng hierarchisch geführten Systemen hingegen werden die Vereinbarungen auf zentraler Ebene getroffen und von allen Mitgliedern gleichsam umgesetzt. Dies erleichtert ei-

---

108 Vgl. Barth et al. (2017), S. 120.

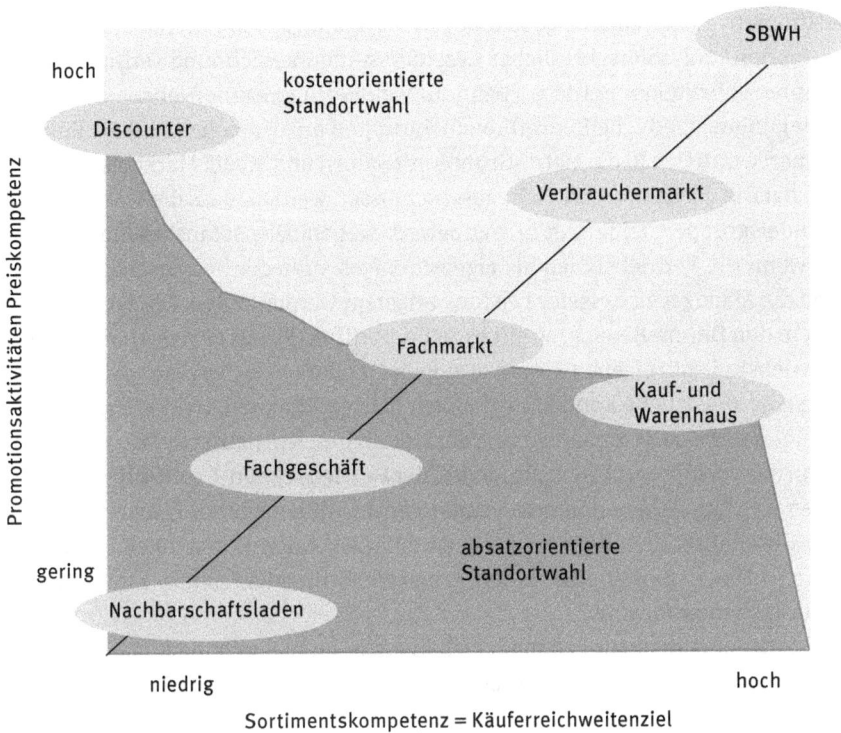

Abb. 3.4: Vertriebsschienen-Positionierungsmodell[109]

nerseits zwar die Umsetzung einer konsistenten Marktbearbeitungsstrategie, andererseits geht damit auch eine hohe Abhängigkeit von den Entscheidungen der Zentraleinheit einher, sodass der Profilierung als Lieferant auf Zentralebene eine herausragende Bedeutung zukommt.

Bezieht man die Anforderungen einer **markenkonformen Distribution** in die Betrachtung ein, so gewinnen neben der Erfassung der intraorganisationalen Struktur der Handelssysteme auch die Erscheinungsformen der jeweils angeschlossenen realen oder virtuellen Geschäftsstätten an Bedeutung. Dies ermöglicht dem Hersteller die Einkaufsstätten zu identifizieren, die aus markenpolitischer Sicht über ein hohes Ressourcen- und Marktpotenzial verfügen und demnach als Investitionsobjekte in Frage kommen, um so zur Stärkung der Marke beizutragen.

Ausgangspunkt dieser Überlegungen sind die **Vertriebslinien** (auch Vertriebsschienen) einer Handelsgruppe, die aus einer Gruppe gleichartiger Geschäftsstätten bzw. Betriebstypen bestehen.[110] Die Gestaltung der Vertriebslinien entspricht dabei der Markenpolitik des Handelsunternehmens, da jede Vertriebslinie – unterschied-

---

109 Quelle: in Anlehnung an Speer (2002), S. 412.
110 Vgl. Barth et al. (2017), S. 103.

lich positioniert – über einen eigenständigen Marktauftritt mit differenzierter Ange-
botskonzeption und unterschiedlicher Geschäftsstättenbezeichnung verfügt. Ziel ist
es, mit unterschiedlichen Betriebstypen (auf weiterer Aggregationsebene dann Vertriebslinie) unterschiedliche Endverbrauchergruppen anzusprechen und als Kunden
zu gewinnen wie dies z. B. die Metro-Gruppe mit Saturn und Media Markt bis zum Jahr
2017 praktizierte. Es kann dabei nicht ausgeschlossen werden, dass die Vertriebslinie
einer Handelsgruppe zueinander in Wettbewerb stehen. Dies ist insbesondere dann
gewollt, wenn die Vertriebslinien als eigenständiges strategisches Geschäftsfeld geführt und die Manager zu besserer Leistung angeregt werden sollen. Erfolgt eine Aus-
dehnung in den Online-Bereich, so gilt es zu überprüfen, ob mit dem eCommerce eine
neue Vertriebslinie mit eigenen Spezifika aufgebaut oder ob der bestehende Vertriebs-
kanal um eine zusätzliche Kontaktmöglichkeit für den Endkunden erweitert wird.[111]

Um eine geeignete Systematisierung der stationären Vertriebsschienen vorzunehmen, kann das von Speer entwickelte Modell der **Betriebstypen-Positionierung** herangezogen werden. Dabei erfolgt die Positionierung differenzierter Erscheinungsformen von Geschäftsstätten anhand der zugrunde liegenden Basisstrategie von Vertriebslinie.[112] Diese spiegelt sich in den Kriterien Sortimentsstruktur, Standortwahl
sowie Preislagenniveau wider.

Die **Sortimentsstruktur** bestimmt sich in erster Linie durch die Breite und Tiefe
des Sortiments.[113] Während die Sortimentsbreite die Anzahl der in einem Sortiment
geführten Warengruppen erfasst, ist die Sortimentstiefe danach zu beurteilen, in wel-
chem Grad die Artikel einer oder mehrerer Warenarten vollständig einer Warengruppe zugehören.[114] Bezieht man das Kaufverhalten der Konsumenten in die Betrachtung mit ein, so zielt die Sortimentsbreite auf die Schaffung additiver Kaufmöglichkeiten ab, da der Konsument mehrere Bedarfe innerhalb eines Einkaufsvorgangs decken kann.[115] Begünstigt wird die Ausweitung der Sortimentsbreite durch die zunehmende Verwässerung der einst starren, überwiegend auf eine Branche ausgerichteten
Sortimente.[116] So erweitern Bekleidungsgeschäfte ihr Angebot um Accessoires, wie Ta-
schen und Schmuck, Möbelgeschäfte bieten Geschirr, Pflanzen und Lampen an und
Food- und Near-Food-Geschäfte ergänzen ihr Sortiment um Warengruppen wie Haushaltsgeräte, Unterhaltungselektronik oder Produkte zur Selbstmedikation. Letztlich
nimmt auch die Partievermarktung zu, indem durch das Angebot von Restposten,
Überschussprodukten sowie Zweite-Wahl-Waren die Sortimentsbreite temporär ausgedehnt wird.[117]

---

111 Vgl. Barth et al. (2017), S. 104 ff.
112 Vgl. Speer (1998), S. 411 ff.
113 Vgl. Seyffert (1972), S. 65; Barth et al. (2017), S. 46 f.
114 Vgl. Gümbel (1963), S. 66.
115 Vgl. Barth et al. (2017), S. 188.
116 Vgl. Berekoven (1986), S. 28 ff.
117 Vgl. Barth et al. (2017), S. 93 f.

Die Sortimentstiefe hingegen zielt auf die Schaffung alternativer Kaufmöglichkeiten ab, die dem Konsumenten eine möglichst umfangreiche Wahlmöglichkeit substituierbarer Produkte anbietet. Insgesamt betrachtet ist die Sortimentskompetenz einer Vertriebsschiene umso höher, je höher der akquisitorische Effekt des Sortiments und damit die Käuferreichweite der Einkaufsstätte im Sinne eines bedarfsgerechten „one-stop-shopping" für den Konsumenten ist. Der Schaffung additiver Kaufmöglichkeiten über eine Vielzahl von Warengruppen wird somit der Vorzug gegenüber alternativen Kaufmöglichkeiten eingeräumt. Der Hersteller hingegen präferiert unter dem Aspekt „das Regal als Industrieschaufenster" die Schaffung alternativer Kaufmöglichkeiten. Aus Sicht des Handels führt dies jedoch aufgrund hoher Kapitalbindungskosten häufig zur Wertvernichtung.

Bezogen auf die **Standortwahl** des Handels und deren Bedeutung für den Konsumenten lässt sich eine Zweiteilung vornehmen, wonach Speer den Standort der Einkaufsstätten in „Nahversorger" und „Grundversorger" trennt. Während beim Nahversorger regelmäßig die Güter des täglichen Bedarfs bezogen werden, zeichnet sich der Grundversorger durch die Erfüllung der Bedürfnisse des Grundbedarfs bzw. der Vorratsversorgung aus. Dieser Gedanke entspricht im Wesentlichen den Besonderheiten der Distribution von Food- und Near-Food-Produkten des Lebensmitteleinzelhandels. Aufgrund des Vorstoßes der großflächigen Betriebstypen in fast alle Warenbereiche des Facheinzelhandels lässt sich dieser Ansatz jedoch ohne weiteres auch auf andere Güterarten wie beispielsweise Produkte der Unterhaltungselektronik oder Haushaltsgeräte übertragen. Aus diesem Grund werden im Weiteren (bezogen auf die Erfassung der Verschiedenartigkeit von Standorten) die Kriterien Nah- und Grundversorger durch absatzbezogene oder kostenbezogene Standorte ersetzt.[118]

So liegt eine **absatzorientierte Standortwahl** vor, wenn sich das Outlet entweder in optimaler Nähe zum Wohnort der Zielgruppe befindet oder maximale Passantenströme, wie in den Innenstädten oder in Shopping-Centren, nutzt. Aufgrund ihrer meist geringen Verkaufsfläche (400 qm–2.499 qm[119]) ist das Sortiment in Breite und Tiefe beschränkt.

Von einer **kostenorientierten Standortwahl** kann demgegenüber gesprochen werden, wenn sich die Einkaufsstätte – bezogen auf die Raumkosten – an kostengünstigen Standorten wie Rand- oder Gewerbegebieten mit guter Verkehrsanbindung und ausreichender Parkmöglichkeit befindet. Es sind meist großflächige Betriebstypen mit einer Verkaufsfläche von > 1.500 qm (Verbrauchermarkt, SB-Warenhaus), die über ein breites und tiefes Sortiment verfügen.[120]

---

118 Vgl. zur Absatz- und Kostenorientierung bei der Standortwahl sowie zum Preislagenniveau Barth et al. (2017), S. 50 f. und 87 ff.

119 Vgl. Barth et al. (2017), S. 84.

120 Die Erschließung kostenorientierter Standorte wurde jedoch durch den Gesetzgeber im Rahmen der Novelle der Baunutzungsverordnung vom 15.07.1977 erheblichen Restriktionen unterworfen. Vgl. Barth et al. (2002), S. 51, sowie Gesetzestext BauNVO.

Der **branchenorientierte Fachmarkt** nutzt sowohl die kostenorientierten (meist integriert in der Nähe eines Verbrauchermarktes oder SB-Warenhaus) als auch die absatzorientierten Standorte. Da er in der Regel einem integrierten Handelssystem angehört, verfügt er – unter Ausnutzung der mengenbezogenen Beschaffungsvorteile sowie der Anwendung differenzierter Kalkulationsmethoden – über ein niedriges bis mittleres Preisniveau. Sein weitreichendes bedarfsorientiertes Sortiment wird um personalintensive Serviceleistungen ergänzt. Dabei ist die Intensität der Serviceorientierung von Fall zu Fall verschieden; sie wird umso geringer, je stärker das discountierende Prinzip im Rahmen der Marktbearbeitungsstrategie Anwendung findet.

Rein absatzorientierte Betriebstypen weisen regelmäßig eine höhere Preisstellung auf. Dies bedingt nicht nur der kostenintensivere Standort, sondern auch die grundlegende Kostenstruktur der Betriebstypen. So bieten Fachgeschäfte wie Warenhäuser umfangreichere Dienstleistungen an wie personalintensive Beratungsleistungen sowie ein tiefer gegliedertes Sortiment. Dieses umfasst neben Artikeln mit hoher Umschlagshäufigkeit auch weniger gängige Waren mit einem entsprechend beschränkteren Rahmen für preispolitische Aktivitäten. Ebenfalls kämpfen sie mit der Problematik, dass Kunden sich im Fachgeschäft beraten lassen, dann aber das Produkt zu einem günstigeren Preis im Internet beziehen. Zum Erhalt der langfristigen Wettbewerbsfähigkeit suchen jedoch auch diese Unternehmen nach neuen Wegen, mit denen dem preisaggressiven Auftreten der Wettbewerber begegnet werden kann. Beispiele für den Facheinzelhandel sind die bedarfsbezogene Aufnahme umschlagstarker Produkte in das Sortiment sowie die verstärkte Eingliederung in ein Verbundsystem wie etwa *Red Zac*. Kauf- und Warenhäuser tragen dem innovativen Gedanken Rechnung, indem sie Shop-in-Shop-Systeme installieren, ihre Geschäftsstätte erlebnisorientiert ausrichten, kooperative oder hauseigene Kundenbindungsprogramme umsetzen sowie virtuelle Einkaufsstätten etablieren.

Zu den **Nachbarschaftsläden** (Kioske, Tankstellen-, Bahnhofsshops) können die Betriebstypen subsumiert werden, die dem Bequemlichkeits-(Convenience-)Gedan-

Tab. 3.1: Betriebstypen des Einzelhandels aus Kundenperspektive

		kundenrelevante Betriebstypen		
		Preisspezialist	Erlebnis- und Servicespezialist	Erlebnis- und Auswahlspezialist
relevante Merkmale aus Kundenperspektive – Eignung zur Befriedigung der …	Preis- orientierung	hoch	niedrig	niedrig
	Erlebnis- orientierung	niedrig	hoch	hoch
	Service- orientierung	niedrig	hoch	mittel
	Sortiments- orientierung	niedrig	mittel	hoch

Quelle: in Anlehnung an Purper/Weinberg (2007), S. 138.

ken der Konsumenten Rechnung tragen. Über ein breites, flaches und schnelldrehendes Sortiment bei hohem Preislagenniveau und geringer Verkaufsfläche, bieten sie dem Konsumenten den Einkauf ohne Stress „im Vorbeigehen" an.[121] Sie verfügen über ein begrenztes Zeitmonopol und reichern die Produktleistung des Handels durch spezifische convenience-unterstützende Dienstleistungen an.

Grundsätzlich lässt sich festhalten, dass das zuvor vorgestellte Vertriebsschienen-Positionierungsmodell ausschließlich die stationären Erscheinungsformen des Einzelhandels erfasst. Es beruht auf der Vorstellung, dass Verkäufer und Käufer in der Einkaufsstätte des Handels zusammentreffen (Residenzprinzip). Neue und innovative Ansätze zur Gestaltung der Wege der Ware gehen nicht zwangsläufig von dieser Notwendigkeit aus.[122] Impulse hierfür ergeben sich insbesondere aus der rasanten Entwicklung der Informations- und Kommunikationstechnologie, bei der sich aktuell aus Kundensicht das **mobile Shopping** – resultierend aus der intensiven Marktdurchdringung von Smartphones und Tablets – zunehmender Beliebtheit erfreut. Die Integration der neuen Technologien in bereits bestehende Vertriebslinien eröffnet die Möglichkeit, Rationalisierungspotenziale zu erschließen und neue bzw. veränderte Leistungen anzubieten. So etablieren sich Serviceleistungen, bei denen der Konsument seine Ware per Internet bestellt, diese zu einem späteren Zeitpunkt in der Geschäftsstätte abholt oder sich die Bestellung wahlweise nach Hause, zum Arbeitsplatz oder an einen konkreten Sammelpunkt liefern lässt. Inwieweit sich neue Geschäftsmodelle respektive Vertriebsschienen ergeben, hängt jedoch entscheidend davon ab, welchen Nutzen sie dem Konsumenten stiften und ob sie hinreichend angenommen werden.

Ein aus Markensicht interessanter endverbraucherorientierter Systematisierungsansatz findet sich bei Purper/Weinberg. Sie gliedern die Erscheinungsformen des Handels nicht aus der Anbieter-, sondern aus der **Nachfragersicht** und rücken somit von den Merkmalen wie Sortimentsumfang, Verkaufsfläche, Standort etc. ab. Ausschlaggebend für sie sind die Kundenperspektive sowie die Erfüllung von Einkaufsmotiven. Empirische Untersuchungen kommen zu dem Ergebnis, dass Erlebnis-, Service-, Auswahl- und Preismotiv die Entscheidungsgrundlage des Endkunden sind.[123]

Weinberg/Purper weisen zudem empirisch nach, dass die Nachfrager den Einzelhandel anders sehen, als dies aus der Anbieterperspektive erfolgt. Diese Sichtweise ist hilfreich, um Wettbewerbsbeziehungen zu identifizieren. Nun liegt es nahe, von der anbieter- auf die nachfragebezogene Perspektive umzuschwenken. Dass dies so gut wie nicht erfolgt, dürfte vor allem an dem deutlich höheren Erhebungsaufwand liegen.[124] Zu befürworten wäre diese Vorgehensweise für den Hersteller in jedem Fall. Statt seine Marke dem Handel zu „überlassen", sollte sein Interesse an einer Klassifizierung der Verkaufsstätten aus der endverbraucherbezogenen Sichtweise groß sein.

---

121 Vgl. Schögel/Tomczak (1999), S. 15; Barth et al. (2017), S. 95 f.
122 Vgl. Schögel/Tomczak (1999), S. 14.
123 Vgl. Barth et al. (2017), S. 90.
124 Vgl. Barth et al. (2017), S. 90 f.

3.4 Zusammenfassende Betrachtung und Fallbeispiel

Ausgehend von der Marke als wichtigstem immateriellen Vermögensgegenstand des Herstellers, steht die marktorientierte Organisationseinheit – je nach Ausprägung der Schnittstellen – verschiedenen Herausforderungen gegenüber. Um zunächst die Zuordnung der Aufgaben auf die Verantwortungsbereiche funktionsneutral zu betrachten, bietet sich die Orientierung an dem von Tomczak/Reinecke entwickelten **aufgabenorientierten Marketingansatz** an. Dieser unterscheidet zwischen der Leistungs- und Kundenperspektive.[125] Während die Leistungsperspektive die Innovation und Pflege der Leistung zum Gegenstand hat und ihr somit alle – im Rahmen der Distributionspolitik – markenbezogenen Maßnahmen zugeordnet werden können, umfasst die **Kundenperspektive** die Komponenten der Kundenakquisition und -bindung.

Grundlage für die leistungsbezogenen Aufgaben sind die differenzierten Erscheinungsformen der Vertriebslinien im Weiteren sowie der Betriebstypen in der Handelslandschaft im engeren Sinne. Anhand der oben aufgezeigten unterschiedlichen Ausprägungsformen sind die Vertriebsschienen bzw. die auf ein Handelsunternehmen bezogenen Einkaufsstätten zu identifizieren, die über ein für die Marke hohes akquisitorisches Potenzial verfügen und folglich für diese als Verkaufsorte in Frage kommen. Darauf aufbauend lassen sich betriebstypenspezifische, d. h. dem Nachfrageverhalten des Kundenstamms entsprechende Leistungskonzepte, entwickeln. Ziel ist es, die Marke optimal, unter Berücksichtigung markenspezifischer Besonderheiten, in das Leistungsprogramm der Geschäftsstätte zu integrieren. Dabei hängt die leistungsbezogene Ebene von den Vorgaben der Markenführung und der Produkteigenschaften ab.

Zur Realisierung der leistungsbezogenen Ziele ist die effiziente Erfüllung kundenbezogener Aufgaben, als zweite Betrachtungsperspektive, unabdingbar. Über die Installierung eines erfolgreichen Beziehungsmanagements sowohl auf Zentral- als auch auf Vertriebs- bzw. Geschäftsstättenebene kann die Kooperationsbereitschaft des Handels und damit einhergehend der Einfluss auf eine gemeinschaftliche Marktbearbeitung durch den Hersteller und den Handel erhöht werden. Basis hierfür bildet der Aufbau eines adäquaten Betreuungssystems, das den Anforderungen der Handelsorganisation entspricht. Dies setzt wiederum Kenntnisse über die vorherrschende Beschaffungs- und Absatzstruktur der einzelnen Handelsorganisationen voraus und determiniert herstellerseitig die Anforderung an eine koordinierte Betreuung.

Fallbeispiel

Der Apothekenmarkt ist einer der wenigen Märkte, der in Deutschland noch der staatlichen Regulierung unterliegt. So gilt für Apotheken aus unterschiedlichen Gründen ein Filialisierungsverbot, das ab drei Filialen greift. Entsprechend sind die Apothe-

---

125 Vgl. Tomczak/Reinecke (1998), S. 9.

ken inhabergeführte Einzelunternehmen – das Gros betreibt stationäre Geschäfte. Ihr bestehendes Geschäftsmodell wird dabei mehr oder weniger durch ein schlüssiges Online-Konzept ergänzt. Grundlegend aber setzt sich der Kundenstamm der überwiegend stationär arbeitenden Apotheken aus der im Umfeld wohnenden oder arbeitenden Bevölkerung zusammen. Anders ausgedrückt, die Lage bzw. der Standort entscheidet darüber, welches Kundenklientel dort einkauft.

Der im Rahmen dieses Beispiels betrachtete Hersteller ist ein Anbieter von Baby-Produkten, der aufgrund der Erklärungsbedürftigkeit der Produkte eine kompetente Beratungsleistung vor Ort sicherstellen muss. Das Apothekenpersonal und seine Qualifizierung spielen demnach eine herausragende Rolle. Da es sich um freiverkäufliche Produkte handelt, kann die Marke in der Freiwahl, d. h. im Verkaufsraum, der für die Konsumenten zugänglich ist, platziert werden.

Tab. 3.2: Merkmalsausprägungen aus Herstellersicht

Merkmal	Merkmalsausprägung
Markenarchitektur:	Familienmarke
Marktstimulierungsstrategie:	Premium
Erklärungsbedarf der Produkte:	hoch
Art der Vertriebslinie:	eine
Betriebstyp:	absatzorientiert mit Fokus auf der Sortimentskompetenz
Art der Beschaffung:	dezentral – in der Regel jede Apotheke für sich

Quelle: eigene Darstellung.

Markenbezogene Perspektive
Zielsetzungen: Es gilt, aus den deutschlandweit rund 20.000 Apotheken die zu ermitteln, die ein hohes akquisitorisches Markenpotenzial aufweisen und diese dauerhaft für die Marke zu gewinnen.

Aufgaben
– Die selektierten Apotheken sind von der Marke und deren Leistungsfähigkeit zu überzeugen.
– Die Apothekenmitarbeiter sind zu schulen und müssen die Marke, ihre Produkte und ihre Handhabung kennenlernen und verstehen.
– In der Geschäftsstätte ist die Marke über Merchandisingelemente gut sichtbar zu platzieren.
– Die Apotheke ist fortlaufend über einen gemeinsam abgesprochenen Marketingplan beim Abverkauf der Marke zu unterstützen.
– Der Erfolg der Marke ist regelmäßig in quantitativer und qualitativer Hinsicht zu überprüfen.

Zielsetzungen: Die für die Marke selektierten Apotheken sind zu akquirieren, von der Marke und den Bezugskonditionen zu überzeugen und für eine langfristige Zusammenarbeit zu gewinnen.

Aufgaben

- Kennlerngespräche mit den Apothekeninhabern sind zu vereinbaren.
- Der Entscheidungsträger ist von der Marke und den Bezugskonditionen zu überzeugen.
- Die Listung der Marke ist sicherzustellen.
- Platzierungs- und Marketingabsprachen sind zu treffen und kooperativ umzusetzen.
- Der Erfolg der Zusammenarbeit ist zu überprüfen, Stärken und Schwächen sind zu identifizieren und abzustellen, die Erträge sind zu kontrollieren.

Diese idealtypische Aufgabenerfüllung in Bezug auf eine markenkonforme Distribution lässt sich in der Praxis oftmals nicht nachvollziehen. Da dem Vertrieb im Regelfall die Verantwortung für die Kunden obliegt und seine Leistung häufig anhand der umsatzbezogenen Einverkäufe bewertet wird, erfolgt eine Klassifizierung der Apotheken oftmals nach ihrer Kraft, Umsatz zu generieren. Ausschlaggebend dafür sind die Lage und Größe der Apotheke sowie die Mitarbeiteranzahl im Verkauf. Diese Vorgehensweise ist in einem ersten Schritt nachvollziehbar, greift jedoch dann zu kurz, wenn das Umfeld der Apotheke nicht in die Betrachtung einbezogen wird. Dadurch erst ergibt sich nämlich das tatsächliche Umsatzpotenzial der Apotheke in der betrachteten Warengruppe, gemessen an der Größe der Zielgruppe und deren Kaufkraft im Einzugsgebiet. So erwirtschaften große Apotheken zwar grundlegend einen hohen Umsatz, aber möglicherweise nicht in der Warengruppe, die für den Hersteller relevant ist. Oder umgekehrt – eine Apotheke wird aufgrund ihrer geringen Größe nicht als relevant betrachtet, obgleich sie das standortbezogene Potenzial für den Hersteller hätte.

Auch lässt sich häufig beobachten, dass gerade die für Endverbraucher zugängliche Freiwahl keine klare Struktur bei der Warenpräsentation aufweist. Deutschlandweit folgen die meisten Apotheken demselben Schema mit den gleichen Warengruppen und Marken. Eine Alleinstellung aus Sicht der Endverbraucher ist nicht erkennbar, sodass es nicht verwundert, dass Konsumenten ihre Apotheke nach der Lage – also die Nähe zum Wohnort, Arbeitsplatz, Arzt o. ä. aussuchen.

Anhand eines konkreten Beispiels sollen diese Ausführungen verdeutlicht werden: Die betrachtete Apotheke liegt zentral (neben einem kleineren Verbrauchermarkt, einem Kindergarten, einer Grundschule sowie unmittelbar an Bus- und Straßenbahnhaltestellen) in einem gepflegten Vorort einer größeren Stadt. Dieser hat sich den nachhaltigen Ruf als „grüner naturverbundener Ort" aufgebaut, was sich auch in der Lebenseinstellung und -weise der Bevölkerung widerspiegelt. Das Fahrrad wird dem Auto vorgezogen, die Familien haben im Durchschnitt 2,5 Kinder und achten auf biologisch-wertvolle sowie regionale Nahrung – um hier nur einige Beispiele zu nennen.

Die Apotheke vor Ort unterscheidet sich auf den ersten Blick nicht von einer anderen. Sie führt im Freiwahl-Bereich vornehmlich die gängigen Kosmetikmarken. Babyartikel beispielsweise sucht man vergeblich, obgleich diese Region einen hohen Anteil aufweist. Ein Aufsteller mit kindgerechten Wärmeflaschen und Körnerkissen findet sich einzig im hinteren Bereich der Verkaufsfläche. Ebenso sind dort in einem Wandregal und somit für den Kunden kaum sichtbar, ausgewählte Artikel ausgelegt (siehe hierzu Abbildung 3.5).

Abb. 3.5: Innenansicht der Beispielapotheke[126]

---

126 Quelle: eigene Darstellung.

Fazit

Eine Ertragssteigerung in der fokussierten Apotheke kann durch eine veränderte Schwerpunktlegung in der Freiwahl erzielt werden. Im Sinne eines Customers Business Development ist die Apotheke davon zu überzeugen, dass andere Warengruppen in den Blick des Konsumenten zu rücken sind. Beispielsweise böte sich genau in dieser Apotheke die Vorzugsplatzierung der Marke für Babyartikel an. Begleitend dazu sind die Mitarbeiter weiterzuentwickeln, um Spezialwissen aufzubauen, sodass eine qualifizierte Kundenberatung sichergestellt werden kann. Ein kompetentes Zusammenspiel der marktorientierten Organisationseinheiten ist hierfür unablässig, zumal der Vertrieb nach dem klassischen Verständnis mit der Vielzahl an Aufgaben, die eine markenkonforme Distribution mit sich bringen, überfordert ist. Kapitel 4 untersucht zunächst funktionsunabhängig, welche Aufgaben aus marken- und kundenbezogener Perspektive anfallen, um dann in einem weiteren Schritt eine Funktionszuordnung vorzunehmen.

4 Verknüpfung der absatzmarktgerichteten Perspektiven

Lernziele

Dieses Kapitel beschäftigt sich mit der Optimierung der Zusammenarbeit von Marketing und Vertrieb. Es wird aufgezeigt, welche gemeinsame Zielsetzung zugrunde gelegt werden kann und welche Instrumente zur Verfügung stehen.

- Sie lernen den Markenmehrklang als übergeordnetes Ziel für die beiden Funktionseinheiten kennen.
- Sie erkennen die Bedeutung der strategischen im Vergleich zu den operativen Aufgaben.
- Sie beschäftigen sich im Rahmen der Umsetzung mit den distributionsrelevanten Arbeiten und lernen die Teilprozesse der Händlerakquisition sowie der Händlerbindung kennen.
- Sie beschäftigen sich intensiv mit der Organisation der Zusammenarbeit und erkennen, dass der Erfolg wesentlich von der Motivation der Mitarbeiter, der Koordination der Aufgaben sowie der Informationsversorgung der Mitglieder abhängt.

4.1 Markenmehrklang als gemeinsame Zielsetzung von Marketing und Vertrieb

Um eine Grundlage für die Bewertung der markenkonformen Distribution zu erhalten, bietet es sich an, auf den sog. Markendrei- bzw. Markensechsklang zurückzugreifen. Dieser ist ein „Versuch", die Mechaniken der Markenbildung[1] transparenter zu gestalten. Oder anders ausgedrückt, es soll das Ergebnis der Maßnahmen des Marketing-Mix aus Endverbrauchersicht gemessen werden. In der verkürzten Version ist es der **Markendreiklang**, in der von der Beratungsgesellschaft BBDO Consulting erweiterten Ausgabe ist es der **Markensechsklang**.[2]

Der Markendreiklang überprüft, inwieweit die betrachtete Marke bei der potenziellen Abnehmerin bekannt ist (Bekanntheit), als sympathisch erlebt (Sympathie) und in letzter Konsequenz auch verwendet wird (Verwendung). Anwendung findet dieser beispielsweise bei der turnusmäßig durchgeführten Brigitte-Kommunikationsanalyse des Verlages Gruner + Jahr, die das markenrelevante Verhalten von 5.000 Frauen zwischen 14 bis 70 Jahren in Bezug auf über 1.100 Marken unterschiedlicher Warengruppen untersucht.

Es kann von einem ausgeglichenen Markendreiklang gesprochen werden, wenn zwischen den drei Kriterien ein – in prozentualer Hinsicht – ausgeglichenes Verhältnis vorliegt. Aus einem hohen Bekanntheitsgrad soll ein im Verhältnis angemessener Anteil an Sympathisanten geschöpft werden, um daraus eine stabile Verwenderschaft für die Marke zu sichern. Unausgewogene Ausprägungen zwischen den Kriterien ge-

---

1 Becker (2002), S. 76.
2 Vgl. hierzu Böing/Jullens/Schrader (2003), S. 52 ff.; Böing/Huber (2003), S. 77 ff.

https://doi.org/10.1515/9783110535730-004

Marke A: Nivea Hair Care
ausgewogene Abstufung zwischen Kriterien

Marke B: Drei Wetter Taft
geringer Sympathieüberhang

Marke C: Alpecin
geringe Verwenderausschöpfung
des Sympathiepotenzials

Marke D: Swiss O Par
geringe Ausschöpfung des
Bekanntheitspotenzials

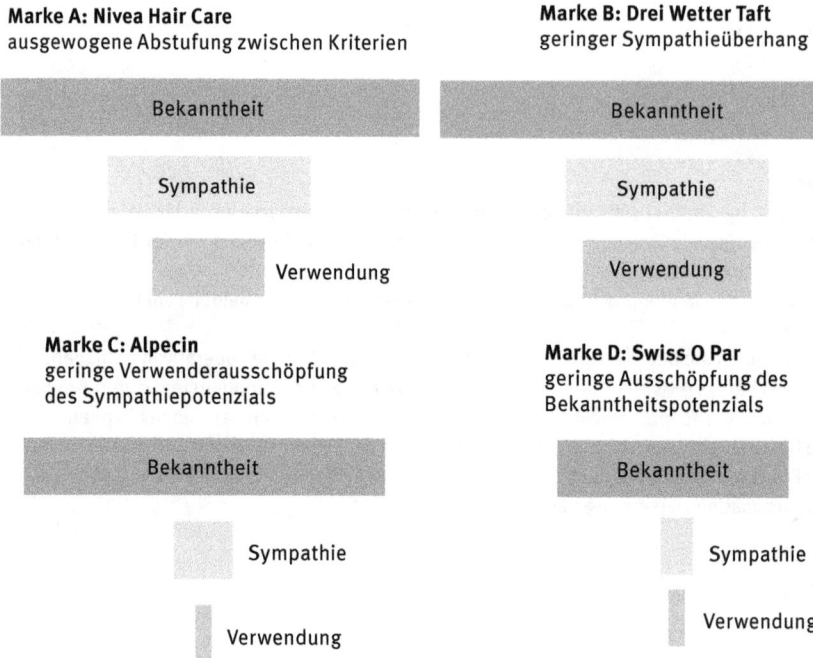

Abb. 4.1: Ausprägungsformen des Markendreiklangs[3]

hen mit unterschiedlichen Bedeutungsinhalten für die Stellung der Marke im Markt einher. Dabei kann ein Markendreiklang beispielhaft wie in Abbildung 4.1 dargestellt, ausfallen.

Marke-Status A weist eine ausgewogene Abstufung von Bekanntheit, Sympathie und Verwendung auf und steht für einen ausgeglichenen Markendreiklang. Die Marke verfügt sowohl über einen hohen Sympathiegrad im Verhältnis zur Bekanntheit als auch über eine ausreichende Anzahl von Verwendern. Da die Anzahl der Sympathisanten die Anzahl der Verwender gegenwärtig deutlich übersteigt, kann das Unternehmen über absatzpolitische Aktivitäten aus dem Sympathisanten-Potenzial schöpfen, um diese in die Verwenderriege zu überführen.

Bei der **Marke B** steht der Anteil der Verwender in keinem ausgeglichenen Verhältnis zu den Sympathisanten; sie hat nur wenige Fürsprecher, die noch keine Verwender sind. Da das Sympathisanten-Potenzial durch die Verwender bereits heute schon größtenteils ausgeschöpft wird, kann dies zu Absatzproblemen führen; der aus dem Sympathiepotenzial generierbare Verwendernachwuchs fehlt.

Marke C genießt viel Sympathie, wird aber nur von wenigen verwendet. Dieser Markendreiklang ist ideal für Marken, die im Luxussegment positioniert sind. Für

---

3 Quelle: in Anlehnung an Becker (2002), S. 78; Kommunikationsanalyse (2012), S. 34.

andere Marken hingegen bedeutet dies, dass Kaufhemmnisse vorhanden sind – beispielsweise in einem nicht adäquat empfundenen Preis-/Leistungsverhältnis, einer unzureichenden Distribution oder einer schlechten Platzierung am PoS.

Marke D verfügt über einen hohen Bekanntheitsgrad, jedoch über wenig Sympathie und Verwendung. Die Ursachen können vielfältig sein. So ist bislang nicht die richtige Konsumentengruppe angesprochen worden, die Marke ist nicht ausreichend oder nur mit unattraktiven Inhalten aufgeladen. In jedem Fall ist sie mit Imageproblemen behaftet.

Marke E (ohne Abbildung) – Die Anzahl der Sympathisanten unterschreitet die der Verwender. Diese Situation trifft nur auf wenige Marken zu und lässt den Rückschluss zu, dass ein Teil der Verwender keine Präferenz für diese Marke hegt. Vielmehr nutzt der Teil sie aus rein rationalen Erwägungen z. B. aufgrund eines besonders günstigen Preises. Marken, die nur einen geringen Sympathieüberhang haben, laufen Gefahr, in eine solche Situation abzurutschen.

Das Verhältnis der drei Kriterien zueinander spiegelt auch die Position im **Spannungsfeld von image- zu preisorientierter Markenführung** wider:

> Eine Marke, die ihr Image pflegt, hat deutlich mehr Sympathisanten als Verwender und so ein großes Reservoir, aus dem sie ihren Verwendernachwuchs schöpfen kann. Je mehr eine Marke hingegen auf das Preisargument setzt und je unprofilierter ihre Kommunikation ist, desto höher wird auch der Anteil der Verwender, die der Marke keine Sympathie entgegenbringen. Je dissonanter ein Markendreiklang ist, umso angreifbarer ist die Marke.[4]

Der Markensechsklang erweitert den Markendreiklang um die Merkmale „ungestützte Markenbekanntheit", Kaufbereitschaft sowie Loyalität.[5] Analog zum klassischen Markendreiklang bildet auch hier die Markenbekanntheit den Ausgangspunkt der Betrachtung.[6] Sie gilt als notwendige Bedingung für den Markenerfolg und stellt die Voraussetzung dafür dar, dass sich der Konsument ein klares Bild von der Marke machen und mit der Marke spezifische Assoziationen und Bilder verknüpfen kann (Markenimage).[7] Reduziert um den Anteil der Konsumenten, die nicht als potenzielle Markenkäufer in Frage kommen, ergibt sich die „Kaufbereitschaft". Der Anteil der Konsumenten, der die Marke tatsächlich bezieht, spiegelt sich im Falle des Erstkaufs im Merkmal „Kauf" wider, im Wiederholungsfalle im Item „Loyalität".

---

4 Kommunikationsanalyse (2012), S. 34.

5 Vgl. hierzu Böing/Jullens/Schrader (2003), S. 52 ff; Böing/Huber (2003), S. 77 ff.

6 Die Differenzierung der Markenbekanntheit in ungestützte und gestützte Markenbekanntheit trägt dem Gedanken Rechnung, dass die Marke im Bewusstsein der Konsumenten unterschiedlich stark verankert sein kann. Aaker geht in diesem Zusammenhang von der Markenbekanntheitspyramide aus, mit der sich unterschiedliche Abstufungen berücksichtigt lassen und die von „Marke ist unbekannt" bis zu „exklusiver Markenerinnerung" reichen. Je höher die Stellung einer Marke innerhalb der Pyramide ist, desto eher wird die Marke beim Kauf präferiert bzw. in der Kaufentscheidung berücksichtigt. Vgl. Aaker (1992), S. 84.

7 Vgl. Esch (2003), S. 71.

harmonischer Markendreiklang

Bekanntheit

Sympathie

Verwendung

Bekanntheit

Sympathie

Verwendung

Bekanntheit

Sympathie

Verwendung

Bekanntheit

Sympathie

Verwendung

Bedeutung der
Image-Komponente **dissonanter Markendreiklang** Bedeutung der
Preis-Komponente

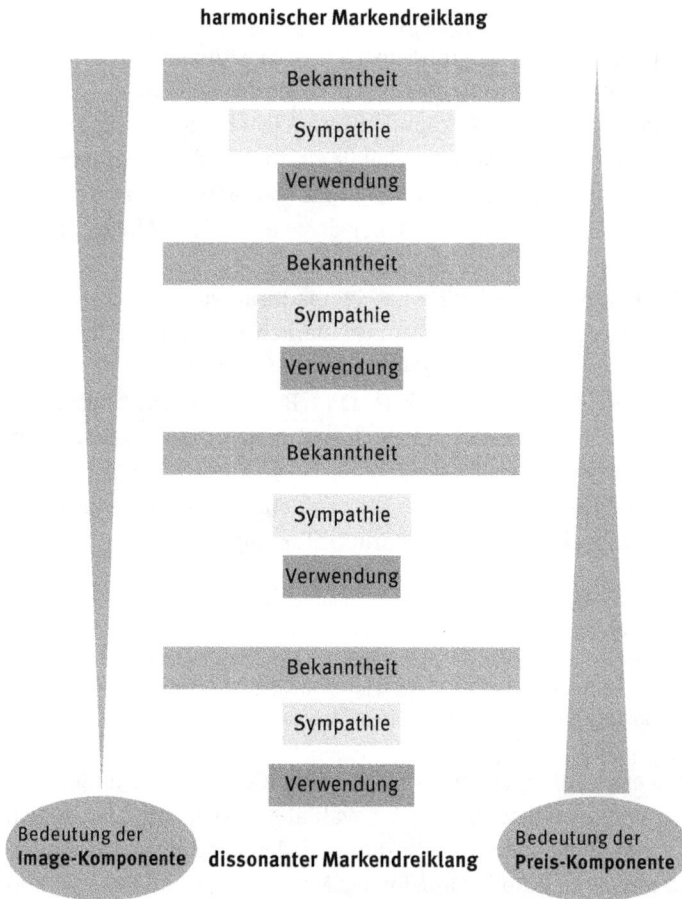

Abb. 4.2: Ausprägungen des Markendreiklangs im Spannungsfeld von Image und Preis[8]

In Analogie zum ursprünglichen Markendreiklang weist auch dieses Modell im Idealfall regelmäßig eine ausgewogene Abstufung der prozentualen Anteile von der Markenbekanntheit bis hin zur Loyalität auf. Gravierende Unterschiede zwischen den einzelnen Kriterien deuten auf Schwächen im Auftritt der Marke im Markt hin und stellen gleichsam relevante Ansatzpunkte zur Verbesserung der Markenführung und damit zur Stärkung der Marke dar.

Unter Berücksichtigung der Realisierung einer markenkonformen Distribution erfasst der Markensechsklang den Erfolg der marktorientierten Organisationseinheit, die über kommunikative Maßnahmen aufgebaute Markenbekanntheit in konkrete Käufe respektive Nachkäufe am realen und virtuellen PoS umzuwandeln. Es kommt

---

8 Quelle: Kommunikationsanalyse (2012), S. 34 ff.

ungestütze Marken- bekannheit	gestütze Marken- bekanntheit	Image	Kauf- bereitschaft	Kauf- bereitschaft	Loyalität
21%	58% (−41%)	34% (−47%)	18% (−55%)	8% (−37%)	5%
Ist die Marke „Top of Mind"?	Wie bekannt ist die Marke im Markt?	Wie positiv ist die Wahr- nehmung der Marke?	Ist die Marke im „relevanten Set"?	Wie hoch ist die Konver- tierungsrate?	Wie hoch ist die Wieder- kaufsrate der Marke?

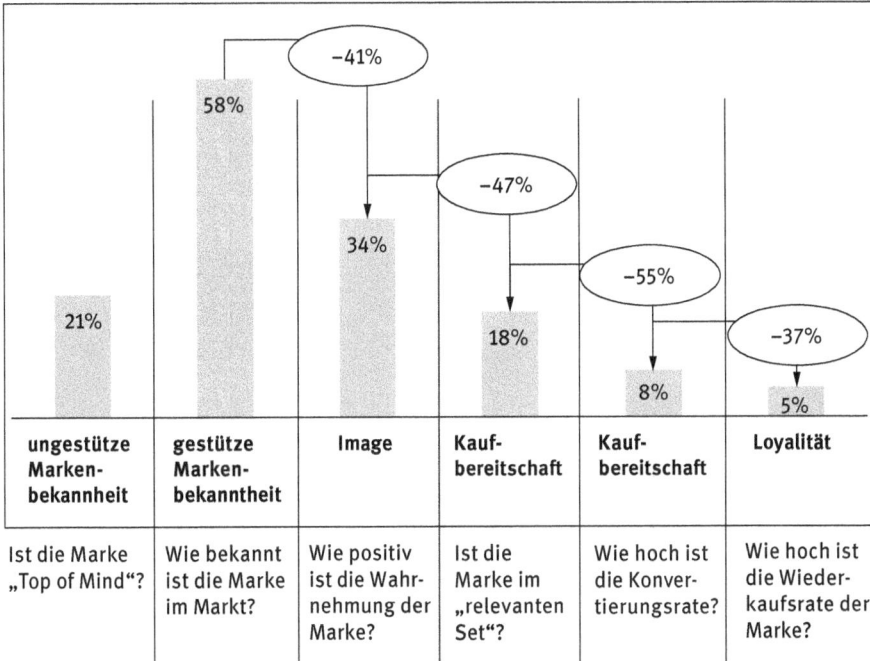

> In wieweit gelingt es der Marke, Bekanntheit
> über sämtliche Stufen hinweg in Loyalität zu übertragen?

Abb. 4.3: Markenmehrklang dargestellt am Brand-Screen-Modell[9]

zu einer expliziten Verknüpfung der marketingspezifischen mit den vertriebsspezifischen Aufgaben.

Maßgeblich im Kontext dieser Untersuchung ist die Ausgeglichenheit des prozentualen Niveauunterschieds. Dabei lässt vor allem der Unterschied zwischen den Merkmalen „Kaufbereitschaft" und „Kauf" einen Rückschluss auf Effektivität und Effizienz der Zusammenarbeit der Mitglieder der marktorientierten Organisationseinheiten zu. Umso weiter diese Werte voneinander abweichen, desto ausgeprägter sind die Schwächen in der Markendistribution, die auf Inkongruenzen zwischen den kommunikativen Auftritt und der Präsentation der Marke am PoS beruhen. Abbildung 4.4 verdeutlicht den Zusammenhang.

Ein ausgewogenes Verhältnis zwischen den einzelnen Kriterien des Markendrei- bzw. -sechsklangs erfordert folglich die markenkonforme Erfüllung sämtlicher Aufgaben durch die marktgerichtete Organisationseinheit, die im Rahmen der Markenführung anfallen und die sich von der Markenkommunikation bis hin zur Distribution der „richtigen" Produkte in der „richtigen" (realen wie virtuellen) Einkaufsstätte er-

---

9 Quelle: in Anlehnung an Böing/Huber (2003), S. 77.

Marke

Kommunikations-
strategie ← Marken-
strategie → Vertriebs-
strategie

endverbraucher-
gerichtete
Kommunikation

Wahl der
Vertriebswege

Vermittlung von
– Qualitäts-
und Preis-
niveau
– Verpackungs-
gestaltung
– ...

Aufbau von
Markenbe-
kanntheit
und
-sympathie

**Kongruenz
der Auftritte
und vermit-
telten Ein-
drücke**

Präsen-
tation der
Marke
am PoS

Sicherstellung
von
– Qualitäts-
anmutung
– Preisoptik
– Verpackungs-
zustand
– ...

Konsument

Kauf-
wunsch

Realisierung
des Kauf-
wunsches

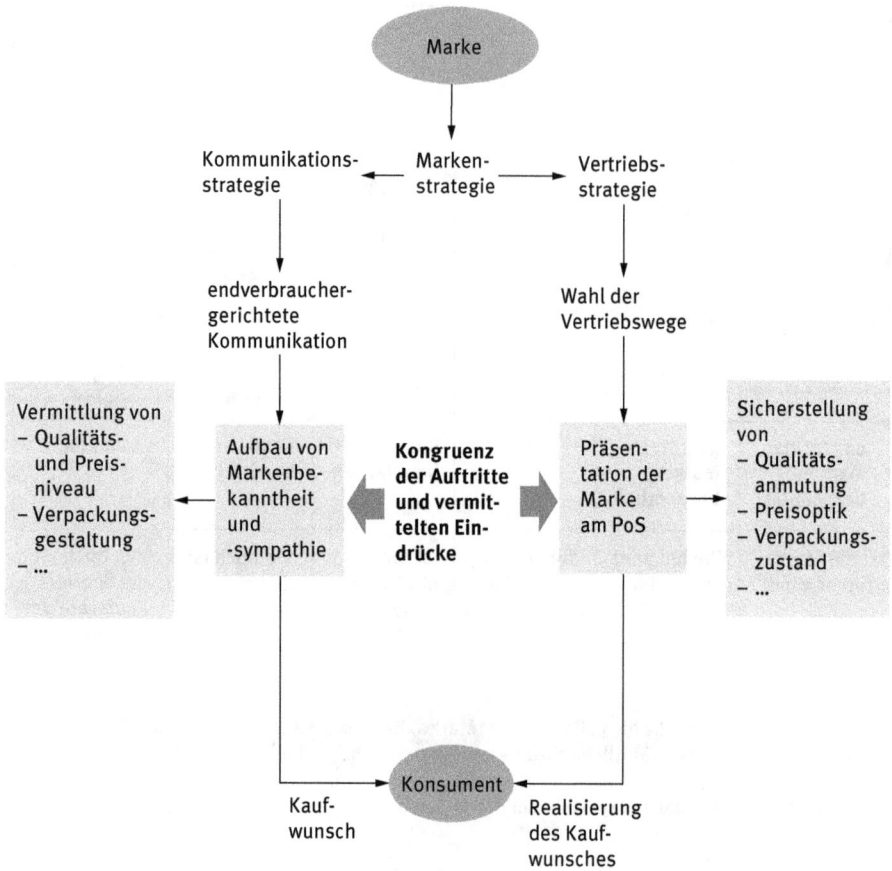

Abb. 4.4: Kongruenz des kommunikativen und einkaufsstättenbezogenen Markenauftritts[10]

strecken. Um die angestrebte Zielsetzung zu erfüllen, ist zwischen den strategischen und operativen Aufgaben zu unterscheiden.

Strategische Aufgaben sind Grundsatzentscheidungen, die sämtliche – im Zusammenhang mit der Markenpositionierung – zutreffende Entscheidungen umfassen. Im Mittelpunkt steht dabei die Markendistribution über ausgewählte also über die „markenkonformen bzw. richtigen" Vertriebskanäle, um langfristig möglichst hohe Rückflüsse bezüglich der „investierten" Marketing-Aufwendungen zu erwirtschaften.

Die Systematisierung der operativen Aufgaben erfolgt im Anschluss und konzentriert sich auf die Tätigkeiten, die mit der Akquisition und Betreuung eines als strategisch identifizierten Absatzmittlers verbunden sind und analysiert darüber hinaus die Aktivitäten, die gemeinsam von Hersteller und Händler erfüllt werden müssen, um den Markenauftritt im Handel gegenüber der Endverbraucher sicherzustellen.

---

10 Quelle: in Anlehnung an Jepp (1994), S. 1225.

Grundsätzlich ist zu beachten, dass die im weiteren Verlauf dargestellten Aktivitäten nicht nur einmal anfallen. Aufgrund der Veränderungsgeschwindigkeit auf Handelsebene, resultierend aus dem dynamischen Nachfrageverhalten der Konsumenten, ist es erforderlich, das gewählte Markenkonzept und vor allem die Wahl der Vertriebswege regelmäßig zu hinterfragen und gegebenenfalls Korrekturmaßnahmen einzuleiten.

4.1.1 Strategisches Markenkonzept als Ausgangspunkt

Folgt man den Überlegungen Domizlaffs, so verfügt jede Marke über eine Persönlichkeit, die durch bestimmte Identitätsmerkmale gekennzeichnet ist.[11] Die Markenidentität bringt zum Ausdruck, wofür die Marke stehen soll und durch welche „essenziellen, wesensprägenden und charakteristischen Merkmale"[12] sie gekennzeichnet ist. Nach dem **Konzept der identitätsorientierten Markenführung**[13] entsteht die Identität einer Marke im Zeitablauf aus der Wechselwirkung von interner Ressourcenorientierung und externer Wahrnehmung, indem die resource based view mit der market based view verknüpft wird. Für jede Marke ist ein spezifisches und im Zeitablauf stabiles Konzept zu entwickelt, mit dem ihre Besonderheiten zum Ausdruck gebracht wird und das darüber Auskunft gibt, welche Positionierung (Premium, Value, Niedrigpreis) die Marke im Markt anzustreben hat. Dabei entspricht die Konzepterstellung einem Prozessablauf, der sich wie in Abbildung 4.5 gestaltet und aus dem sich die entsprechenden Aufgaben ableiten lassen.[14]

Die Verantwortlichkeit der marktorientierten Organisationseinheit bezieht sich regelmäßig auf den operativen Bereich. Denn während international tätige Konzerne die Bestimmung der Markenstrategie sowie die Ableitung der Markenpositionierung zunehmend von der nationalen in die länderübergreifende Verantwortung des internationalen Marketing verlagern, raten Experten den rein national tätigen Unternehmen dazu – aufgrund der Verknüpfung von Markenerfolg und visionärerer Unternehmenspersönlichkeit –Entscheidungen zur strategischen Markenführung in den Kompetenzbereich des geschäftsführenden Managements zu verlegen.[15] Der marktorientierten Organisationseinheit obliegt es letztlich, bedingt aus ihrer Nähe zu den Abnehmern, die Aktivitäten innerhalb der (länderspezifischen) Konzeptionsphase (die letztlich als Grundlage für Entscheidungen des Top-Managements dienen) als auch die Verantwortung für die zielbezogene Umsetzung der Markenpositionierung im Markt zu übernehmen.

---

11 Vgl. Domizlaff (1992), S. 97.
12 Esch (2003), S. 84.
13 Zum Konzept der identitätsorientierten Markenführung vgl. Meffert/Burmann (2002), S. 74 ff.
14 Vgl. zum Prozessablauf die Ausführung bei Meffert (2012), S. 367 ff.; Meffert/Burmann (2002), S. 75 ff.
15 Vgl. Böing/Huber (2003), S. 87; o.V. (2003a), S. B1; Esch (2002), S. 25

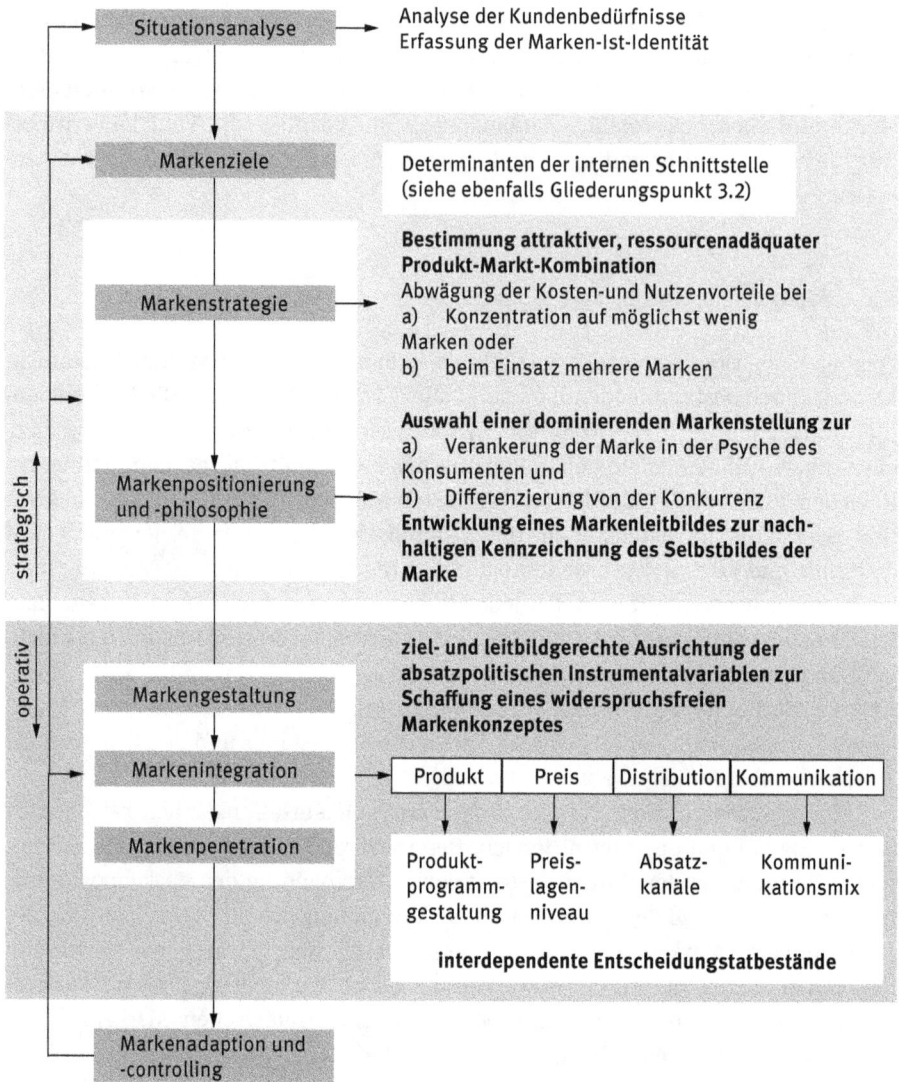

Situationsanalyse → Analyse der Kundenbedürfnisse
Erfassung der Marken-Ist-Identität

Markenziele → Determinanten der internen Schnittstelle
(siehe ebenfalls Gliederungspunkt 3.2)

Markenstrategie → **Bestimmung attraktiver, ressourcenadäquater Produkt-Markt-Kombination**
Abwägung der Kosten-und Nutzenvorteile bei
a) Konzentration auf möglichst wenig Marken oder
b) beim Einsatz mehrere Marken

Markenpositionierung und -philosophie → **Auswahl einer dominierenden Markenstellung zur**
a) Verankerung der Marke in der Psyche des Konsumenten und
b) Differenzierung von der Konkurrenz
Entwicklung eines Markenleitbildes zur nachhaltigen Kennzeichnung des Selbstbildes der Marke

strategisch

operativ

Markengestaltung

Markenintegration → **ziel- und leitbildgerechte Ausrichtung der absatzpolitischen Instrumentalvariablen zur Schaffung eines widerspruchsfreien Markenkonzeptes**

Markenpenetration

Produkt	Preis	Distribution	Kommunikation
Produkt-programm-gestaltung	Preis-lagen-niveau	Absatz-kanäle	Kommuni-kationsmix

interdependente Entscheidungstatbestände

Markenadaption und -controlling

Abb. 4.5: Managementprozess der identitätsorientierten Markenführung[16]

Ausgangspunkt des idealtypischen Managementprozesses bildet die **Situations-analyse.** In dieser Phase sind Informationen über die Bedürfnisse der Endverbraucher zu generieren, um so die wesentlichen Parameter zu identifizieren, die für die Gestaltung des Markenkonzeptes sowie zur Segmentierung des Marktes entscheidend sind.[17] Bei einer im Markt bereits eingeführten Marke ermöglicht die Eruierung mar-

---

16 Quelle: in Anlehnung an Meffert (2012), S. 366 und Meffert/Burmann (2002), S. 75 ff.
17 Vgl. Böing/Huber (2003), S. 76 f.

kenbezogener Informationen die Erfassung der vom Konsumenten wahrgenommenen Identität der Marke, also die Erfassung der sogenannten Ist-Identität der Marke. Dies ermöglicht die Gegenüberstellung der vom Unternehmen anzustrebenden Soll-Identität mit dem vom Konsumenten wahrgenommenen Markenbild.[18] Das Selbstbild basiert grundsätzlich auf den Kernkompetenzen des Unternehmens und wird über eine ergebnisbezogene Ausgestaltung der absatzpolitischen Instrumentalvariablen im relevanten Markt vermittelt. Wird das **Selbstbild dem Fremdbild** gegenüber gestellt, so lassen sich Abweichungen zwischen den zwei Dimensionen im Rahmen eines Profilvergleichs ermitteln. Sich ergebende Abweichungen zwischen dem Selbstbild und dem Fremdbild sind im weiteren Verlauf der Konzepterstellung zu berücksichtigen und letztendlich auf operativer Ebene auszugleichen.

Basierend auf den Ergebnissen der Situationsanalyse ist unter dem Gesichtspunkt des Aufbaus und der Steigerung der Markenstärke die **markenpolitische Zielsetzung** zu konkretisieren. Neben der anzustrebenden Soll-Identität müssen sowohl ökonomische (Marktanteil und Distributionsgrad) als auch psychografische bzw. außer-ökonomische Ziele (Markenbekanntheit, Markenimage und Markentreue) festgelegt werden, um die derzeit vorwiegend auf quantitative Zielmaße ausgerichtete Sichtweise der marktorientierten Organisationseinheit um qualitative Bezugsgrößen auszuweiten. Vom jeweiligen Zielniveau sowie von den verfügbaren Unternehmensressourcen hängt in einem weiteren Schritt die Wahl ertragsreicher Produkt-Markt-Kombinationen ab, die ausschlaggebend für die Wahl der Markenstrategie sind. Im Mittelpunkt steht dabei vor allem die Kosten- und Nutzenanalyse, wonach die Entscheidung zu treffen ist, ob das Marktpotenzial fokussiert über eine Marke (unter Ausnutzung potenzieller Synergien) oder andererseits maximal über mehrere Marken abgeschöpft wird.[19]

Mit der Festlegung der Markenstrategie leiten sich die Anforderungen an die **Markenpositionierung** ab, mit der die wichtigen und von der Konkurrenz differenzierenden Eigenschaften der Marke bestimmt werden.[20] Um die Markenpositionierung umsetzen zu können, ist ein **Markenleitbild** zu entwickeln. Das Markenleitbild drückt das nachhaltige Selbstbild der Marke aus Sicht des Herstellers aus. Es sendet die Kernbotschaft der Marke aus, wobei – insbesondere bei starken Marken – regelmäßig nicht der funktionale Aspekt im Vordergrund steht, sondern vielmehr das innere Wesen der Marke wie etwa Werte oder Kulturen, die sie projiziert.[21] Denn während herausgestellte Nutzenaspekte regelmäßig zeitnah von der Konkurrenz eingeholt werden können, verfügen starke Marken über eine besonders emotionale Schubkraft.[22]

---

18 Das vom Konsumenten wahrgenommene Fremdbild der Marke entscheidet letztlich über das Markenimage. Zum Imagebegriff siehe insbesondere Kroeber-Riel/Weinberg (2013), S. 197 f.; Sommer (1998), S. 149 ff.

19 Vgl. Jullens/Sanders (2002), S. 32.

20 Vgl. Esch (2003), S. 86; Sommer (1998), S. 153 ff.

21 Vgl. Kotler/Bliemel (2001), S. 738.

22 Vgl. Esch (2003), S. 10.

Ausgehend von der im Leitbild konkretisierten Markenpositionierung sind nun die markenpolitischen Detailentscheidungen zu treffen, indem das Anspruchsniveau für die Produkt-, Preis-, Distributions- und Kommunikationspolitik konkretisiert wird – auch bezeichnet als **Marketing-Mix**.[23] Dabei geht es vor allem um die Festlegung eines nachhaltigen ziel- und leitbildgerechten Rahmens, innerhalb dessen sich die späteren marktbeeinflussenden Aktivitäten bewegen müssen. Im Falle einer länderübergreifenden Markenführung ist zu diesem Zeitpunkt die Anpassung an die jeweiligen Landesstrukturen durch die marktgerichtete Organisationseinheit erforderlich.

So bestehen im Zusammenhang mit der **Produktpolitik** die wesentlichen Aufgaben darin, ein zielgruppenadäquates Produktprogramm zu gestalten, das einerseits innerhalb der jeweiligen Produktgruppe die Problemlösungsbedürfnisse potenzieller Markenkäufer abdeckt sowie andererseits den qualitativen Anforderungen der Zielgruppe Rechnung trägt, indem die Produkte über ein ansprechendes, zeitgemäßes und außergewöhnliches Produktdesign verfügen. Im Falle von erklärungsbedürftigen Produkten ist ferner die technische Beratungsleistung zu garantieren, indem beispielsweise bedienerfreundliche Nachschlagewerke wie Gebrauchs- oder Bedienungsanleitung sowie entsprechende Schulungsmaßnahmen für die Handelsmitarbeiter zur Gewährleistung einer fachlich kompetenten Beratung entwickelt werden. Bei nicht-erklärungsbedürftigen Produkten ist hingegen über die optische und inhaltliche Verpackungsgestaltung respektive Produktbeschriftung die Anwendbarkeit der Produkte sicherzustellen.

Sämtliche Kriterien, die im Zusammenhang mit dem Produktprogramm zu erfüllen sind, müssen dabei im Einklang zur gewählten Marktstimulierungsstrategie stehen und – gemäß den Vorgaben der **Preispolitik** – dem gewählten Preislagenniveau entsprechen.

Die **Kommunikationspolitik** bestimmt grundsätzlich, wie die Markenbotschaft zu kommunizieren ist und legt fest, welche Instrumente zum Einsatz kommen. Ausschlaggebend hierfür sind sowohl Verhalten und Gewohnheiten der Zielkonsumenten als auch die vorgegebenen Ziele in Bezug auf den angestrebten Bekanntheitsgrad und die gewünschte Reputation der Marke, die das Markenimage determiniert. Dabei hängt die kommunikative Wirkung von der Investitionshöhe, dem Umfeld sowie der Intensität der Wettbewerbskommunikation ab. Obwohl für länderübergreifend geführte Marken in erster Linie lediglich die Adaption zentral entwickelter Werbemaßnahmen in Frage kommt, ist dennoch das Erfordernis geboten, ein auf das jeweilige Land zugeschnittenes Kommunikationskonzept zu erarbeiten, das neben den direkt auf die Endverbraucher gerichtete Kommunikation auch den kommunikativen Auftritt der Marke im Handel berücksichtigt.

Die gewünschte Markenpräsenz am PoS determiniert entscheidend die Aufgaben, die im Rahmen der **Distributionspolitik** zu erfüllen sind. In diesem Zusammenhang

---

23 Vgl. stellvertretend für andere Nieschlag/Dichtl/Hörschgen (1997), S. 149 ff.

sind die markenrelevanten Absatzwege zu bestimmen sowie zu priorisieren und es sind Richtlinien festzulegen, um eine markenkonforme Bearbeitung der Distributionskanäle auf operativer Ebene zu gewährleisten.

Bei den oben skizzierten Aufgaben handelt es sich um die konkrete Ausgestaltung der Marke im Markt, mit dem Ziel, die einzelnen Bestandteile der Markenidentität – als strategischer Kern der Marke – langfristig und zielgerichtet zu beeinflussen. Entsprechend sind die Marketing-Mix-Bereiche in der Phase der **Markenintegration** aufeinander abzustimmen, damit es zur Vermittlung der gewünschten Markenidentität kommt. Entscheidend ist in diesem Zusammenhang vor allem die Phase der **Markenpenetration**, mit der die zeitliche Kontinuität des gesamten Auftritts der Marke sichergestellt wird und die letztendlich zur Schaffung der starken Markenpersönlichkeit führt.

Der langfristige Aufbau der Markenpersönlichkeit steht dabei immer im Spannungsfeld zwischen Kontinuität und Anpassung an die laufenden Veränderungen im Markenumfeld. Dies erfordert letztlich den regelmäßigen Abgleich zwischen dem Fremd- und Selbstbild einer Marke, um in der Phase der **Markenadaption** rechtzeitig notwendige Veränderungen initiieren zu können. Schlussendlich muss das Markencontrolling sämtliche Phasen des Managementprozesses hinsichtlich Konzeption, Entscheidung sowie Umsetzung unterstützen.

4.1.2 Identifikation markenrelevanter Vertriebsschienen

Zur Bestimmung der markenrelevanten Vertriebsschienen sind zwei Perspektiven ausschlaggebend: Es gilt erstens, auf der **Ebene der Geschäftsstätten**, die **Vertriebslinien bzw. Betriebstypen zu identifizieren**, die grundlegend für die Distribution der Marke in Frage kommen. Dies umfasst neben den realen Geschäftsstätten gleichzeitig auch die Online-Auftritte. Hierzu ist es erforderlich, das Einkaufsverhalten potenzieller Markenkäufer zu ermitteln, um so das Marktpotenzial gemäß der Erscheinungsformen der Betriebstypen für die Warengruppe zu eruieren. Online-Kanäle sind allein schon aus dem Grund einzubeziehen, da der Anteil der Käufer, die kanalübergreifend (also offline wie online) kontinuierlich wächst. Den höchsten Anteil verzeichnete beispielsweise in 2015 der Bereich Bekleidung und Mode. Hier kaufte ein Anteil von 35 Prozent der Käufer kanalübergreifend, gefolgt von den Spielwaren und Heimwerkerprodukten, die zu 18 bzw. 13 Prozent Crosschannel bezogen wurden.[24] Darüber hinaus sind die relevanten Geschäftsstätten hinsichtlich ihres Dienstleistungs- und Servicespektrums auf „Markentauglichkeit" zu überprüfen, um den Einfluss auf die Markenstärke zu ermitteln.

In einem weiteren Schritt sind die einzelnen Betriebstypen den handelsbezogenen Vertriebsschienen zuzuordnen und auf der Ebene der Handelszentrale – als zwei-

---

24 Online-Monitor (2016), S. 19.

te Perspektive – den jeweiligen Unternehmen zuzuordnen. Hieraus ergibt sich zum Einen der Wert des Handelspartners für die Marke sowie die Anforderung an die Betreuung – abhängig von ihrer beschaffungsseitigen Organisation.

Nachfragerbezogenes Einkaufsverhalten

Die Analyse des Einkaufsverhaltens erfordert in erster Linie die eingehende Betrachtung der differenzierten Erscheinungsformen der Geschäftsstätten, um zunächst übergeordnet zu klären, in welchen Einkaufsstätten der potenzielle Markenkäufer im Allgemeinen bevorzugt einkauft und im Besonderen seinen Bedarf an Produkten aus der fokussierten Warengruppe deckt. Um einen grundlegenden Überblick über die Marktposition der einzelnen Vertriebslinien zu erhalten, ist es in einem ersten Schritt empfehlenswert, die prognostizierte Gesamtnachfrage auf die einzelnen Betriebstypen aufzuteilen. Daran anschließend werden – im Rahmen einer detaillierten Käufer- und Einkaufsstättenanalyse – die wesentlichen Kennzahlen der Markentechnik vorgestellt, mit denen sich die Stellung der betrachteten Warengruppe in den einzelnen Vertriebslinien ermitteln lässt. Um die markenrelevanten Zielgruppen den spezifischen Vertriebsschienen zuordnen zu können, wird abschließend noch ein Segmentierungsansatz vorgestellt, der Rückschlüsse auf das Kaufverhalten der Konsumenten aus qualitativer Sicht ermöglicht.

Ermittlung der Marktposition relevanter Betriebstypen

Die Marktposition der einzelnen Betriebstypen spiegelt sich in den von ihnen innerhalb eines bestimmten Zeitraums (meist ein Jahr) getätigten Umsätzen bzw. Absätzen wider. Die Zusammenführung der Umsätze bzw. Absätze sämtlicher Betriebstypen ergibt das Marktvolumen einer Branche. Setzt man den getätigten Umsatz bzw. Absatz eines Unternehmens ins Verhältnis zum Marktvolumen, so ergibt dies den absoluten Marktanteil einzelner Vertriebsschienen im Markt.[25]

Jedoch lässt erst die Betrachtung der Marktanteilsentwicklung einzelner Einkaufsstätten einen Rückschluss darauf zu, inwieweit die Vertriebslinie ihre Marktposition im Zeitablauf gehalten, ausgebaut oder verschlechtert hat.[26] Gegenwärtige dynamische Entwicklungen bestimmen das Gesamtbild und zeigen sich in:

- Der zunehmenden Bedeutung der **Multi-Channel-Konzepte im Handel**, bei denen die Vorteile des stationären Geschäftes mit den Vorteilen der Online-Welt verbunden werden: wie im Internet bestellen und im Geschäft abholen, nach Hause gelieferte Ware im Geschäft zurückbringen oder Bestände standortnaher Geschäfte online überprüfen, um sie dort zu kaufen.[27]

---

25 Vgl. Schneider/Hennig (2001), S. 130 ff.
26 Vgl. Müller-Hagedorn (2005), S. 80 ff.
27 Vgl. KPMG (2012), S. 19.

- Der **erfolgreichen Re-Positionierung der Super- und Verbrauchermärkte** wie Edeka und Rewe in erlebnisorientierte Erlebnisstätten mit Ansätzen der Verkostung.
- Des **flächendeckenden Trading-up der Discounter** als Reaktion auf den veränderten Marktauftritt der Super- und Verbrauchermärkte.
- Dem **kontinuierlichen Bedeutungsgewinn großflächiger Betriebstypen** und hier insbesondere der Einkaufszentren in mittlerweile Mittel- und Unterzentren.[28]
- Der **wachsenden Akzeptanz des Distanzhandels,** insbesondere des Handels über Online-Shops.
- Der Möglichkeit **des mobilen elektronischen Zugangs**, der via Smartphone ins Internet den „**Anywhere Commerce**" begünstigt – der Kunde wird an den unterschiedlichsten Orten und in den unterschiedlichsten Situationen angesprochen.[29]
- Dem **steigenden Anspruch der Konsumenten nach erlebnisorientierten Einkaufsstätten** als Alternative zu den bequem „vom Sofa aus"-erreichbaren Online-Angeboten (24/7-Shopping).
- Der **zunehmenden Sensibilität der Konsumenten** für billige, aber als gleichwertig wahrgenommene Handelsmarken sowie die steigende Akzeptanz gleichwertiger handelsgeführter Markenimitationen.

Aufgrund der Dynamik der Märkte ist eine systematische Marktbeobachtung[30] mit dem Ziel erforderlich, rechtzeitig Veränderungen im gesamtwirtschaftlichen Distributionssystem zu erfassen. Über die Installierung eines Frühwarnsystems[31] lassen sich handelsbezogene Entwicklungstendenzen in den Markt- und Distributionsstrukturen, in der sonstigen Unternehmensumwelt, aber auch in der Kundenansprache auf Vertriebslinienebene eruieren, um entsprechend vorzeitig erfolgversprechende Ansätze aufzugreifen und im Sinne der Marke nutzen zu können.[32] So zeichnet sich beispielsweise eine zukünftige zu erwartende Liberalisierung des Apothekenmarktes ab, was die Distribution von Marken über diese Absatzmarkt insofern tangiert, als dass mit neuen Geschäftsmodellen zu rechnen ist – weg von der inhabergeführten und hin zur zentral-koordinierten Apotheke.

Ermittlung der Marktposition der betrachteten Warengruppen in den Vertriebslinien

Die Kenntnis der Marktposition einzelner Vertriebsschienen bezogen auf die Gesamtnachfrage lässt jedoch keinen Rückschluss darauf zu, welche Vertriebslinien der Konsument nutzt, um seinen spezifischen – auf eine Warengruppe bezogenen Bedarf

---

28 Vgl. Barth et al. (2017), S. 4.
29 Vgl. KPMG (2012), S. 22.
30 Zum Begriff der "Marktbeobachtung" vgl. Berndt (1996), S. 187 f.; Stier (1996), S. 169 f.
31 Zum Aufbau eines Frühwarnsystems siehe insbesondere Barth et al. (2017), S. 41 ff.
32 Vgl. hierzu insbesondere Meck/von Petersdorff (2003), S. 27.

zu decken. Schränkt man die Betrachtung auf einzelne Warengruppen ein, ergibt sich oftmals ein von der Gesamtnachfrage abweichendes Bild. So gibt der Konsument beispielsweise lediglich rund 15 Prozent seines Budgets für Wasch-, Putz- und Reinigungsmittel beim Discounter aus, 42 Prozent der Ausgaben tätigt er hingegen im SB-Warenhaus.[33]

Die Ermittlung der Marktposition der betrachteten Vertriebslinien erfordert folglich die Kenntnis über die betriebstypen- und markenbezogene Käuferstruktur. Dieses Wissen lässt sich über die systematische Analyse des Datenmaterials aus dem Haushalts- und Handels-Panel generieren.[34] Grundlage des **Haushalts-Panels** sind ausgewählte private Haushalte, deren Einkaufsverhalten systematisch und kontinuierlich festgehalten wird, um so Rückschlüsse auf die Käuferstruktur in Korrelation mit soziodemografische Faktoren ziehen zu können sowie Auskünfte über die verhaltens- und verwendungsbezogenen Gewohnheiten der Panelteilnehmer zu erhalten.[35] Es können u. a. Aussagen über Erst- und Wiederkaufrate, Markenloyalität, Parallelverwendung, Markenwechsel, Kaufhäufigkeit sowie zur Aufnahmebereitschaft von Produktneueinführungen getroffen werden.[36]

Das **Handels-Panel** hingegen umfasst einen Kreis repräsentativ ausgewählter Handelsunternehmen, bei denen die Abverkäufe aus alternativen Vertriebsschienen Gegenstand der Erhebung sind. Der Einsatz der Scanner-Technik ermöglicht die Zusammenführung der Daten des Haushalts- und Handels-Panels. Die vom Probanden per Hand-Scanner erfassten Einkäufe lassen sich mit denen in der Einkaufsstätte über die Scannerkassen erfassten Abverkäufe zusammenführen und können binnen eines kurzen Analyse- und Berichtszeitraums ausgewertet werden. Ergänzend hierzu kann die Einkaufsgewohnheit der Respondenten des Haushalts-Panels über die Vergabe von Identifikationskarten erhoben werden. Diese Vorgehensweise ermöglicht die Identifikation der bevorzugten Vertriebslinien bezogen auf eine bestimmte Warengruppe, die Ausgaben je Einkauf, die Verbundkäufe sowie die Anzahl der besuchten Geschäftstypen innerhalb des betrachteten Zeitraums.

So ermittelt beispielsweise der Hersteller Procter & Gamble gemeinschaftlich mit strategischen Absatzmittlern die standortspezifische Käuferstruktur. Sogenannte **Shopper-Studien**, die den Konsumenten als Verwender der Marke und als Käufer in den unterschiedlichen Vertriebsschienen des jeweiligen Handelsunternehmens sieht,[37] lässt Rückschlüsse auf den warengruppen- respektive markenbezogenen

---

33 Vgl. Speer (2002), S. 414.
34 Zur Panelforschung vergleiche Berekhoven/Eckert/Ellenrieder (2009), S. 123 ff; Hauptlieferant von Panelerhebungen sind in Deutschland die Marktforschungsinstitute GfK (Gesellschaft für Konsumforschung) und Nielsen.
35 Vgl. ausführlich zu den Segmentierungskriterien: Becker (2001), S. 292 f.; Kotler/Bliemel (2001), S. 430 ff.; Kroeber/Riel (2013), S. 214 ff.
36 Vgl. Seifert (2001), S. 154 f., http://www.gfk.de, www.nielsen.de.
37 Vgl. Seifert (2001), S. 158 ff.; Biester (1999), S. 40.

Marktanteil innerhalb der einzelnen Vertriebslinien zu. Neben der Kaufhäufigkeit spielen darüber hinaus nachfolgende Kennzahlen eine zentrale Bedeutung:[38]

- **Käuferreichweite:** Die Käuferreichweite erklärt den Anteil der Haushalte, die innerhalb eines konkreten Zeitraums mindestens einmal ein Produkt aus der Warengruppe bzw. der Marke im untersuchten Betriebstyp gekauft haben und ergibt sich aus der Anzahl der Käufer im Betriebstyp X geteilt durch die Anzahl der potenziellen Käufer der Warengruppe bzw. Marke.

- **Bedarfsdeckungsquote:** Die Bedarfsdeckungsquote gibt an, wie viel Prozent der Konsument von seinem Budget für diese Warengruppe bzw. für die Marke in der untersuchten Einkaufsstätte ausgibt. Sie ergibt sich aus den jährlichen Ausgaben des Kunden für die Warengruppe bzw. die Marke im Betriebstyp X geteilt durch die jährlichen Gesamtausgaben des Kunden für diese Warengruppe in allen Einkaufsstätten. Mit ihr kann durch die Bildung sogenannter Bedarfsdeckungsklassen auf die Einkaufsstättenloyalität des Konsumenten geschlossen werden. Eine Einteilung könnte nach Seifert wie folgt aussehen:[39] Ist die Bedarfsdeckungsquote >60 Prozent, so handelt es sich um einen loyalen Käufer. Zwischen 25–60 Prozent kann von einem Wechselkäufer gesprochen werden, liegt die Quote unter 25 Prozent spricht man von Gelegenheitskäufern.

- **Ausgabenintensität:** Die Ausgabenintensität informiert über die durchschnittlichen Ausgaben eines Konsumenten für die Warengruppe respektive für die Marke in der untersuchten Einkaufsstätte. Da sie ins Verhältnis zu den durchschnittlichen Ausgaben aller Haushalte gesetzt wird, lässt sie einen Rückschluss auf das spezifische Einkaufsverhalten einzelner Haushalte zu (hohe Ausgaben = Großfamilie, geringe Ausgaben = Single-Haushalt).

- **Potenzialausschöpfungsrate:** Diese Rate gibt an, wie viele Konsumenten in dem untersuchten Betriebstyp ein Produkt aus der Warengruppe bzw. die Marke tatsächlich kaufen. Sie ergibt sich aus dem Verhältnis zwischen der Anzahl der Warengruppen- bzw. Markenkäufer im Betriebstyp X und der Anzahl aller potenziellen Kunden für die Warengruppe im Betriebstyp X.

Basierend auf der Auswertung der Kennzahlen können nun die für die Markendistribution in Frage kommenden Betriebstypen definiert werden.[40] Vordergründig handelt es sich hierbei um die Vertriebslinien, die ein hohes warengruppenspezifisches Marktpotenzial aufweisen, das es unter Berücksichtigung der bereits erreichten Marktposition der Marke in den einzelnen Betriebsstätten zu erschließen gilt.

Um einen zielgruppenadäquaten Markenauftritt am PoS zu garantieren, sind die markenrelevanten Zielgruppen aufgrund ihrer spezifischen Einstellungen und Verhaltensweisen den Vertriebslinien zuzuordnen. Da die Konsumenten in einem Quartal

---

38 Vgl. Seifert (2001), S. 162 ff.; Biester (1999), S. 40; Speer (2002), S. 407 ff.
39 Vgl. Seifert (2001), S. 163.
40 Vgl. hierzu insbesondere Speer (2002), S. 411 ff.

rund 14 unterschiedliche Geschäftsstätten aufsuchen,[41] liegt die Schlussfolgerung nahe, dass auch der Produktbedarf für eine Warengruppe in einer Kombination von Einkaufsstätten gedeckt wird, wobei der Betriebstyp bevorzugt wird, der entsprechend der Lebens- und Bedürfnissituation der Konsumenten eine optimale Bedarfsdeckung garantiert. Erforderlich ist die Ermittlung markenrelevanter Lebens- und Bedürfnissituationen der Konsumenten, anhand derer eine Segmentierung der Nachfrager erfolgen kann. Neben den leicht messbaren, zeitlich stabilen demografischen und soziografischen Kriterien sind in diesem Zusammenhang insbesondere die schwer erfassbaren psychografischen und verhaltensbezogenen Merkmale zu berücksichtigen.[42]

Ein in diesem Zusammenhang interessanter Ansatz ist das **Lebenszykluskonzept**[43], dem ein entscheidender Anteil an der Definition von Zielgruppen zugesprochen wird.[44] Dieser Ansatz geht davon aus, dass der Konsument unterschiedliche Phasen im Leben (Kindheit, Jugend, Erwachsen etc.) durchläuft und sich je nach Lebenssituation den einzelnen Phasen zuordnen lässt.

Um nun das Einkaufsverhalten der Konsumenten zu bestimmen, werden die demografischen Variablen wie Alter, Grad der Berufstätigkeit, verfügbares Netto-Einkommen sowie die Größe des Haushalts, die den Lebenszyklus bestimmen, mit anderen markenrelevanten Segmentierungskriterien, die wiederum die marken- bzw. produktbezogenen Einstellungen und Verhaltensweisen der Lebenszyklus-Zielgruppe erfassen, in Beziehung gesetzt. So geht Speer beispielsweise davon aus, dass das Einkaufsverhalten in der Warengruppe Wasch-, Putz- und Reinigungsmittel (WPR) wesentlich von den Einflussfaktoren „Zeit" und „Budget" determiniert wird und je nach Lebensphase differenzierten Restriktionen unterliegt.[45] Als relevante Zielgruppen ergeben sich u. a. Berufsanfänger und Studenten, Doppelverdiener, Familien mit bzw. ohne Kind sowie wohlhabende und einkommensschwache Senioren, deren unterschiedliche Lebenssituationen sich auf die Vertriebsschienenpräferenz, die Ausgabenhöhe, die Marken- und Artikelwahl sowie die Einkaufsfrequenz auswirken. Wie sich die eruierten Zielgruppen hinsichtlich ihres Einkaufsverhaltens beschreiben lassen, verdeutlicht nachfolgendes Beispiel, dargestellt an der Warengruppe WPR:[46]

Familien mit Kindern haben naturgemäß den höchsten Bedarf an Produkten aus Warengruppe WPR. Sie weisen eine hohe Kauffrequenz auf und kaufen vermehrt Produkte aus unterschiedlichen Marktsegmenten wie Colorwaschmittel, Universal-

---

41 In Anlehnung an Schögel/Tomczak (1999), S. 15.

42 Vgl. ausführlich zu den Segmentierungskriterien: Becker (2001), S. 292 f.; Kotler/Bliemel (2001), S. 430 ff.; Kroeber-Riel/Weinberg (2013), S. 214 ff. Zur Bewertung von identifizierten Segmenten vgl. Esch (2003), S. 363.

43 Vgl. zu den nachfolgenden Ausführungen Kroeber-Riel/Weinberg (2013), S. 449 ff.; Müller-Hagedorn (2005), S. 82 ff.; Trommsdorff (2008), S. 202 ff.

44 Vgl. Trommsdorff (2008), S. 207.

45 Zur allgemeinen Verdeutlichung des Zusammenhangs zwischen Lebenszyklus und Konsumentenverhalten siehe insbesondere Kroeber-Riel/Weinberg (2013), S. 454 ff.

46 Vgl. zu nachfolgenden Ausführungen Speer (2002), S. 94 ff.

waschmittel, Maschinengeschirrspülmittel etc. Die bevorzugte Einkaufsstätte ist das SB-Warenhaus, denn die Bedarfe sind zum einen hoch, zum anderen ist dort die Auswahl an preislich interessanteren Großgebinden vorhanden. Auch kann im Sinne des „One-stop-shopping" zeitökonomisch eingekauft werden. Einkommensschwache Familien bevorzugen aufgrund der Budgetrestriktionen hingegen die Drogeriemärkte und Discounter als Einkaufsort. Berufseinsteiger und Studenten haben zwar nur geringe finanzielle Verpflichtungen, orientieren sich in ihrem Einkaufsverhalten an der Erfüllung ihrer persönlichen Bedürfnisse, wie Reisen, Ausgehen oder dem Kauf von Hifi-Produkten sowie CDs.[47] In der betrachteten Warengruppe präferieren sie Produkte, die den Grundnutzen erfüllen und preisgünstig im Discounter oder in den Drogeriemärkten bezogen werden können. Bei den Zwei-Personen-Haushalten mit Doppeleinkommen wie auch den Singles dominiert die Zeitrestriktion, was sich sowohl auf die Wahl der Produkte als auch auf aufgesuchte Einkaufsstätte auswirkt. Bei den Produkten dominiert der Kauf von Spezialprodukten, deren Anwendung eine möglichst hohe Zeitersparnis bringt. Dabei werden die Produkte entweder im Rahmen des zeitökonomischen „One-stop-shopping" oder in convenience-orientierten Einkaufsstätten gekauft. Die Kauffrequenz ist entsprechend gering, die Ausgaben pro Haushalt sind hoch. Rentner bevorzugen hingegen – aufgrund ihrer mangelnden Mobilität – die Einkaufsstätte in unmittelbarer Nähe zum Wohnort und kaufen tradierte Darreichungsformen. Je nach Budgetrestriktionen kaufen sie sparorientiert in den Discountern und Drogeriemärkten oder markenorientiert im Supermarkt.

Veränderungen des Einkaufsverhaltens der Konsumenten in Bezug auf die jeweils betrachtete Warengruppe lassen sich auch hier nur im Zeitablauf erfassen, sodass die statische Betrachtung eines Zeitpunkts durch Zeitreihen zu ergänzen sind. Die frühzeitige Ermittlung von Entwicklungstendenzen – entsprechend des zuvor empfohlenen Frühwarnsystems – liefert die Informations- und damit Entscheidungsgrundlage, um rechtzeitig Maßnahmen zu initiieren, mit denen einer Abwanderung der Zielgruppe zu weniger profitablen und die Markenstärke unterminierenden Betriebstypen mit konkreten Leistungsangeboten und Innovationen entgegen zu wirken ist.

4.1.3 Markenbezogene Bewertung

Angesichts der Zielsetzung, über die Qualität des Markenauftritts die Verwendung bzw. den Kauf des Produktes am PoS zu erhöhen, spielt neben der Erfassung des Marktpotenzials einzelner Vertriebslinien auch der Auftritt der Einkaufsstätten im Markt eine zentrale Rolle. Im Kern geht es darum, die Einkaufsstätten zu ermitteln, die in der Lage sind, die sogenannte Erfolgskette[48]

Kundenorientierung → Kundennutzen → Kundenzufriedenheit → Kundenbindung → ökonomischer Erfolg

---

47 Vgl. Kroeber-Riel/Weinberg (2013), S. 454.
48 Vgl. Barth/Wille (2000), S. 48 ff.; Bruhn/Homburg (2017).

zu initiieren, indem sie die Bedürfnisse der potenziellen Nachfrager im Wahrnehmungsfeld der Nachfrager besser erfüllen als die Konkurrenz.[49] Interessante Ansatzpunkte sind nachfolgende drei Kernfaktoren, die alle aus Markenperspektive beurteilt
werden müssen, um die Vertriebslinien dahingehend klassifizieren zu können, inwieweit sie einen Beitrag zur Stärkung der Marke leisten:[50]

- die Erfüllungsqualität der umgesetzten Leistung (**Leistungskomponente**),
- die Fähigkeit zum Aufbau einer stabilen Beziehung zwischen Kunde und Einkaufsstätte (**Beziehungskomponente**),
- die Fähigkeit zum Aufbau und zur Pflege eines positiven Images (**Imagekomponente**).

Leistungskomponente

Die Erfüllung der Kundenanforderungen hinsichtlich des Leistungsangebots ist zentraler Maßstab der Kundenorientierung und umfasst die Kriterien Sortiments- und Warengruppenkompetenz, die Platzierungsqualität sowie die Preispositionierung.

Zur Steigerung der Kundenzufriedenheit ist ein hohes Maß an **Sortiments-
respektive Warengruppenkompetenz** erforderlich, was ein konsequentes Wa-
rengruppenmanagement erfordert, um im Sinne einer Zielgruppenkongruenz der
Orientierung an den Bedarfen der Zielgruppe gerecht zu werden.[51] Zum zentralen
Erfolgsfaktor avanciert in diesem Zusammenhang die mikromarketingorientierte Wa-
rengruppenstrategie, die voraussetzt, dass der gesamte Kaufentscheidungsprozess
der Endverbraucher erklärt werden kann. Ziel ist es, die Auswahl der Produkte je
Category so vorzunehmen, dass den standortspezifischen Unterschieden im Verbraucherverhalten Rechnung getragen wird. In enger Beziehung zum Warengruppenma-
nagement steht auch die Erfassung von Verbundbeziehungen innerhalb des Sortiments, um so mögliche Ausstrahlungseffekte einzelner Waren bzw. Warengruppen
aufzudecken und in konkrete marketingpolitische Maßnahmen umzusetzen.[52]

Die **Platzierungsqualität** wird wesentlich von der Ausgestaltung des Verkaufs-
raums im Allgemeinen determiniert. Sie umfasst die Einkaufsatmosphäre, die für die
Warengruppen zugeteilten Flächen- und Regalkapazitäten in der Geschäftsstätte sowie die Platzierung der Produkte innerhalb der Warenträger.[53] Dabei spielt das Kriterium Platzierungsqualität für den Hersteller aufgrund der „Regalplatz-Knappheit"[54]
in den Geschäftsstätte des Handels eine herausragende Bedeutung. Denn abhängig
von der Platzierung des Warenträgers im Outlet wie auch von der Breite und Tiefe

---

49 Vgl. Backhaus (2003), S. 35.
50 In Anlehnung an Kaplan/Norton (1997), S. 71 ff. zitiert bei Bruhn (1998), S. 152 f.
51 Vgl. Barth et al. (2017), S. 195.
52 Vgl. Barth et al. (2017), S. 189 sowie zur Analyse von Verbundbeziehungen S. 461 ff.
53 Vgl. Müller-Hagedorn (2005), S. 337 f.; Oversohl (2002), S. 244.
54 Vgl. Hansen (1972), S. 94 ff.

der Markenplatzierung innerhalb der Warengruppe werden konsumentenorientierte Sichtkontakte geschaffen, die den Verkaufserfolg des Herstellers positiv beeinflussen.[55] Ferner beeinflusst die Zusammenstellung der Platzierungseinheiten wie etwa die Zusammenfassung von Produkten aufgrund ihrer materiellen Ähnlichkeit oder aufgrund ihrer Verbundeffekte in der Verwendung die konsumentenbezogenen Transaktions- bzw. Suchkosten im Rahmen ihres Einkaufs und determiniert somit das akquisitorische Potenzial der Geschäftsstätte. Die Platzierungsqualität im Online-Handel erstreckt sich hingegen auf die Sichtbarkeit, Auffindbarkeit sowie auf die Qualität der Markendarstellung und -beschreibung.

Die **Preispositionierung** als dritte Komponente gibt Auskunft darüber, welche Produkte, beschrieben durch die Höhe ihres Verkaufspreises, in das Sortiment aufgenommen werden und spiegelt das allgemeine Preislagenniveau wider.[56] Dabei steht das Preislagenniveau in enger Verbindung zur Warengruppenkompetenz und beeinflusst auch die Präsentationsqualität. Je niedriger das gewählte Preislagenniveau ist, desto schlichter und kostenvermeidender wird auch der Verkaufsraum gestaltet sein, wobei zum gegenwärtigen Zeitpunkt die Aufwertung sämtlicher Verkaufsflächen in Richtung Erlebnisorientierung nachzuvollziehen ist. Darüber hinaus sollte das preisliche Bewertungskriterium auch das Preisempfehlungsverhalten sowie die Aktionspreispositionierung in der Einkaufsstätte berücksichtigen.[57] Der Grund ist darin zu sehen, dass der Hersteller gegenüber dem Handel lediglich unverbindliche Preisempfehlungen aussprechen kann, der Preis jedoch ausschlaggebend zur Durchsetzung der Präferenzstrategie ist.

Beziehungskomponente

Die **Beziehungsgestaltung** prägt die Interaktion zwischen Händler und Kunde. Im Mittelpunkt stehen die Qualität der Beratung durch das Verkaufspersonal, die Anzahl der Verkaufsmitarbeiter (die beratende Leistungen letztlich übernehmen können), deren Verhalten im Beschwerdefall sowie der „value added", der durch Service- respektive Dienstleistungen für den Konsumenten generiert wird, wie etwa die Schnelligkeit und Flexibilität des Händlers auf Kundenwünsche einzugehen oder die Verlässlichkeit in der Ausführung von immateriellen Leistungen. Eine weitere entscheidende Rolle spielen auch die Offenheit und die Empathie im Gespräch mit dem Konsumenten und dies insbesondere bei erklärungsbedürftigen Produkten.

---

55 Vgl. zur Bedeutung der Platzierung im Handel Barth et al. (2007), S. 266 ff., sowie Barth (1975).

56 Vgl. Müller-Hagedorn (2005), S. 218.

57 Über das Preisempfehlungsverhalten wird ermittelt, wie viel sich der durchschnittliche Preis der Marke von der unverbindlichen Preisempfehlung des Herstellers unterscheidet. Im Rahmen der Aktionspreispositionierung wird analysiert, ob und wie viel sich der durchschnittliche Sonderpreis der Marke von den durchschnittlichen Sonderpreisen der Wettbewerber unterscheidet. Vgl. hierzu auch Hampe (1992), S. 261.

Imagekomponente

Schließlich ist auch das Image – mit seinen Kriterien **Bekanntheit, Vertrauenswürdigkeit, Kompetenz** und **Reputation** – ausschlaggebend für die Endverbraucherakzeptanz des Handelsunternehmens im Allgemeinen und der einzelnen Verkaufsstätte im Besonderen. Da die einzelnen Einkaufsstätten mehr oder weniger stark in einem Verbund organisiert sind, muss die Schaffung von Bekanntheit, Vertrauenswürdigkeit, Kompetenz und Reputation zwar auf Zentralebene ansetzen, die vermittelten Botschaften sind jedoch im alltäglichen Umgang mit dem Konsumenten auf Einkaufsstättenebene auch umzusetzen.

Abbildung 4.6 fasst die Kriterien, anhand derer die Leistungsfähigkeit der Einkaufsstätten zu beurteilen ist, zusammen.

Die Bewertung der Leistungsfähigkeit der verschiedenen Erscheinungsformen der Einkaufsstätten ist aus Sicht der Marke vorzunehmen, d. h. über einen Bewertungsansatz sind die Vertriebslinien zu filtern, die gegenwärtig und zukünftig einen positiven Einfluss auf die Marke haben bzw. deren handelsbezogenes Marktbearbeitungssystem in Einklang mit den Anforderungen der Markenpositionierung gebracht werden kann. Einen hohen praxisbezogenen Eignungsgrad zur Bewertung der Vertriebsschie-

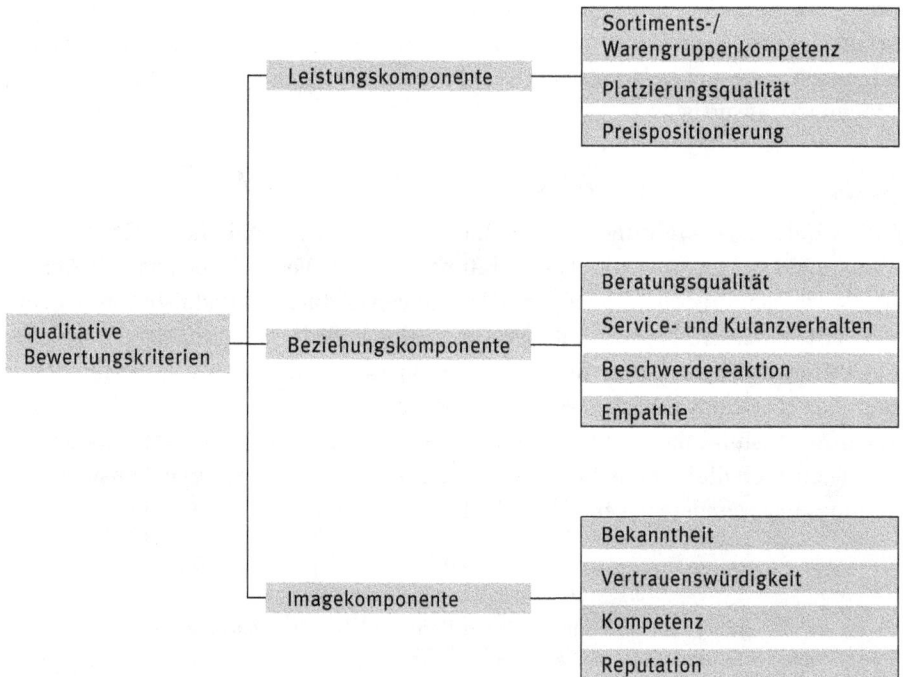

Abb. 4.6: Kriterien zur Erfassung der Leistungsfähigkeit der Einkaufsstätte[58]

---

[58] Quelle: in Anlehnung an Bruhn (1998), S. 153.

nen weist das **Scoring-Modell**[59] auf, das als multifaktorielles Instrument eine Vielzahl von quantitativen und qualitativen Kriterien in der Bewertung berücksichtigt.[60]

Aufgabe der marktorientierten Organisationseinheit ist es nun, in einem ersten Schritt die qualitativen Kriterien auszuwählen, die entscheidend für eine **markenkonforme Distribution** sind.[61] Die selektierten Faktoren sind anschließend auf Kongruenz mit den Anforderungen der Markenpositionierung zu überprüfen und hinsichtlich ihres Erfüllungsgrades auf einer Skala von gering bis hoch einzustufen.[62] Anschließend ist eine Gewichtung der Items im Hinblick auf deren geschätzten Einfluss auf die Marke vorzunehmen, indem die ermittelten Punktwerte mit einem vorher festgelegten Gewichtungsfaktor multipliziert werden. Die Summe aller gewichteten Punkte einer Einkaufsstätte ergibt ihren Score,[63] der den qualitativen Eignungsgrad der betrachteten Vertriebslinie für die Distribution der Marke widerspiegelt.[64]

Priorisierung der Vertriebsschienen und handelssystemspezifische Zuordnung

Für die Markendistribution kommen nun die Betriebstypen respektive Vertriebslinien in Frage, die auf der einen Seite ein hohes nachfragebezogenes Potenzial aufweisen und auf der anderen Seite über einen hohen Score im Rahmen der Ermittlung des qualitativen Eignungsgrades für die Marke verfügen. Um nun daran anschließend eine Priorisierung der Handelsunternehmen zu ermöglichen, sind in einem nächsten Schritt die jeweiligen Vertriebslinien den Handelszentralen zuzuordnen. Vereint das Handelsunternehmen mehrere Vertriebslinien, die für die Markendistribution von Bedeutung sind, so erhält man die absatzseitige Wertigkeit eines Handelssystems durch die Zusammenführung der Wertbeiträge der einzelnen Vertriebslinien. Idealerweise sind bei der Bewertung zudem die Lebenszyklusphasen, in der sich die einzelnen Betriebstypen bzw. Vertriebslinien befinden, zu berücksichtigen. Je höher ihr gegenwärtiges bzw. zukünftig zu erwartendes Marktpotenzial einerseits und ihr Score anderer-

---

59 Vgl. zu den Scoring-Modellen insbesondere Cornelsen (2000), S. 149; Link (1995), S. 25. Eines der ersten Scoring-Modelle wurde bereits in den 1930er-Jahren in einem amerikanischen Versandhaus eingesetzt, die so genannte RFMR-Methode. Der Wert eines Konsumenten wurde umso höher beurteilt, je kürzer sein Kauf zurück lag (Recency), je häufiger er kaufte (Frequency) und je größer sein Umsatz pro Kauf ausfiel (Monetary Ratio). Vgl. Homburg/Schnurr (1998), S. 179 f.

60 Vgl. Rieker (1995), S. 74.

61 So spielen beispielsweise im Falle erklärungsbedürftiger Produkte die Leistungs-, Beratungs- und Imagekriterien allesamt eine bedeutendere Rolle als bei FMCG – hier stehen vor allem die Kriterien der Leistungskomponente in Form der Bereitschaft des Handels zur Umsetzung eines effizienten Category-Management im Vordergrund. Auch sind branchenbezogene Anforderungen in der Auswahl und Bewertung der Kriterien zu berücksichtigen.

62 Vgl. Rieker (1995), S. 68; Zur differenzierten Erfassung des Erfüllungsgrades eines Merkmals kann eine Skala von 1 bis 5 respektive 1 bis 10 zugrunde gelegt werden.

63 Vgl. Plinke (1997), S. 140.

64 Zur konkreten Anwendung eines Scoring-Modells, siehe Barth (1993), S. 282; Schmöller (2001), S. 171 ff.

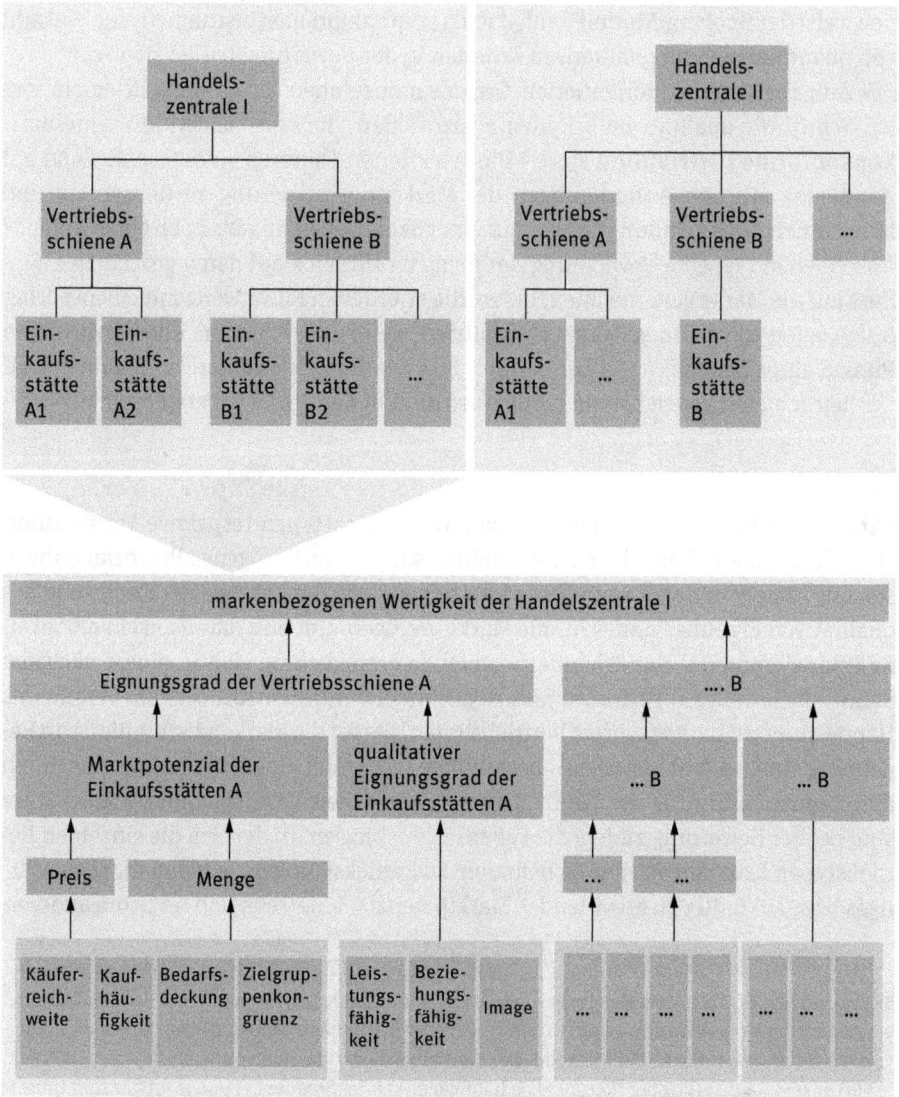

Abb. 4.7: Ermittlung der markenbezogenen Wertigkeit eines Handelsunternehmens[65]

seits ist, desto bedeutender ist das Handelssystem respektive sind die Vertriebslinien für die Distribution der Marke.

Die Handelsunternehmen sowie die zu ihnen gehörenden Vertriebslinien sind nun gemäß ihrer Wertigkeit für die Marke in eine Rangfolge zu bringen. Verfügt der Hersteller über mehrere Marken, so können sich hier – je nach Markenpositionie-

---

65 Quelle: eigene Darstellung.

rung – unterschiedliche Werte auf Vertriebslinien- als auch auf Handelszentralebene ergeben. Eine derartige Vorgehensweise stellt demnach sicher, dass die für die einzelne Marke profitträchtigsten sowie die Markenstärke fördernden Distributionswege ausgewählt werden. Handelt es sich um eine Marke, die bereits im Markt etabliert ist, so ist darüber hinaus zu überprüfen, inwieweit das Marktpotenzial der einzelnen Vertriebslinien ausgeschöpft ist und wie der qualitative Auftritt der Marke in den als markenrelevant identifizierten Einkaufsstätten ist.

Um die knappen Ressourcen ihrer produktivsten Verwendung zuführen bzw. Art und Umfang der vertriebslinien- und handelssystemspezifischen Investitionen bestimmen zu können, ist ein weiterer Aspekt zu berücksichtigen. Es ist zu entscheiden, ob der Handelspartner aktiv oder passiv als Unternehmensressource zu nutzen ist. Seine Mächtigkeit bestimmt sich durch dessen Informations-, Innovations-, Loyalitäts- und vor allem Kooperationspotenzial.[66] Dabei ist regelmäßig davon auszugehen, dass die Bereitschaft und Fähigkeit sowie die Qualität und Intensität der Zusammenarbeit – als wesentliche Voraussetzung zur Ausschöpfung der Potenziale – mit der marktorientierten Organisationseinheit in erster Linie von den Entscheidungsträgern auf Handelszentralebene bzw. von den Vertriebsschienenleitern determiniert werden und nicht auf Geschäftsstättenebene verankert sind. Dies ist umso wahrscheinlicher, je zentralisierter die Beschaffung innerhalb des Systems organisiert und je höher der Bindungsgrad der Einkaufsstätten an die Zentralinstanz ist.[67]

Die grundlegende Bereitschaft des Handels zur Zusammenarbeit wird regelmäßig nur dann gegeben sein, wenn die Markenstärke eine Relativierung der Handelsmacht herbeiführt und/oder die grundlegende Initiative vom Handel ausgeht.[68] Die Beurteilung, inwieweit längerfristige Aktivitäten gemeinsam mit dem Handel realisierbar sind, erfordert somit die grundlegende Analyse der Faktoren hinsichtlich des „Könnens", d. h. hinsichtlich des fachlichen und technischen Know-how, von dem Inhalt und Qualität der Zusammenarbeit abhängen, sowie hinsichtlich der Faktoren, die das „Wollen" beeinflussen, wie etwa die Bereitwilligkeit und Loyalität, die getroffenen Vereinbarungen auch tatsächlich im Rahmen des täglichen Geschäfts zu realisieren. Die Intensität der Zusammenarbeit determiniert konkret den Nutzen und bestimmt die Eingriffstiefe, d. h. die Stelle der Wertschöpfungskette, an der die Integration stattfindet sowie die Zahl der betroffenen Prozesse.[69] So kann sich die Zusammenarbeit auf den reinen Austausch von Informationen, wie beispielsweise die regelmäßige Weiterleitung markenbezogener Abverkaufszahlen bis hin zu konkret erzielbaren Kosteneinsparnissen aufgrund materieller und/oder personeller Synergien erstrecken, wie im Falle der Realisierung eines kooperativen Category-Managements.

---

66 Vgl. Tomczak/Rudolf-Sipötz (2001b), S. 135.
67 Siehe hierzu die Ausführungen unter Gliederungspunkt 4.2.2.
68 Vgl. Diller (2001b), S. 121; Zentes/Swoboda (2000), S. 830; Werner/Ester (2001), S. 12 ff.
69 Vgl. hierzu insbesondere Schmöller (2001), S. 120 ff.

Insgesamt betrachtet lässt sich festhalten, dass sich der **Grad der Potenzialaus-schöpfung** positiv durch die emotionale Wertschätzung für die marktorientierte Organisationseinheit seitens der Händler beeinflussen lässt. Der emotionale Zustand, der sich u. a. in der Zufriedenheit mit der Betreuung, der empfundenen Qualität der Geschäftsbeziehung sowie dem gefassten Vertrauen zu den Mitarbeitern der marktorientierten Organisationseinheit ausdrückt, beeinflusst neben der Machtverteilung zwischen Hersteller und Händler wesentlich die Stabilität der Geschäftsbeziehung.[70]

Entgegen der Beziehung, bei der ein bilaterales Machtverhältnis zwischen den Marktakteuren besteht, birgt die emotionale Verbundenheit ein psychologisches Bindungspotenzial in sich und lässt Wechselbarrieren auf freiwilliger Basis entstehen. Da das Ressourcenpotenzial der Absatzmittler auch die Höhe der handelsbezogenen Investitionen determiniert, muss dessen Erschließung mit dem Aufbau einer langfristigen Geschäftsbeziehung – im Sinne des Relationship-Marketings – einhergehen. „Weniger gute" Vertriebsschienen und daraus abgeleitet für die Distribution der Marke eher uninteressante Handelsunternehmen sollen hingegen eine eher transaktionsorientierte Behandlung erfahren.[71]

Die Bewertung des Ressourcenpotenzials kann in Analogie zur Ermittlung des Eignungsgrads der Vertriebsschiene mittels eines Scoring-Modells erfolgen, wobei in diesem Zusammenhang vor allem der Einschätzung der Kundenberater eine zentrale Bedeutung zukommt. Denn ihre Erfahrungswerte im Umgang mit den Verantwortlichen für die Vertriebslinien sowie ihre Beobachtungen hinsichtlich der Qualität der Zusammenarbeit mit konkurrierenden Herstellern lassen Rückschlüsse auf das Potenzial einerseits und den bereits erreichten Ausschöpfungsgrad der marktorientierten Organisationseinheit andererseits zu.

Zusammenfassend lässt sich festhalten, dass die Entscheidung über die Höhe der vertriebsschienenspezifischen Investitionen des Herstellers folglich von drei Kriterien abhängt:

- erstens vom **warengruppenbezogenen Einkaufsverhalten der Konsumenten** je Betriebstyp respektive Vertriebsschiene, wodurch das jeweilige Marktpotenzial in quantitativer Hinsicht determiniert wird,
- zweitens vom **Eignungsgrad des Betriebstyps** für die Markendistribution, wobei sich die Anforderungen aus der Markenpositionierung ergeben, sowie
- drittens vom **Ressourcenpotenzial der Vertriebslinien** bzw. des Handelsunternehmens, d. h. von der grundlegenden Fähigkeit und Bereitschaft der Entscheidungsträger im Handel mit der marktorientierten Organisationseinheit zusammenzuarbeiten.

---

70 Vgl. Hennig-Thurau (1999), S. 98 ff.
71 Vgl. Plinke (1997), S. 15.

4.2 Spezifizierung distributionsrelevanter operativer Aufgaben

Im Anschluss an die strategischen Aufgaben folgen nun die operativen Aufgaben, die hinsichtlich der Bearbeitung eines strategischen Absatzmittlers zu erfüllen sind. In Anlehnung an den aufgabenbezogenen Marketingansatz werden nachfolgend die **kundenbezogenen** und **leistungsbezogenen Tätigkeiten** näher betrachtet.

Im Zentrum der handelsbezogenen Kernaufgaben stehen Akquisition und Bindung der Händler, während die markenbezogenen Kernaufgaben also die Leistungskomponenten sich auf Innovation und Pflege erstreckt. Gemäß der verfolgten Zielsetzung dieses Buches bezieht sich die Leistungskomponente konkret auf die Vermarktung der Marke in der Geschäftsstätte des Handels.

Kundenakquisition

Die Kundenakquisition umfasst sämtliche Aufgaben, die darauf abzielen, Händlerpotenziale zu erschließen, sodass der Händler erstmalig die Marke in sein Sortiment aufnimmt und damit in den Einkaufsstätten der Vertriebslinie zum Kauf anbietet. Die zunehmende Bedeutung dieser Kernaufgabe resultiert aus dem veränderten, vagabundierenden Einkaufsverhalten der Konsumenten im Zeitablauf. Es lassen sich Nachfrageverschiebungen bezogen auf die etablierten Betriebstypen zugunsten neuer Bedienkonzepte im Markt nachvollziehen, die es zu fokussieren gilt. So gewinnt beispielsweise die Erschließung der Tankstellenshops aufgrund ihres Zeitmonopols als lukrative Verkaufsstätte für Markenartikel an Bedeutung und entwickelt sich mit der einhergehenden Aufwertung der Shops zu einem attraktiven Absatzkanal für die Marke.

Neben dem Ziel, potenzielle Betriebstypen als Verkaufsort für die Marke zu gewinnen, lässt sich das Verständnis der Akquisition auch auf die Fälle übertragen, in denen die Marke bereits an bestehenden Standorten des Handels gelistet ist, der Hersteller sich jedoch beispielsweise im Rahmen der Eröffnung weiterer Geschäftsstätten als Lieferant neu profilieren muss.

Kundenbindung

Unter Kundenbindung werden die Maßnahmen subsumiert, „die darauf abzielen, sowohl die bisherigen Verhaltensweisen als auch die zukünftigen Verhaltensabsichten eines Kunden gegenüber einem Anbieter oder dessen Leistung positiv zu gestalten, um die Beziehung zu diesem Kunden für die Zukunft zu stabilisieren beziehungsweise auszuweiten."[72] Übergeordnet werden unter diesem Punkt sämtliche Maßnahmen

---

72 Homburg/Bruhn (1999), S. 8.

gefasst, die dazu dienen, bereits erschlossene Händlerpotenziale zu erhalten respektive auszubauen und die Händler zu sogenannten „Lead Dealer" für die Markendistribution zu entwickeln.[73] Dies bezieht sich sowohl auf die markt- als auch auf die ressourcenbezogene Wertigkeit der Absatzmittler.

Leistungsinnovation

Dieses Aufgabenfeld umfasst sämtliche Maßnahmen, die dazu dienen, neue Angebote zu kreieren und im Markt durchzusetzen. In diesem Zusammenhang stehen vor allem die Akzeptanz der Innovation bei einzelnen Handelsunternehmen und damit die Bereitschaft zur Listung des Produktes respektive der Marke im Sortiment. Darüber hinaus erfüllen bedeutende Händler nicht selten die Funktion des Lead-Dealers neuer Produkte und Leistungen. Anzustrebendes Ziel ist neben der Initiierung eines gemeinsamen Entwicklungsprozesses auch die Umsetzung einer kooperativen Produkteinführung.

Leistungspflege

Die vierte und letzte Kernaufgabe meint sämtliche Maßnahmen, die eine möglichst andauernde und imageträchtige Präsenz der Marke im Markt sicherstellen. Im Kontext dieser Untersuchung steht die Sicherstellung und Pflege des Auftritts der Marke in den ausgewählten Vertriebslinien im Allgemeinen sowie in den einzelnen Einkaufsstätten im Besonderen im Vordergrund. Dabei muss der Markenauftritt am PoS kongruent zu der über Sprungwerbung kommunizierten Markenpositionierung sein.

4.2.1 Prozessanalyse

Aus zeitlicher Sicht ist die Händlerakquisition der Händlerbindung vorgelagert, sodass die nachfolgende Betrachtung auch bei der Beleuchtung der Subprozesse der Händlerakquisition ansetzt. Dieser Prozess endet zu dem Zeitpunkt an dem der Händler das markenbezogene Produktprogramm in das Sortiment der Geschäftsstätten aufnimmt und der Weg für den Aufbau einer Bindung geebnet ist.

Da die Absatzmittler nicht Endabnehmer, sondern vielmehr Wiederverkäufer der Marke sind, beziehen sich die Kernaufgaben der Leistungsinnovation und Leistungspflege auf die distributionsseitige Integration der Markenstrategie in den konsumentengerichteten Marketing-Mix des Handels. Leistungsinnovation und -pflege stellen in diesem Zusammenhang Subprozesse dar, die in die auf den Händler gerichteten Prozessabläufe zu integrieren sind. Der Grund ist darin zu sehen, dass vom Erfolg der Händlerbindung die Qualität der Leistungspflege, d. h. die Marktpräsenz der Mar-

---

73 Vgl. Dittrich (2000), S. 137 ff.

Händlerakquisitionsprozess

| Bearbeitungs-strategie planen | Entscheider-/Betreuer-struktur analysieren | Akquisitions-konzept erarbeiten | Leistungen positionieren |

Händlerbindungsprozess

| Betreuungs-konzept erarbeiten | Leistungs-konzept entwickeln | Entscheider/Betreuer betreuen | Leistungs-konzept umsetzen | Erfolg kontrollieren | Verbesser-ungen initiieren |

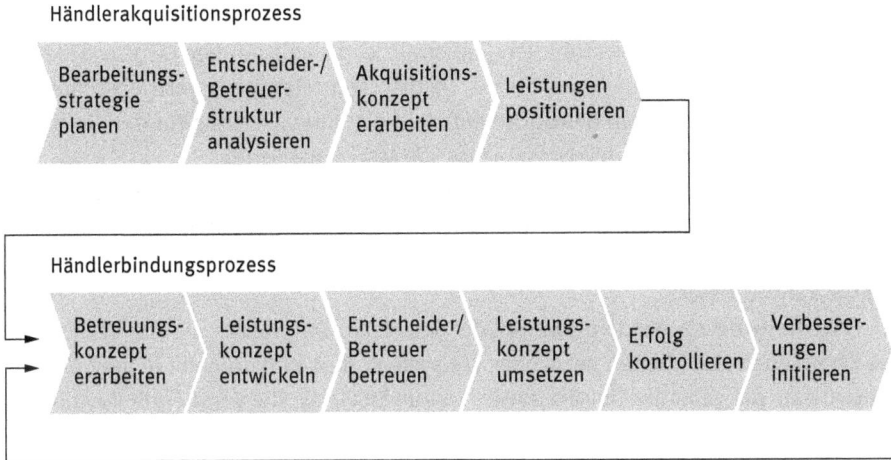

Abb. 4.8: Dekomposition der Kernaufgaben Händlerakquisition und Händlerbindung in Subprozesse[74]

kenprodukte in den Geschäftsstätten, abhängt. Auch entscheidet die emotionale Verbundenheit des Entscheidungsträgers im Handel zum Hersteller über die Intensität der Geschäftsbeziehung und damit möglicherweise über die Erfolgsquote der Platzierung von Innovationen in den Handel. Ihre Erfolgspotenziale erstrecken sich von der gemeinsamen Ideenfindung bis hin zur Einführung des Produktes im Markt. Dementsprechend werden die leistungsbezogenen Tätigkeiten unter dem Aspekt der Zusammenarbeit mit dem Handelsunternehmen bzw. der Vertriebslinien betrachtet.

Prozesse definieren sich grundlegend durch einen definierten Anfangspunkt (Auslöser des Prozesses) und ein Endpunkt (Endzustand), d. h. ein Input wird durch das wechselseitige Zusammenspiel von Ressourcen und Tätigkeiten – wie planen, entscheiden und führen – in ein konkretes Ergebnis umgesetzt, das an einen externen oder internen Kunden übergeben wird und für diesen einen Wert darstellt.[75] Input eines Prozesses sind damit die Ergebnisse anderer (vorgelagerter) Teilprozesse und umgekehrt.

Abbildung 4.8 zeigt beispielhaft wie Kernaufgaben der Händlerakquisition und der Händlerbindung in Subprozesse zerlegt werden können. Zu berücksichtigen ist, dass es im Rahmen dieser Ausführungen nicht möglich ist, eine vollständige Zusammenstellung aller möglichen Prozesse aufzuzeigen. Diese unterscheiden sich je nach Branche und Unternehmen und müssen im konkreten Einzelfall situationsspezifisch ermittelt werden.

---

74 Quelle: in Anlehnung an Jost (2001), S. 7; Ackerschott (2001), S. 14 ff.; Winkelmann (2012), S. 26.
75 Vgl. Binner (1998), S. 115; Keller/Teufel (1997), S. 153; Mertens (1991), S. 24.

Kernprozess Händlerakquisition

Hauptziel des Kernprozesses Händlerakquisition ist die vollständige Listung des Markenprogramms im Sortiment der für die Distribution relevanten Vertriebsschienen. Die Aufnahme der Marke in das Sortiment stellt die Voraussetzung für den Vermarktungserfolg und damit für den Umsatz bzw. die Marktanteile dar.

Als Input benötigt der Akquisitionsprozess die Ergebnisse der Segmentierung und Priorisierung der Handelsbetriebe sowie der Vertriebsschienen. Die Neukundenerfolgsrate sowohl auf Handels- als auch auf Vertriebslinienebene misst den Erfolg des Gesamtprozesses.

Bearbeitungsstrategie planen bildet den ersten Teilprozess. Output des Prozesses ist ein auf beide Ebenen bezogenes Zielsystem, dessen Parameter je nach Bewertungsansatz der geplante Umsatz sowie Deckungsbeitrag, die veränderte Position im Händlerportfolio oder die Erschließung der Vertriebslinie sein kann. Um die anvisierten Ziele theoretisch erreichen zu können, ist die Ableitung der benötigten finanziellen, personellen sowie sachlichen Ressourcen entsprechend der Prioritäten und Potenziale der Vertriebsschienen und Handelssysteme vonnöten. Hierfür ist differenziert je nach Wertigkeit der Vertriebsschienen und Handelszentralen die Höhe der Investitionen einer künftigen Zusammenarbeit abzuschätzen. Dies erfolgt durch Kalkulation der Kosten für unterstützende Maßnahmen – einerseits in Bezug auf die Präsentation der Marke und ihrer Verkaufsförderung am PoS, andererseits bezogen auf die Zusammenarbeit mit dem Handel. Zusammengenommen bilden sie die pekuniären und nicht-pekuniären Anreize, die dem Handel im Rahmen des später folgenden Akquisitionsgesprächs zu unterbreiten sind. Zu beachten ist, dass die konkrete Ausgestaltung der Parameter im direkten Zusammenhang mit der grundsätzlichen strategischen Ausrichtung der Marke steht – ihre Positionierung hängt von der übergreifenden Unternehmensstrategie ab. Insofern können sich diese Planungsgrößen nur innerhalb eines durch das Markenkonzept vorgegebenen Rahmens bewegen wie etwa die Wertigkeit und der Umfang der zur Verfügung gestellten Merchandisingmittel, die Spielräume für das Konditionen- und Leistungsgefüge, aber auch der Umfang der zu erbringenden Service- und Beratungsleistungen.[76]

Der zweite Teilprozess **Entscheider-/Betreuerstruktur analysieren** beginnt mit den Informationen über die Struktur des Handelsunternehmens. Der erste Output besteht in der Ermittlung der Kompetenzverteilung auf Handelszentral- und Geschäftsstättenebene und spiegelt sowohl die Intensität der Bindung der Geschäftsstätte an die Systemzentrale als auch den Grad der Zentralisation der Entscheidungen wider. Ein weiteres Ergebnis der Analyse ist die Kenntnis darüber, welche Funktions- und Hierarchieebenen in den Beschaffungs- und Absatzprozess eingebunden sind und wie die gegenwärtige Einstellung der Beteiligten zur Marke und zu Konkurrenzprodukten ist. Für den Fall der Mehrpersonenentscheidung, in denen die Entscheidungen in or-

---

76 Vgl. hierzu Saatkamp (2002), S. 95.

ganisationalen Gremien wie den Buying-Centern getroffen werden, sind die Mitglieder nach Personen, nach Rollen und Funktionen einzuteilen. Ziel der Personenidentifikation ist die Generierung konkret benennbarer Ansprechpartner, wohingegen Rollen- und Funktionsträger den Vorteil haben, unabhängig von der Person, die organisational vorgegebenen Aufgaben zu bestimmen, die in den Entscheidungsprozess einbezogen werden.[77]

Aufgrund der in einigen Branchen zumeist geringen Anzahl von Handelsunternehmen und der häufig sehr engen Kontakte mit der Vertriebseinheit wird dieser Teilprozess eher selten durchlaufen. Auf Handelszentral- respektive Vertriebslinienebene werden in diesen Fällen regelmäßig Rahmenverträge ausgehandelt, mit denen die Ziele der Zusammenarbeit und das Konditionensystem festgeschrieben und jährlich neu verhandelt werden.[78] Unterjährig kommt es ggf. zu einer Nachverhandlung der Konditionen und es wird – unter Einbezug sämtlicher am Vermarktungsprozess beteiligter personenbezogener Funktionsträger – an der Realisierung der festgelegten Ziele gearbeitet, indem marketingpolitische Leistungen geplant, mit dem Handel abgestimmt und durchgeführt werden. Entsprechend leitet sich als weiterer Output die Anforderung an die Betreuung im Rahmen der zukünftig anzustrebenden Zusammenarbeit mit dem Handelsunternehmen ab.

Als Input des Teilprozesses **Akquisitionskonzept erarbeiten** dienen einerseits die Ergebnisse der zuvor beschriebenen Teilprozesse und andererseits sämtliche Informationen, die im Zusammenhang mit der Marke stehen. Da das Erfolgspotenzial der Marke positiv mit der Leistungsbereitschaft des Handels korreliert, ist der Output ein auf die Interessen des Handels abgestimmtes **Markendossier**. Ziel ist es, den Entscheidungsträgern im Handel mit diesem Dossier einen wirtschaftlichen Überblick über die Vorteile zu geben, die mit der Aufnahme der Marke in das Sortiment der Vertriebslinie verbunden sind. Aus diesem Grund muss die Ausarbeitung aus Sicht des Handels erfolgen und sollten alle relevanten Kategorien, wie handelsinterne, endverbraucher-, konkurrenz- sowie herstellerbezogene Kriterien abdecken.

Im engeren Sinn entspricht der Kriterienkatalog einem **kundenorientierten Angebot**, das händlerindividuell zu erstellen und als Verhandlungsgrundlage innerhalb des Akquisitionsgesprächs zu nutzen ist. Im Rahmen der Ausarbeitung ist die jeweilige Interessenslage der unterschiedlichen Handelsebenen zu berücksichtigen. Steht die Geschäftsstättenebene im Fokus der Verhandlungen, so ist die standortbezogene Perspektive einzubeziehen und um den Zielgruppenbezug aus dem Umfeld zu ergänzen. Auf höchster Instanz – auf Ebene der Handelszentrale – steht der Nutzen der Marke für die gesamte Handelsunternehmung im Vordergrund und trägt der Tatsache Rechnung, dass die Absatzmittler über mehrere Vertriebsschienen verfügen, die relevant für die Markendistribution sein könnten. Legt man im Handel eine wertorien-

---

77 Vgl. Backhaus (2003), S. 75 f.
78 Vgl. Saatkamp (2002), S. 95 f.; Hahne (1998), S. 148.

Tab. 4.1: Handelsbezogene Kriterien zur Erstellung des Markendossiers

Zielkategorien	Zielinhalt
handelsinterne Kriterien	– geschätztes Umsatzpotenzial – geschätzte Markenrentabilität – Stärkung der Sortimentskompetenz der Geschäftsstätte(n) (Ergänzungspotenzial, Verbundeffekte) – Einfluss auf das Geschäftsstättenimage – pekuniäre und nicht-pekuniäre Anreize des Herstellers – Innovationsgrad der Markenprodukte
kundenbezogene Kriterien	– Beitrag zur Vertriebslinien- respektive Geschäftsstättenprofilierung – Beitrag zur Erhöhung des Bekanntheitsgrades der Geschäftsstätte(n) – Beitrag zur Erhöhung der Endverbraucherfrequenz – Beitrag zur Erhöhung der Geschäftstreue und der Endverbraucherbindung
konkurrenzbezogene Kriterien	– Differenzierungspotenzial zur handelsseitigen Konkurrenz – Individualisierungsgrad der Marketingmaßnahmen
herstellerbezogene Kriterien	– Alleinstellungsmerkmale der Marke und Abgrenzungspotenzial zu konkurrierenden Marken – endverbraucherbezogene Markenaktivitäten

Quelle: in Anlehnung an Dumke (1996), S. 96, zitiert bei Barth et al. (2002), S. 71.

tierte Unternehmensführung zugrunde, so sind auf allen Ebenen die Kriterien unter dem Aspekt auszuarbeiten, inwieweit die Marke einen Beitrag zur Wertsteigerung des Handels leisten kann.

Der abschließende vierte Teilprozess **Leistungen positionieren** umfasst die Interaktion mit dem Händler, deren Ergebnis die Listung der Markenprodukte im Sortiment ist. Anhand des handelsspezifischen Markendossiers gilt es, das Nutzenpotenzial der Marke aufzuzeigen und eine Einigung über die pekuniären und nicht-penkuniären Anreize zu erzielen. Wie langwierig die Verhandlungen sind, hängt entscheidend von der Stellung der Marke im Markt, der Machtverteilung zwischen den Vertragsparteien und vom Verhandlungsgeschick des Herstellers ab. Letzteres bezieht sich insbesondere auf die Einwandbehandlung und auf die Fähigkeit, den Markennutzen und das damit verbundene Leistungsangebot zu vermitteln.

Um den Handel vom Nutzen der Marke zu überzeugen, ist zunächst auch die temporäre Aufnahme von Teilen des Produktprogramms in sogenannte Testmärkte denkbar.[79] Je nach Ergebnis kann dann die Aufnahme des gesamten Produktprogramms bzw. die Ausweitung der Listung auf alle Geschäftsstätten in den nächsten Verhandlungsrunden diskutiert werden. Ist das Ziel der Markenlistung erreicht, so gilt es, die Geschäftsbeziehung zum Handel über einen kontinuierlichen Umschlag der Marke einerseits und über die Zufriedenheit des Händlers mit der Zusammenarbeit anderer-

---

79 Vgl. Kotler/Bliemel (2001), S. 555 ff.

seits zu intensivieren sowie den Marken- bzw. Produkterfolg über Leistungskennzahlen zu dokumentieren.

Kernprozess Händlerbindung

Hauptziel des Kernprozesses **Händlerbindung** liegt in der bestmöglichen Ausschöpfung des Markt- und Ressourcenpotenzials der Absatzmittler, indem durch Initiierung einer auf den Handel gerichteten erfolgswirksamen Kundenorientierung einerseits der ökonomische Erfolg realisiert und sich andererseits die Markenstärke am PoS entfalten und ausgebaut werden kann. Dabei bezieht sich dieser Kernprozess auf sämtliche Ebenen des Handelsunternehmens, d. h. von der Handelszentral- über die Vertriebslinien- bis hin zur Geschäftsstättenebene ist der systematische Aufbau der Geschäftsbeziehung erforderlich.[80]

Input des ersten Teilprozesses **Betreuungskonzept erarbeiten** sind sämtliche relevanten Informationen über den Händler, die an diversen Stellen und im Zeitablauf gesammelt wurden. Neben den originären Händlerdaten wie etwa die Kenntnis über allgemeine Händlerstammdaten und über die Entscheider-/Betreuerstruktur sind vor allem Informationen über die Erwartungen des Händlers an die Zusammenarbeit mit der marktorientierte Organisationseinheit zu eruieren. Output des Prozesses ist die Definition von Betreuungsstandards, mittels derer die Orientierung an den Bedürfnissen des Händlers sicherzustellen ist.

In diesem Zusammenhang spielt insbesondere die **Kundennähe** eine zentrale Rolle. Da Kunden- bzw. Händlernähe sowohl als die vom Händler wahrgenommene Kundenorientierung aufgefasst,[81] als auch als Vorstufe zur Erzeugung von Händlerzufriedenheit und -bindung angesehen wird, bietet es sich an, die Geschäftsbeziehung anhand von Indikatoren zu gestalten, mit denen Händlernähe realisierbar ist. Homburg/Schnurr gehen davon aus, dass Kundennähe durch ein kundengerechtes Leistungsangebot einerseits und ein kundengerechtes Interaktionsverhalten andererseits sichergestellt werden kann.[82] Diese beiden übergeordneten Dimensionen lassen sich wiederum durch insgesamt sieben Einzelfaktoren beschreiben, deren Ausgestaltung im Sinne der Händleranforderungen erfolgen muss. Gleichsam können diese Kriterien auch zur Kontrolle der Händlerzufriedenheit herangezogen werden, indem der Grad der Erfüllung der einzelnen Items aus Händlersicht bewertet wird. Abbildung 4.9 gibt einen Überblick über die Bestimmungsfaktoren.

Vorliegende Kriterien bilden die Grundlage zur Entwicklung **händlerspezifischer Bearbeitungskonzepte**. Grundlegend zu beachten ist jedoch, dass verschiedene Kriterien unabhängig von der Bedeutung des Händlers für den Hersteller einen

---

80 Vgl. Diller (1995), S. 442.
81 Vgl. Bruhn (1999), S. 8.
82 Vgl. Hierzu die Ausführungen von Krafft (2002), S. 10 ff.; Barth/Wille (2000), S. 51 ff.; Homburg/Schnurr (1998), S. 96 ff.

	Kundennähe im engeren Sinne: vom Händler wahrgenommene Kundenorientierung der marktorientierten Organisationseinheit						
Dimensionen	Kundennähe des Leistungsangebots				Kundennähe des Interaktionsverhaltens		
Faktoren	Qualität des Leistungsangebots	Qualität händlerbezogener Prozess	Flexibilität im Umgang mit dem Händler	Qualität der Beratung durch Mitarbeiter	Kundenkontakte der Mitarbeiter	Offenheit im Informationsverhalten	Offenheit gegenüber Anregungen

Indikatoren	Markennutzen
	
	Qualität der Dienst- und Serviceleistungen
	
	Produktqualität
		fehlerfreie und vollständige Lieferungen
		
		Einhaltung von Terminzusagen
		
		Standardisierung bzw. Reduzierung des Aufwands von Routineabläufen
			Grad der Flexibilität bei
			
			– Aktionsabsprachen und -durchführung
			– Preisen
			– Lieferterminen
			– Retouren
				Interesse der Mitarbeiter für Probleme des Händlers
				
				Objektivität der Mitarbeiter bei Information und Beratung
					Grad der Involvierung der Mitarbeiter in die Händlerbetreuung
					
					Kontakthäufigkeit
						zeitlicher Vorlauf und inhaltlicher Umfang bei Informationen über
						
						– Maßnahmen, die den Händler betreffen
						
						– Änderungen
						  – im Produktprogramm
						  – in der Geschäftspolitik bzw. Strategie
						
						– Verkaufsförderungsaktionen
							Grad des Händlereinbezugs bei
							
							– Produktentwicklung
							
							– Gestaltung von Verkaufsförderungsaktionen
							
							Offenheit für Reaktionen zur Prozessoptimierung
							– Verbesserung von Produkten und Aktionen

	Kundennähe im weiteren Sinne: Kundenorientierung als Grundeinstellung der marktorientierten Organisationseinheit						

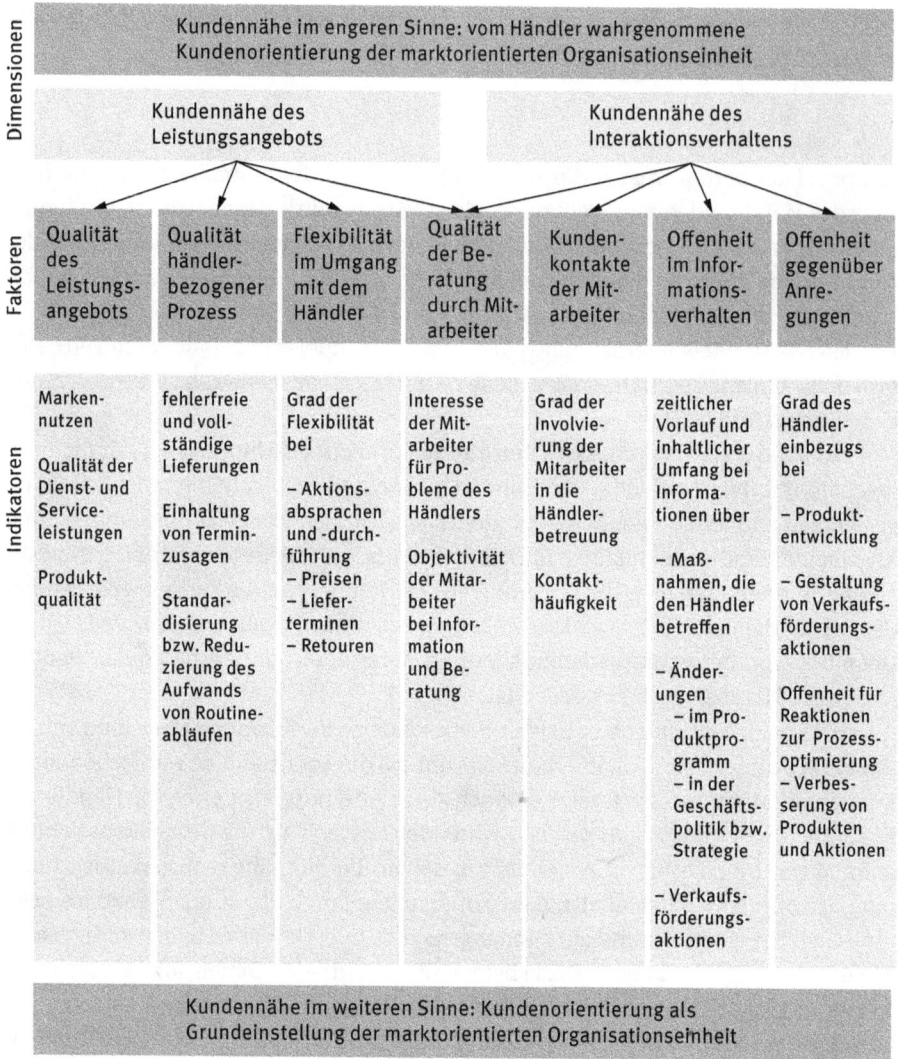

Abb. 4.9: Ansatzpunkte zur Gestaltung der Geschäftsbeziehung[83]

durchgängig gleich hohen Erfüllungsstandard voraussetzen, wie etwa die exzellente Qualität des Leistungsangebots, fehlerfreie und vollständige Lieferungen, die Einhaltung von Terminzusagen oder auch die Qualität und Kompetenz der Mitarbeiter. Die Erfüllung dieser Aufgaben determiniert grundlegend die Unternehmensreputation und damit das Image des Herstellers in der Branche.

---

[83] Quelle: in Anlehnung an Barth/Wille (2000), S. 52; Homburg/Schnurr (1998), S. 96 ff.

Während das Ziel der Teilprozess „Betreuungskonzept erarbeiten" die Richtlinien zur optimalen Betreuung des Handels im Fokus hat, richtet sich der folgende Teilprozess **PoS-bezogenes Leistungskonzept entwickeln** auf die markenbezogenen Aufgaben. Dieser Teilprozess unterscheidet sich je nach Art der zu erfüllenden Aufgaben. Im Rahmen der Leistungspflege umfasst der Prozess die Planung aller im Zusammenhang mit den Produkten und ihrem Auftritt am PoS stehenden Marketingaktivitäten. Input dieses Prozesses sind neben endverbraucherrelevanten Marktdaten auch die Kenntnis über die handelsseitige Marktbearbeitungsstrategie, die herstellerseitig anvisierten Ziele sowie die objektbezogen zur Verfügung stehenden Budgets. Output dieses Prozesses ist ein auf den einzelnen Absatzmittler kurz- bis mittelfristig aufgestellter Händler-Leistungsplan aus dem sich Vertriebsschienen-Leistungspläne sowie konkrete auf ein Jahr bezogene Marketing-Maßnahmenpläne ableiten lassen. Werden alle Jahresabsatzpläne zusammengefasst, so kann dieser übergeordnete Plan auch als Planungsgrundlage für das Produktionsprogramm eingesetzt werden.

Die Herausforderung für die marktorientierte Organisationseinheit besteht in dreifacher Hinsicht:

- erstens in der **Erstellung der Jahresabsatzpläne**, was insbesondere die Vereinbarkeit von marken- und vertriebslinienbezogenen Aktivitäten erfordert,
- zweitens in der **Abstimmung** der für die einzelnen Absatzmittler entwickelten Jahrespläne untereinander
- sowie drittens in der **Koordination** der handelsbezogenen Pläne mit den direkt auf den Endverbraucher gerichteten Maßnahmen.

Die **Steuerung der Maßnahmenumsetzung** beschreibt den nächsten Teilprozess. Dieser umfasst sowohl die Durchsetzung des Jahresplanes vor den Entscheidungsträgern im Handel als auch die inhaltliche Konkretisierung und Umsetzung des Maßnahmenplans. Input des Prozesses ist der mit dem Händler abgestimmte Maßnahmenplan. Im Optimalfall – der ein ausgeprägtes Vertrauensverhältnis zwischen den Wertschöpfungspartnern voraussetzt – wird der Zusammenarbeit ein auf mindestens ein Jahr bezogener Rahmenaktionsplan zugrunde gelegt. Dieser dient als Grundlage zur zeitgerechten Steuerung und der gemeinsamen Umsetzung der Aktivitäten. Bestandteile innerhalb des Rahmenaktionsplans sind u. a. der zeitliche Phasenablauf, die Konkretisierung der einzusetzenden Merchandisingmittel, der Grad der händlerindividuellen Anpassung sowie die intra- und interorganisationale Aufgabenverteilung.

Besteht zwischen den Marktakteuren kein bzw. kaum ein Vertrauensverhältnis, so sind die Entscheidungsträger im Handel im Rahmen von Verkaufsrunden für die PoS-Aktivitäten zu gewinnen, wobei auch hier eine angemessene Vorlaufzeit sowie eine zeitliche und materielle Abgrenzung gegenüber konkurrierenden Handelssystemen zu berücksichtigen ist.

Die letzten beiden Teilprozesse **Erfolge kontrollieren** und **Verbesserungen initiieren** beziehen sich sowohl auf die Leistungs- als auch Händlerebene, d. h. es ist die Effektivität und Effizienz der leistungsbezogenen Maßnahmen am PoS zu kontrollieren, die Zuverlässigkeit in der Erfüllung der handelsbezogenen Aktivitäten zu überprüfen sowie die Zufriedenheit des Händlers mit den Leistungen der marktorientierten Organisationseinheit zu eruieren.

Input des Teilprozesses **Erfolge kontrollieren** sind folglich sämtliche quantitativen und qualitativen Ergebnisse der durchgeführten marken- wie händlerbezogenen Aktivitäten innerhalb des betrachteten Zeitraums. So bietet sich beispielsweise die Kontrolle nach jeder durchgeführten Verkaufsförderungsaktion oder im Rahmen der Einführung neuer Produkte an. Neben der Bewertung der Zusammenarbeit mit den Ansprechpartnern im Handel sind darüber hinaus auch die internen Abläufe, der Informations- und Kommunikationsaustausch sowie die Einhaltung von zeitlichen Vorgaben durch die Mitglieder der marktorientierten Organisationseinheit kritisch zu reflektieren. Zur Kontrolle bietet es sich darüber hinaus an, ein auf die Markenprodukte bezogenes Indikatorensystem zur artikelspezifischen Ergebnisrechnung zu entwickeln.[84]

Output dieser Teilaktivität sind neben einer detaillierten Stärken-/Schwächenanalyse in Bezug auf die Erfolgsträchtigkeit und Reibungslosigkeit der initiierten Aktivitäten auch die Erkenntnisse aus der artikelspezifischen Ergebnisrechnung, die wiederum als Diskussionsgrundlage zur Verbesserung der Markenperformance im Handel herangezogen werden können. Entsprechend bildet der Output der Teilaktivität „Erfolge kontrollieren" den Input des letzten Teilprozesses „**Verbesserungen initiieren**". Output dieses Prozesses sind wiederum konkrete Maßnahmen, die aus den aufgedeckten Ineffizienzen abgeleitet werden und zukünftig zu effizienteren Leistungen der marktorientierten Organisationseinheit führen sollen.

4.2.2 Objektbezogene Zuordnung der Prozessaktivitäten

In einem nächsten Schritt werden die Prozessaktivitäten/Aufgaben dem Verantwortlichkeitsbereich der involvierten Objekten (Marke, Vertriebslinie, Händler) zugeordnet, um so Spezialist bzw. einem Team fachlich gleich ausgerichteter Experten die übergeordnete Zuständigkeit und damit die Verantwortung für die optimale Erfüllung zu übertragen.

Die objektbezogene Betrachtung ermöglicht im Vergleich zur funktionsbezogenen den problemlosen Einbezug einer weiteren Dimension. Neben Marke und Händler erfährt die **Vertriebslinie** mit ihren jeweiligen Betriebstypen eine eigenständige Betrachtung und wird als weiteres Zielobjekt integriert.

> **!** Die **Integration der Vertriebslinie** ist insofern entscheidend, da durch dieses Objekt die Verknüpfung der marken- mit der händlerbezogenen Sichtweise sichergestellt wird. Vertriebslinienbezogene Experten in Form eines Category-Managers bauen so Kompetenz auf, um die Marke bzw. das Produktprogramm langfristig erfolgreich bei den strategisch bedeutsamen Händlern zu integrieren.

---

84 Vgl. in diesem Zusammenhang ausführlich Barth et al. (2003), S. 411 ff.

Tab. 4.2: Objektbezogene Zuordnung der Aufgabenfelder „Händlerakquisition"

	markenbezogene Aufgaben	vertriebslinienbezogene Aufgaben	händlerbezogene Aufgaben
Kernprozess Händlerakquisition			
Bearbeitungskonzept festlegen mit den Einzelkomponenten:			
Zielplanung festlegen	Bestimmung marken- und produktbezogener Ziele	Abstimmung von marken- und vertriebslinienbezogenen Zielen	Übertragung der produktbezogenen Ziele auf die Handelsebene, der händlerbezogenen Ziele auf die Vertriebslinien
Anreizkombination definieren	Konkretisierung der Markenpositionierung	Bestimmung der Wertigkeit der Merchandisingmittel und PoS-Aktivitäten	Bestimmung der Betreuungsintensität in Abhängigkeit zur strategischen Priorität des Händlers, Ableitung eines leistungsbezogenen Konditionensystems in Anlehnung an die Vorgaben der Markenpositionierung
Budgetplanung festlegen	Definition markenbezogener Soll-Vorgaben für die jeweiligen Vertriebsschienen	Kalkulation der Kosten für die markenadäquaten PoS-Auftritte	Kalkulation der Kosten für die Händlerbetreuung und für das leistungsbezogene Konditionensystem
Entscheider-/Betreuerstruktur identifizieren			Erfassung des handelsseitigen Absatz- und Beschaffungsverhaltens, Identifikation der Entscheidungsträger und Ansprechpartner
Akquisitionskonzept erarbeiten	Ausarbeitung der allgemeinen markenbezogenen Kategorien	Ergänzung um vertriebslinienbezogene Aspekte	Ergänzung um händlerbezogene Aspekte
Leistungen positionieren	Sicherstellung der Markenkonformität der Merchandisingmittel	Ausstattung der Vertriebslinien, ggf. der Testmärkte, mit Produkten und dauerhaften Merchandisingmitteln (z. B. Permanent-Displays)	Durchsetzung der Markenlistung, ggf. zunächst in Testmärkten, im Handel

Quelle: eigene Darstellung.

Tab. 4.3: Objektbezogene Zuordnung der Aufgabenfelder „Händlerbindung"

	markenbezogene Aufgaben	vertriebslinienbezogene Aufgaben	händlerbezogene Aufgaben
Kernprozess Händlerbindung			
Geschäftsbeziehung gestalten	Erfüllung der markenbezogenen Aufgaben	Erfüllung der vertriebslinienbezogenen Aufgaben (z. B. Warengruppenanalyse)	Definition von Betreuungsstandards, Kontrolle der Einhaltung
PoS-bezogenes Leistungskonzept entwickeln	Erstellung der Marken- bzw. Produktpläne, Ableitung der markenbezogenen Maßnahmenpläne	Erstellung der Vertriebsschienenpläne, Ableitung der vertriebslinienbezogenen Maßnahmenpläne	Erstellung der Händlerpläne, Zusammenführung der Produkt- und Händlerpläne zum Jahresabsatzplan, Bestimmung des Individualisierungsgrads
Steuerung der Maßnahmenumsetzung	inhaltliche Konkretisierung und Umsetzung des Maßnahmenplans, Durchsetzung der Markenpläne	inhaltliche Konkretisierung und Umsetzung des Maßnahmenplans, Durchsetzung der Vertriebsschienen-Produktgruppenpläne	Durchsetzung der Jahresabsatzpläne im Handel
Erfolge kontrollieren	Analyse des Produkterfolgs und des Markenauftritts	Analyse des Erfolgs in den Vertriebslinien und der Umsetzungsqualität von Aktivitäten	Analyse des Erfolgs beim Händler (Umsätze, Zufriedenheit), Kontrolle der Einhaltung von Absprachen durch den Händler
Verbesserungen initiieren	bezogen auf die Marke und die Abstimmung unternehmensinterner und -übergreifender Abläufe	bezogen auf die Vertriebsschienen und die Abstimmung unternehmensinterner und -übergreifender Abläufe	bezogen auf den Handel und die Abstimmung unternehmensinterner und -übergreifender Abläufe

Quelle: eigene Darstellung.

Unter Berücksichtigung der Tatsache, dass nun die objektbezogene Sichtweise die Funktionsorientierung dominiert, können die Tätigkeitsfelder der einzelnen Spezialbereiche wie folgt festgelegt werden:

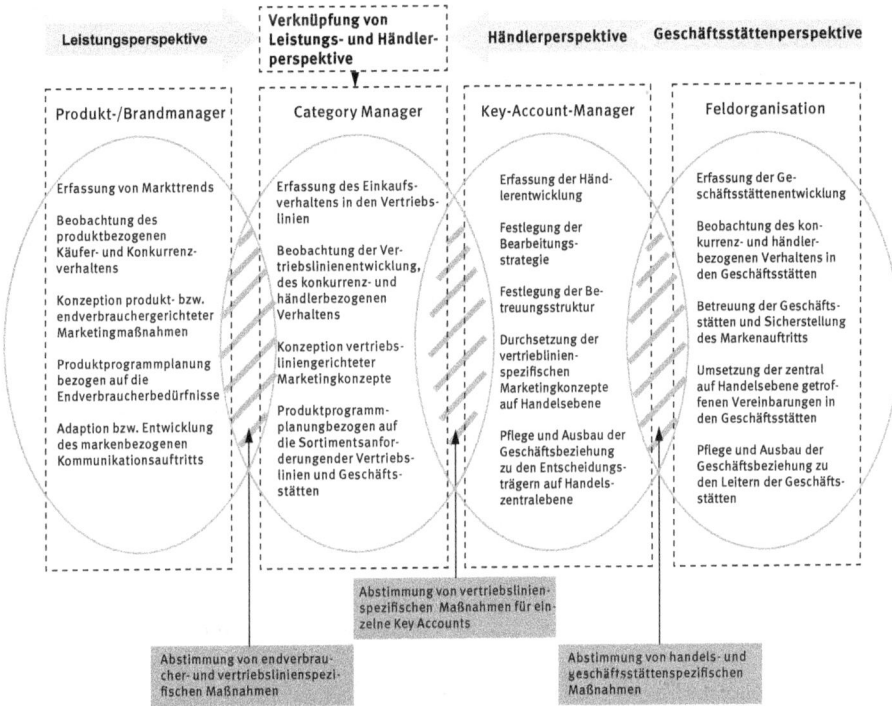

Leistungsperspektive	Verknüpfung von Leistungs- und Händlerperspektive	Händlerperspektive	Geschäftsstättenperspektive
Produkt-/Brandmanager	**Category Manager**	**Key-Account-Manager**	**Feldorganisation**
Erfassung von Markttrends	Erfassung des Einkaufsverhaltens in den Vertriebslinien	Erfassung der Händlerentwicklung	Erfassung der Geschäftsstättenentwicklung
Beobachtung des produktbezogenen Käufer- und Konkurrenzverhaltens	Beobachtung der Vertriebslinienentwicklung, des konkurrenz- und händlerbezogenen Verhaltens	Festlegung der Bearbeitungsstrategie	Beobachtung des konkurrenz- und händlerbezogenen Verhaltens in den Geschäftsstätten
Konzeption produkt- bzw. endverbrauchergerichteter Marketingmaßnahmen	Konzeption vertriebsliniengerichteter Marketingkonzepte	Festlegung der Betreuungsstruktur	Betreuung der Geschäftsstätten und Sicherstellung des Markenauftritts
Produktprogrammplanung bezogen auf die Endverbraucherbedürfnisse	Produktprogrammplanungbezogen auf die Sortimentsanforderungender Vertriebslinien und Geschäftsstätten	Durchsetzung der vertrieblinienspezifischen Marketingkonzepte auf Handelsebene	Umsetzung der zentral auf Handelsebene getroffenen Vereinbarungen in den Geschäftsstätten
Adaption bzw. Entwicklung des markenbezogenen Kommunikationsauftritts		Pflege und Ausbau der Geschäftsbeziehung zu den Entscheidungsträgern auf Handelszentralebene	Pflege und Ausbau der Geschäftsbeziehung zu den Leitern der Geschäftsstätten

Abstimmung von vertriebslinienspezifischen Maßnahmen für einzelne Key Accounts

Abstimmung von endverbraucher- und vertriebslinienspezifischen Maßnahmen

Abstimmung von handels- und geschäftsstättenspezifischen Maßnahmen

Abb. 4.10: Tätigkeitsfelder der Spezialisten[85]

4.3 Gestaltung der Organisationsstruktur

Die Ausgestaltung der neuen Organisationsstruktur verfolgt im Wesentlichen zwei Ziele:

- die Erhöhung der **Flexibilität**, um der Dynamik der Märkte Rechnung zu tragen, sowie
- die **Dezentralisierung** von Entscheidungen, um eine größtmögliche Markt- und damit Kundennähe sicherzustellen.

Der Ruf nach einer fraktalen oder gar modularisierten Organisationsform wird laut, wobei sich die Eigenständigkeit unter anderem in einer selbstständigen Koordination

---

85 Quelle: eigene Darstellung.

von Kunden- und Lieferantenbeziehungen ausdrückt. Auf die Bedürfnisse der Kunden und deren Erfordernisse hin, werden abgestimmte prozessorientierte Wirtschaftseinheiten gebildet, die als Profit-Center geführt, die Verantwortung für Leistung, Absatz und Kosten tragen.

Diese neue Form der Arbeit legt ein verändertes Leitbild der Mitarbeiter zugrunde. Als **Intrapreneur** denkt und handelt er als Unternehmer im Unternehmen und vereint professionelle, methodische und soziale Kompetenzen in sich.[86] Von ihm wird erwartet, dass er in Eigenregie arbeitet, eine ausgeprägte Selbstbehauptung zeigt und gleichzeitig als Teamplayer über Sozialkompetenz verfügt. Koyba/Schumm beschreiben die Anforderungen an den „neuen" Mitarbeiter wie folgt:

> In neuen Managementstrategien artikuliert sich ein verändertes Verständnis des Zusammenhangs von Organisation und Markt, die einhergeht mit neuen Anforderungen an die Qualifikation und das Engagement der Mitarbeiter. Ihre Bereitschaft, sich mit den Unternehmenszielen zu identifizieren, Innovationsprozesse mit zu tragen, Steuerungsaufgaben zu übernehmen und stets den Markterfolg des Unternehmens im Auge zu behalten.[87]

Eine solche Anspruchshaltung ist vor allem an die Führungskräfte mit objektbezogener Verantwortung zu stellen. Von ihrer fachlichen wie sozialen Kompetenz hängt es ab, inwieweit die prozessbezogene Verknüpfung der Aktivitäten gelingt und die Aufbauorganisation ihren Beitrag dazu leistet.

Eine im Kontext dieser Arbeit durchgeführte empirische Untersuchung belegt, dass Hersteller den Vertriebslinien-/Betriebstypen-Experten häufig in Form des Category-Managers sehen. Dieser wird dann oftmals entweder dem Funktionsbereich Marketing (Markenverantwortung) oder dem Vertrieb (Händlerverantwortung) zugeordnet. Lediglich im Ausnahmefall wird er gleichberechtigt neben Marke und Händler geführt. Des Weiteren belegt die Empirie, dass die beiden Einheiten oftmals gleichrangig der Geschäftsführung unterstellt sind. Es liegt die Vermutung nahe, dass die Geschäftsführung stark in absatzmarktorientierte Entscheidungen involviert ist und die Verknüpfung der Spezialbereiche überwiegend der Verantwortung dieser Instanz obliegt. Nun bewegen sich Markenartikelhersteller in der Regel auf dynamischen Märkten, die schnelle Entscheidungen bei gleichzeitig hoher Entscheidungsqualität erfordern. Eine Verankerung der Entscheidungs- und Koordinationskompetenz unter den gegebenen Umfeldbedingungen führt auf Führungsebene zu ihrer Überlastung, mit den Folgen der Suboptimalität in der Entscheidungsfindung und damit einhergehend die Gefahr der Verselbstständigung der Einheiten.[88]

Um diesen Nachteilen zu begegnen, wird oftmals die Verantwortung für die Gewährleistung reibungsloser Abläufe einer der Geschäftsleitung einer untergeord-

---

86 Vgl. hierzu und im Weiteren Wüstner (2006), S. 98.
87 Kocyba und Schumm (2002), S. 37.
88 Vgl. Schreyögg (2016), S. 157 und S. 166.

neten Instanz (nämlich der „Leitung Marketing und Vertrieb") übertragen. Durch Zusammenführung der Marketing- und Vertriebsfunktion mit einer übergeordneten Leitungsstelle im Sinne des **Matrix-Prinzips**[89] werden jedoch nicht die grundlegenden Probleme in der Zusammenarbeit zwischen den einzelnen Teilbereichen gelöst. Vielmehr wird die Hierarchie um eine weitere Instanz vergrößert – nämlich um den Leiter Marketing und Vertrieb. Diese Führungsverantwortung wurde zuvor von der Geschäftsleitung übernommen. In diesem betrachteten Fall kommt es zwar zu einer Entlastung der Geschäftsführung, jedoch bewirkt die unveränderte Beibehaltung der tendenziell abteilungsbezogenen „Abschottungssysteme" weiterhin die Gefahr, dass auch diese Instanz eher als Instrument zur Konfliktlösung als zur tatsächlichen Überwindung der Schnittstellen dient.

Um folglich sowohl die Verknüpfung der drei Perspektiven als auch einen reibungslosen Ablauf der händlerbezogenen Kernprozesse zu erreichen, ist das Erfordernis geboten, die Abstimmung der zu lösenden Entscheidungsprobleme unmittelbar auf eine gemeinsame Hierarchieebene zu verlegen.[90] Eine gleichberechtigte organisatorische Verankerung der drei Dimensionen (Marke, Vertriebsschiene und Absatzmittler) führt sowohl zur Ausweitung der Problemsicht als auch zur Institutionalisierung der Konflikte und „erzwingt" damit den Einbezug aller relevanten Bezugsobjekte in die Entscheidungsfindung.[91] Nur in Ausnahmefällen darf es im Wege der Rückdelegation zur Abstimmung durch die übergeordnete Instanz kommen.

In aufbauorganisatorischer Hinsicht entsteht somit eine mehrdimensionale Organisationsstruktur, die sogenannte Tensor-Organisation. Die Tensor-Organisation entspricht ihrem Wesen nach der Matrix-Organisation, unterscheidet sich jedoch von dieser dadurch, dass mehr als zwei Segmentierungskriterien zugrunde gelegt werden.[92] Matrix- wie Tensor-Organisation zeichnen sich beide durch eine hohe organisatorische Komplexität aus, verfügen aber über den inhärenten Vorteil, dass durch Berücksichtigung zusätzlicher Dimensionen in Form entscheidungsberechtigter Einheiten die Problemsicht hinsichtlich der relevanten Entscheidungsaufgabe ausgeweitet wird.[93]

Insbesondere vor dem Hintergrund der gegenwärtig zumeist vorherrschenden Dominanz der Marken- bzw. Produktsicht in den Unternehmen, wird mit der Zuwendung zur neuen Organisationsform der Einbezug sämtlicher absatzseitiger Erfolgsfaktoren

---

89 Vgl. zum Matrix-Prinzip ausführlich die Veröffentlichungen von Schreyögg (2016), S. 176 ff.; Frese (2000), S. 338 ff. und 358 ff., sowie Leumann (1979).

90 Vgl. Schreyögg (2016), S. 181.

91 Vgl. Frese (2000), S. 335.

92 Vgl. Frese (2000), S. 329. Da bei beiden das begriffsbestimmende Merkmal mehrdimensionaler Organisationsstrukturen zugrunde liegt, können für die weiteren Überlegungen zur Tensor-Organisation auch Veröffentlichungen zur Matrix-Organisation herangezogen werden. Vgl. zur organisatorischen Komplexität die Ausführungen bei Schreyögg (2016), S. 176 ff.

93 Vgl. Frese (2000), S. 339.

zur Realisierung des Markenmehrklangs – als gemeinsame Zielsetzung – sicherge-stellt. Dabei sind die objektbezogenen Experten für die jeweils effiziente Abwicklung der Aufgaben ihres Spezialbereichs verantwortlich. Auftretende Entscheidungs-Inter-dependenzen müssen aufgrund der Kompetenzteilung im Rahmen des mehrdimen-sionalen Aufgabenkomplexes, gemeinsam getroffen werden. Widersprüche werden so bereits im Vorfeld sichtbar gemacht und durch den Zwang zum Konsens einer geord-neten Konfliktlösung zugeführt.

Idealtypische Betrachtungen zur Tensor-Organisation gehen dabei von einem Gleichgewicht der unterschiedlichen Dimensionen hinsichtlich der Kompetenzaus-stattung aus, d. h. die Objektverantwortlichen können kraft Kompetenz nur gemein-sam entscheiden (Koentscheid mit Vetorecht).[94] In der Praxis lassen sich häufig wechselnde und unterschiedlich stark ausgeprägte Einflussmöglichkeiten der Di-mensionen feststellen, sodass von einem „annähernden Gleichgewicht" oder einer „gesamthaften Gleichberechtigung" gesprochen wird.[95] Um den Nachteilen langer Abstimmungsverfahren oder der Verzögerung von Entscheidungen zu begegnen, kann unter Zuhilfenahme von Entscheidungsregeln den organisatorischen Einheiten je nach „Freiheitsgrad der Entscheidung" Informationsrechte, Beratungs-, Mitent-scheidungs- oder Alleinentscheidungskompetenz einräumt werden.[96]

Es bietet sich beispielsweise an, dem Markenmanager bezüglich des grundsätzli-chen Auftritts der Marke bzw. der Auslobung der Markeneigenschaften die Alleinent-scheidungskompetenz einzuräumen. Da sich der Markenauftritt aus der strategischen Markenpositionierung ableitet, würde die Inanspruchnahme des Vetorechts durch die anderen Einheiten zu einer mögliche Verwässerung der Markenstellung führen. Bei der Auswahl der Merchandisingmitteln ist hingegen dem vertriebslinienbezogenen Category-Manager die Mitentscheidungskompetenz einzuräumen, da sein Wissen über die Spezifika der Vertriebsschiene entscheidend ist.

Die Realisierung des Markenmehrklangs setzt grundsätzlich ein intensives Zu-sammenspiel der drei Dimensionen der marktorientierten Organisationseinheit vor-aus, was durch eine Installierung des Tensor-Prinzips gewährleistet werden kann. Mehrdimensionale Organisationsstrukturen erfordern jedoch im Vergleich zu alterna-tiven Strukturkonzepten einen höheren Ressourcenbedarf.[97] Dieser ergibt sich in ers-ter Linie aus der Notwendigkeit der Bildung zusätzlicher Stellen sowie aus dem Erfor-dernis der hohen fachlichen, aber vor allem auch sozialen Kompetenz der Mitglieder respektive Führungskräfte. Denn mehrdimensionale Organisationsstrukturen erwei-

---

94 Vgl. Laßmann (1992), S. 221.
95 Vgl. Grochla (1995), S. 144; Leumann (1980), S. 59 und S. 90.
96 Vgl. Laßmann (1992), S. 222. Zur differenzierten Regelung der Entscheidungskompetenz siehe all-gemein Leumann (1980) sowie die darauf aufbauenden Ausführungen bei Frese (1998), S. 340 ff.
97 Vgl. zu den Nachteilen von mehrdimensionalen Organisationsstrukturen auch Schreyögg (2016), S. 184 ff.

sen sich nur dann als funktionsfähig, sofern alle Beteiligten über eine ausgeprägte Kooperationsbereitschaft verfügen.[98]

Diesem Nachteil wird jedoch durch eine verbesserte kostenwirtschaftliche Nutzung der Ressourcen begegnet. So lassen sich die Aufgaben den jeweils objektbezogenen Einheiten zuordnen und es kommt zu einer Zusammenlegung bisher getrennter Tätigkeitsbereiche.[99] Hieraus ergibt sich eine klare Zuordnung der Kompetenzen auf die Spezialbereiche, mit der Folge der Vermeidung von Doppelarbeiten.

Ein Beispiel hierfür sind die Aufgaben, die im Zusammenhang mit der Vertriebslinie anfallen und gegenwärtig vom Marketing und/oder Vertrieb „miterfüllt" werden. Oder aber auch die Tätigkeiten innerhalb der Marktforschung, die oftmals in den „falschen" Händen liegt. So betreibt das Marketing neben der konsumentenbezogenen regelmäßig auch die handelsbezogene Marktforschung, obgleich sie keine bzw. nur geringe Berührungspunkte zu den Absatzmittlern hat und somit in letzter Konsequenz auf die Informationen des Vertriebs angewiesen ist. Eine objektspezifische Vorgehensweise führt zwangsläufig zu einem wesentlich verbesserten Informationsstand.

Da darüber hinaus mehrdimensionale Strukturen immer auch eine **Ressourceninterdependenz** zwischen den Dimensionen begründen,[100] wird durch die offene Aussprache von Abstimmungsproblemen der flexible und effiziente Umgang mit den Ressourcen erzwungen und ein Beharren auf Konventionen unterbunden.[101] Auch kann ein Verstoß gegen das Prinzip der Ressourceneffizienz durch den Einsatz geeigneter Hard- und Softwarekonfigurationen kompensiert werden.

Die **effektive** und **effiziente Verknüpfung der Prozessaktivitäten** entscheidet letztlich über Erfolg oder Misserfolg der marktorientierten Organisationseinheit. Eine nur unzureichende Schnittstellenüberbrückung würde erneut zu einer Verselbstständigung der Teilbereiche und im schlimmsten Falle zu einer isolierten Bearbeitung der Zielobjekte führen. Grundvoraussetzung einer tragfähigen Zusammenarbeit ist der jeweils optimale Informationsstand aller am Entscheidungsprozess Beteiligten. Eine maximale Integration im Sinne eines wechselseitigen Unterrichtens über sämtliche Geschehnisse würde zum „information overload" der Mitarbeiter und damit zum Verlust von Spezialisierungsvorteilen führen.[102] Es gilt vielmehr, das Wissen der verschiedenartig spezialisierten Mitarbeiter gezielt zusammenzuführen und zu nutzen und die Mitarbeiter im Rahmen der schnittstellenübergreifenden Tätigkeiten zu einem effektiven Informations- und Leistungsaustausch zu motivieren. Die hier anvi-

---

98 Vgl. Frese (2000), S. 342.
99 Vgl. Leumann (1980), S. 183.
100 Ressourceninterdependenzen zwischen den Objekteinheiten bestehen beispielsweise in finanzieller Hinsicht im Rahmen der Aufteilung und Verwendung der jährlich durch die Geschäftsführung vorgegebenen Budgets für die Push- und Pull-Maßnahmen.
101 Vgl. Schreyögg (2016), S. 187.
102 Vgl. Haase/Krafft (2004), S. 98.

sierte nicht-hierarchische Koordination der Zusammenarbeit – auch bezeichnet als die Wissensweitergabe nach dem Marktprinzip[103] – erfordert folglich die Bereitschaft der Experten zur wertschaffenden Auseinandersetzung untereinander.

Beeinflussen lässt sich das Engagement zur Zusammenarbeit und damit schluss-endlich zur Optimierung der Prozessabläufe in mehrfacher Hinsicht. Hierzu gehören sowohl die Beeinflussung der Mitarbeiter hinsichtlich ihrer grundlegenden **Motivation** zur gemeinschaftlichen Abwicklung der Prozesse als auch der Einsatz von Instrumenten mit koordinierender Wirkung. Welche Möglichkeiten dem Management hier zur Verfügung stehen, wird im nachfolgenden eingehender betrachtet.

Der letzte Gliederungspunkt des vierten Kapitels widmet sich abschließend der IT-Unterstützung durch Customer-Relationsship-Management (CRM)-Systeme. Gerade vor dem Hintergrund der Multi-Channel-Distribution gewinnt die ganzheitliche Sicht auf die im Unternehmen vorhandenen Kundendaten eine herausragende Bedeutung. Der Einsatz eines CRM-Systems ermöglicht dies und zielt darauf ab die zahlreichen Insellösungen, die in der unternehmerischen IT-Landschaft oftmals anzutreffen und historisch gewachsen sind zu einem System zusammen zu führen und somit die Mitarbeiter mit allen relevanten Informationen zu versorgen.

4.3.1 Beeinflussung der Mitarbeitermotivation

Ein wesentlicher Ansatzpunkt zum Abbau der abteilungsbezogenen Barrieren und zur Förderung des Teamgedankens, stellt die Ausgestaltung des **Führungssystems** dar. Die Betrachtung der in der Praxis häufig eingesetzten Führungsinstrumente zeigen jedoch, dass diese isoliert auf die jeweilige Abteilung ausgerichtet sind und die Zusammenarbeit zwischen den Experten eher unterminieren als fördern. Ferner lässt sich nachvollziehen, dass sich die Instrumente zur Mitarbeitermotivation grundlegend hinsichtlich ihrer Anreizwirkung unterscheiden. So werden die Mitarbeiter mit den absatzmittlergerichteten Tätigkeiten über extrinsisch wirkende Belohnungssysteme motiviert, während den Mitarbeitern des Marketings eher intrinsische Anreizformen zur Motivierung geboten werden.

Die Aufhebung der abteilungsbezogenen Barrieren und die Sicherstellung der Zusammenarbeit der Mitglieder ist eng verbunden mit dem Bestreben eine **zielorientierte Motivation** bei den Mitarbeitern zu fördern.[104] Dies setzt die sinnvolle Kombination der differenziert wirkenden extrinsischen und intrinsischen Anreizformen bei allen Mitarbeitern der marktorientierten Organisationseinheit voraus. Die in der Praxis nachvollziehbare Beschränkung auf prinzipiell jeweils eine Anreizform wirkt der

---

103 Vgl. zur Wissensweitergabe nach dem Marktprinzip vor allem Barth/Kiefel/Wille (2002).
104 Vgl. Kleinbeck/Quast (1992), zitiert bei Osterloh/Frost (2000), S. 193 f.

Zielsetzung entgegen, eine Verknüpfung der Perspektiven im Denken und Handeln der Mitarbeiter zu erreichen.

Eine **hohe Motivationseffizienz** im Falle einer **rein extrinsischen Motivierung** lässt sich nur dann realisieren, wenn die Arbeitsanforderungen genau definiert und die Ergebnisse auf die einzelnen Mitarbeiter zurechenbar sind. Denn nur dann können die Mitarbeiter für die erbrachten Leistungen entsprechend belohnt oder bestraft werden. Extrinsische Belohnungen können beispielsweise sein Gehaltssteigerungen, die Ausschüttung von Prämien oder eine positive Personalbeurteilung. Im Rahmen der Prozessanalyse konnte jedoch festgestellt werden, dass zwischen den Mitgliedern der marktorientierten Organisationseinheit Leistungsverflechtungen bestehen, die insbesondere die direkte Zurechenbarkeit der Verantwortlichkeiten erschweren. So ist beispielsweise der Beitrag des Markenmanagers am Gesamterfolg nicht isoliert erfassbar, obwohl diese in die Betreuung der strategischen Absatzmittler involviert werden. Auch lässt sich der Anteil der Marktforschungsaktivitäten von den Key-Account-Managern und Außendienstmitarbeitern nur schwer quantifizieren, obgleich die Qualität ihrer Informationen den Erfolg von Produktinnovationen und deren Einführungen in erheblichem Maße beeinflusst. Darüber hinaus wirkt die extrinsische Motivation kontraproduktiv auf die Kreativität und die Innovationsfähigkeit der Mitarbeiter. Erforderlich ist in diesem Zusammenhang vielmehr der Austausch von implizitem Wissen unter den Mitarbeitern, der nicht durch formale Regelungen und Kontrolle erzwungen werden kann.

Auch die Begrenzung auf **rein intrinsische Anreizformen**, die aus der Tätigkeit an sich resultiert, führt nicht zu dem gewünschten kooperativen Verhalten der Mitglieder. Die intrinsische Motivation ist im Gegensatz zur extrinsischen Motivation schwieriger zu erzeugen und kann die Verhaltensweisen der Mitarbeiter nicht zielgenau beeinflussen.

Es geht vielmehr um die „Motivation in die gewünschte Richtung"[105], indem die Mitarbeiter dazu bewegt werden, die ihnen eingeräumten Handlungsspielräume im Sinne der unternehmerischen Ziele auszufüllen. Die Nachteile der intrinsischen Motivation sind die Vorteile der extrinsischen Motivation, d. h. die beiden Anreizformen bedingen sich gegenseitig. Aufgrund des Anspruchs an die Mitarbeiter der marktorientierten Organisationseinheit, über ein hohes Maß an intrinsischer Motivation zu verfügen – was auch dem Leitbild des Intrapreneurs entspricht –, ist das Erfordernis geboten, diese Form der Motivierung sinnvoll durch extrinsische Anreize zu ergänzen.

Während extrinsische Anreize leicht über monetäre Ausschüttung zu erzielen sind, liegt das Augenmerk im Weiteren auf der Darstellung zweier ausgewählter Instrumente, mittels derer die intrinsische Motivation der Mitarbeiter gefördert werden kann. Im Einzelnen sind dies die Unternehmenskultur sowie die Verknüpfung der Ziel- und Anreizsysteme.

---

105 Osterloh/Frost (2000), S. 194.

Unternehmenskultur

Zentraler Ausgangspunkt zur Sicherstellung einer kooperativen Einstellung und Verhaltensweise ist die vorherrschende Unternehmenskultur. Gemäß der **integrativen Kulturperspektive**[106] ist die Unternehmenskultur „ein Muster gemeinsamer Grundprämissen, das die Gruppe bei der Bewältigung ihrer Probleme externer Anpassung und interner Integration erlernt hat, das sich bewährt hat und somit als bindend gilt; und das daher an neue Mitglieder als rational und emotional korrekter Ansatz für den Umgang mit diesem Problem weitergegeben wird."[107] Sie verfügt oftmals nur über geringe formale Kompetenzen und spiegelt die Summe an Orientierungsmustern, Denkhaltungen und Symbole wider und entfaltet in erheblichem Maße Koordinationswirkung. Und zwar vor allem dort, wo organisatorische Regelungen zu kurz greifen, übernimmt die Unternehmenskultur eine wichtige normative Steuerungsfunktion für das Handeln der Mitglieder und bietet dem Einzelnen auch in neuen und unstrukturierten Entscheidungssituationen Orientierung.[108]

Da die einzelnen Elemente der Unternehmenskultur sowohl sichtbar und bewusst als auch unbewusst und unreflektierbar sein können, entsteht jedoch das Problem der mangelnden Erfassbarkeit.[109] In diesem Zusammenhang gewinnen wertorientierte Hilfen an Bedeutung. Diese vermögen in flexibler Weise, das Handeln der Mitarbeiter aufeinander abzustimmen. Damit die koordinierende Wirkung möglich wird, muss Klarheit über Inhalt und Auslegung der Werte und Normen bestehen, d. h. sie müssen von den Organisationsmitgliedern geteilt werden.

Inwieweit sich aber die Kultur eines Unternehmens beeinflussen lässt, wird in der Literatur kontrovers diskutiert.[110] Schein geht beispielsweise davon aus, dass die Beeinflussung und Veränderung der Unternehmenskultur langfristig durch differenzierte Mechanismen möglich ist.[111] Er unterscheidet in diesem Zusammenhang zwischen den primären und den sekundären Mechanismen.

Primäre Mechanismen haben dabei unmittelbare Wirkung auf das Denken und die Orientierung der Mitarbeiter im Unternehmen, während sekundäre Instrumente

---

106 Im Rahmen der integrativen Ausrichtung wird die Unternehmenskultur als Synthese und Weiterentwicklung der objektivistischen und der subjektivistischen Perspektive verstanden. Nach dem objektivistischen Verständnis hat ein Unternehmen eine Kultur, während nach der subjektivistischen Auffassung das Unternehmen eine Kultur ist. Die integrative Sichtweise fasst beide Perspektiven zusammen und folgt dem Leitsatz: „Unternehmen sind also Kultur und haben zugleich kulturelle Aspekte". Sackmann (1990), S. 160; vgl. zu den Richtungen der Unternehmenskultur-Forschung insbesondere die Ausführungen von Gontard (2002), S. 11 ff.
107 Schein (1995), S. 25
108 Vgl. Schreyögg (1990), S. 379 f.
109 Durch Unterteilung der Unternehmenskultur in die drei Ebenen der Unternehmensphilosophie, -ethik und -identität wird versucht, die Unternehmenskultur erfassbar zu machen. Vgl. Lenzen (1998), S. 134 f.; Wolf (2000), S. 9; Schanz (1994), S. 283.
110 Vgl. Frese (1995), S. 125.
111 Vgl. Schein (1992), S. 233 ff.

von den jeweiligen strukturellen Organisationsformen abhängen und damit nur beschränkt gestaltbar sind. Zu den primären Mechanismen zählt vor allem die Betonung von Vorgängen, denen das Management besondere Bedeutung schenkt. Dies setzt voraus, dass die übergeordnete Instanz die Notwendigkeit der einheitsübergreifenden Zusammenarbeit kommuniziert sowie Zielsetzung, Inhalt und Bedeutung der Kooperation klar herausstellt. Auch geht von ihrem Verhalten im Konfliktfall eine wichtige Signalwirkung aus, wobei sich durch gemeinsame Planungsaktivitäten Konflikte bereits im Vorfeld vermeiden lassen. Unmittelbare Wirkung auf die Unternehmenskultur hat darüber hinaus auch die Besetzung vakanter Stellen durch die Führungsebene. Diese spielt insofern eine zentrale Bedeutung, als dass objektbezogene Schlüsselpositionen durch Mitarbeiter zu besetzen sind, die eine positive Einstellung gegenüber den anderen Spezialeinheiten aufweisen. Als geeignet erscheinen hier vor allem Mitarbeiter, die bereits in den unterschiedlichen Bereichen Erfahrungen sammeln konnten, um so der einseitigen Sichtweise auf nur ein Objekt entgegenzuwirken.[112] Als letzter primärer Mechanismus zur Beeinflussung der Unternehmenskultur ist die Gestaltung der Ziel- und Leistungsanreizsysteme zu nennen. Dieser Mechanismus wird aufgrund der herausragenden Bedeutung als separater Gliederungspunkt weiter unten behandelt.

Zu den **sekundären Mechanismen** mit **mittelbarer Wirkung** auf die Unternehmenskultur gehören unterdessen die Gestaltung der Organisationsstruktur, das Berichtswesen, das System festgelegter Richtlinien und Regelungen sowie die Satzungen und Führungsgrundsätze.[113] Entsprechend lassen sich über die Kultur auch die Prozesse und Organisationsstruktur beeinflussen. Die Betonung liegt dabei vor allem auf der hierarchisch gleichrangigen Bedeutung der einzelnen Objekte der marktorientierten Organisationseinheit. Dies setzt als grundlegende Prämisse voraus, dass den Mitarbeitern neben der objektbezogenen Aufgabenzuteilung auch die entsprechende Kompetenz eingeräumt wird.[114] Der Grund liegt darin, dass sich Aufgaben, Kompetenzen und Verantwortungen gegenseitig bedingen.[115] Ein Mitarbeiter bzw. ein Team von Mitarbeitern wird sich nur dann für die Erfüllung einer Aufgabe verantwortlich fühlen – und kann gleichermaßen auch nur für das Ergebnis der Tätigkeit verantwortlich gemacht werden –, wenn diese(r) über ein hohes Maß an Entscheidungskompetenz verfüg(t)en.

---

112 Die Besetzung von Stellen mit erfahrenen Mitarbeitern bietet sich vor allem im Rahmen des Brandmanagements an. Da diese Position in den Unternehmen häufig mit Hochschulabsolventen besetzt wird (vgl. Esch/Wicke (2000), S. 39), kann einer möglichen Diskontinuität in der Markenführung (aufgrund der kurzen Verweildauer in dieser Position) durch den langfristigen Einsatz sogenannter Senior-Brandmanager entgegengewirkt werden. Dabei darf sich das Anforderungsprofil eines Senior-Brandmanagers nicht ausschließlich auf markenbezogene Erfahrungen beschränken, sondern muss vielmehr um nachweisbare Fähigkeiten aus den anderen Spezialbereichen ergänzt werden.

113 Vgl. Schein (1992), S. 233 f.

114 Vgl. Wagner (1989), S. 117.

115 Vgl. Grochla (1995), S. 102.

Auch vor dem Hintergrund, dass Mitarbeiter ihre Arbeit als sinnhaft erleben und Verantwortung für das Arbeitsergebnis empfinden, werden die Leistungsbereitschaft und das eigenverantwortliche Handeln nur dann gefördert, wenn Entscheidungen delegiert und der Entscheidungsspielraum der Mitarbeiter erhöht wird. In diesem Zusammenhang gewinnt die zu beobachtende Tendenz zur Dezentralisierung und Entstrukturierung von Organisationseinheiten an Bedeutung. Angestrebte schlanke Strukturen sind jedoch nur dann zu realisieren, sofern die Bedeutung der Mitarbeiter als strategischer Erfolgsfaktor erkannt und genutzt wird.[116]

Entsprechend hebt diese Erkenntnis auf die Notwendigkeit eines **partizipativen Führungsstils** ab. Kennzeichen dieses Führungsstils ist die umfassende Beteiligung der Mitarbeiter an den Führungsentscheidungen sowie die gemeinsame Erarbeitung von Zielvorgaben durch den Vorgesetzten und den Mitarbeiter. Die aktive Einbindung des Mitarbeiters führt in der Regel zu einer verbesserten sachlichen und emotionalen Wahrnehmung seiner Rolle innerhalb der marktorientierten Organisationseinheit und erhöht die Identifikation mit dem über Konsens herbeigeführten Lösungsansatz. Dabei ist der partizipative Führungsstil nicht als einheitliches Konzept zu verstehen. Klumpp hebt in diesem Zusammenhang auf die Führung durch Dialog respektive die Führung durch Vorgabe ab. Im Falle der Führung durch Dialog erfolgt die Konsensfindung durch regelmäßige persönliche Gespräche, die sich flexibel an die Situation anpassen lassen. Bei der Führung durch Vorgaben wird ein Rahmen mit groben Vorgaben durch die Führungskraft festgelegt, das inhaltliche Vorgehen sowie die einzelnen Aktivitäten werden durch den Mitarbeiter bestimmt. Beide Führungsansätze setzen voraus, dass der Mitarbeiter über eine große Entscheidungsfreiheit verfügt.[117]

Das Ausmaß des dem Mitarbeiter eingeräumten Entscheidungsspielraums korreliert positiv mit seinen Fähigkeiten, seiner Motivation und seiner Werthaltung.[118] Übertragen auf das Teamprinzip kann die Aufgabe der Führungskraft – im Sinne des partizipativen Führungsstils – beispielsweise darin bestehen, in der Anfangsphase der Teamentwicklung Orientierungshilfen zu geben, später Konflikte aufzudecken und Anregungen zu deren Lösung zu geben. Der Führungskraft fällt die Rolle des Moderators zu, dessen Ziel es ist, das Team zu einem autonomen und kompetenten Aufgabenlöser zu entwickeln.[119]

Verknüpfung der Ziel- und Leistungsanreizsysteme

Um die Teamorientierung der Mitglieder der marktorientierten Organisationseinheit sicherzustellen, ist die Verknüpfung des Zielsystems mit dem Anreizsystem erforderlich. Zu berücksichtigen ist, dass bei der Gestaltung jeder Zusammenarbeit das **Gefan-**

---

116 Vgl. hierzu auch Habbel (2002), S. 79 ff.
117 Vgl. Klumpp (2000), S. 176 f.
118 Vgl. Stoffl (1996), S. 316.
119 Vgl. Picot et al. (2003), S. 468.

genendilemma auftritt. Darunter ist die Tatsache zu verstehen, dass einerseits die einzelnen Mitarbeiter befürchten, dass ihr Beitrag zur Umsetzung der Zusammenarbeit von den anderen, wenn auch unbewusst, „ausgebeutet" wird; andererseits haben sie selbst den Anreiz, den Beitrag der anderen zum eigenen Vorteil auszunutzen.[120] Entsprechend wichtig ist es, die „grundlegenden Bedingungen einer Zusammenarbeit zum gegenseitigen Vorteil herauszuarbeiten"[121] und den Mitarbeitern die Sicherheit zu vermitteln, die Ergebnisse ihrer eigenen Anstrengungen auch nutzen zu können.

Ziele stellen wichtige Steuerungsinstrumente in den Unternehmen dar. Durch sie soll das Verhalten der marktorientierten Organisationseinheit auf die Erfüllung der Interessen und Absichten der Organisation gesteuert werden. Dabei wird unter einem Ziel ein angestrebter zukünftiger Zustand bzw. ein angestrebtes Ergebnis verstanden. Ein Zielsystem ist demnach ein Gefüge aus auf- und miteinander abgestimmten Zielen.[122] Entsprechend der Forderung nach einem partizipativen Führungsstil ist es erforderlich, im Rahmen eines konsensorientierten Findungsprozesses Zielvorgaben zu definieren, die Maßnahmen zur Erreichung der Ziele werden bestenfalls von den Mitarbeitern bestimmt. Wie ein auf die marktorientierte Organisationseinheit zugeschnittenes Zielsystem aussehen kann ist Gegenstand des fünften Kapitels.

Die Praxis zeigt, dass als Zielvorgaben, die gleichsam zur Leistungsmessung der Mitarbeiter herangezogen werden, in erster Linie quantitative Kriterien wie z. B. die Umsatz- oder Ertragsentwicklung innerhalb eines Geschäftsjahres zugrunde gelegt werden. Die weitgehende Beschränkung auf quantitative Kriterien weist grundsätzlich zwei Schwächen auf: Da sich erstens die quantitative Zielvorgabe regelmäßig auf das von den Mitarbeitern zu betreuende Objekt bezieht, streben die Mitarbeiter nur die isolierte Erfüllung im Rahmen ihrer Arbeitsanforderungen an. Verflechtungen zwischen den einzelnen Objekten bleiben unterdessen unberücksichtigt, auch heben diese Kriterien nicht auf die Beurteilung einer objektübergreifenden Zusammenarbeit ab. Zweitens wird durch die Beschränkung auf die quantitativen Kriterien die Zielsetzung des langfristigen Ausbaus der Geschäftsbeziehung respektive des langfristigen Aufbaus der Markenstärke zu Gunsten einer kurzfristigen Umsatz- bzw. Ertragsentwicklung unterminiert.

Die Defizite in den bestehenden Zielsystemen begründen folglich die Herausforderungen, die im Rahmen der Gestaltung eines objektübergreifenden Zielsystems zu lösen sind. Es gilt sowohl der Orientierung an der langfristigen Maximierung des Kunden- bzw. Markenwertes als auch dem **Teamprinzip** Rechnung zu tragen. Wird die langfristige Maximierung der Marken- bzw. Kundenwerte angestrebt, so muss die Bewertung grundsätzlich an allen Determinanten des Marken- bzw. Kundenwertes ansetzen. D. h. es muss ein mehrdimensionales Beurteilungsmodell entwickelt werden,

---

120 Vgl. Suchanek, (2007), S. 42 f.
121 Suchanek (2007), S. 45.
122 Kieser (2001), S. 60.

das über die umsatzbezogenen Ziele hinausgeht und an der Ausschöpfung von Kostensenkungs-, Innovations- und Informationspotenzialen sowie der Steigerung der Endverbraucher- und Händlerbindung ansetzt. Aufgrund der Spezifika der einzelnen Objekte ist die Beibehaltung von objektbezogenen Zielen durchaus sinnvoll. Diese gilt es jedoch durch die Formulierung von teambezogenen Zielen zu ergänzen, um neben einer absatzorientierten Bewertung der Mitarbeiter auch auf die Effektivität und Effizienz der Zusammenarbeit abzuheben. Teambezogene Vereinbarungen zielen darauf ab, das Verantwortungsbewusstsein und die Eigeninitiative der Mitarbeiter zu stärken sowie das kooperative Vorgehen zu fördern.[123]

In diesem Zusammenhang bieten sich vor allem Zielvorgaben und damit Leistungsbeurteilungen im Rahmen der distributionsseitig zu erfüllenden Prozessaktivitäten an. Bedeutung erlangt dabei die Formulierung gemeinsam anzustrebender Ziele, die bezogen auf einzelne Projekt oder Arbeitsabläufe als Erfolgsquoten-, Aktivitäten- oder Meilensteinziele definiert werden können.[124]

- **Erfolgsquotenziele** bezeichnen die Wirksamkeit einzelner Arbeitsschritte und beziehen sich auf die Qualität der Aktivitätsdurchführung wie beispielsweise die zu erzielende Erfolgsquote bei der Durchführung von Marketingmaßnahmen, die über die Handelsunternehmen umgesetzt werden.
- Die Definition von **Aktivitätenzielen** zielt hingegen auf eine gelungene Verknüpfung der marken- und handelsbezogenen Prozesse ab, indem beispielsweise der Zeitraum von der Entwicklung bis zur Umsetzung von Verkaufsförderungsaktionen am PoS messbar gemacht wird.
- **Meilensteinziele** sind zuvor definierte Etappenziele, die insbesondere im Rahmen von Projekten zum Tragen kommen. Als Beispiel kann hier die gemeinsame Entwicklung und Durchsetzung von Konzepten zur Marken- bzw. Produktneueinführung angeführt werden. Hier hängt der Erfolg gleichermaßen von einer zeitnahen Realisierung und von der Berücksichtigung der differenzierten objektbezogenen Sichtweisen innerhalb der Abstimmungs- und Entscheidungsprozesse ab.

Die Integration der teambezogenen Komponente in das Zielsystem der Mitglieder der marktorientierten Organisationseinheit erfordert gleichsam auch die Modifikation des Anreizsystems. Folglich ist zwischen den Anreizen zu unterscheiden, die die Leistung einzelner Mitarbeiter und auch Gruppenleistungen honorieren. Den Anforderungen des partizipativen Führungsstils folgend sind Anreize „alle situationsbedingten handlungsbestimmenden Vorteilserwartungen"[125], die den Mitgliedern der marktorientierten Organisationseinheit gewährt werden, sofern ihre Handlungen zur Erfüllung der vereinbarten Ziele führen.

---

123 Vgl. Degener/Pape (2002), S. 54 ff.
124 Vgl. Becker/Huckemann (2002), S. 92 ff.
125 Suchanek (2007), S. 35.

Das Anreizsystem, verstanden als ein Bündel von Anreizen, stellt damit grundsätzlich die Brücke zwischen den Mitarbeiterzielen und -präferenzen sowie dem Zielsystem des Unternehmens dar.[126] Entsprechend sind die Anreize auszuwählen, die die Organisationsmitglieder zu den Handlungsalternativen bewegen, die die Erreichung der unternehmerischen Ziele bewirken.[127] Um Demotivation, Leistungsreduktion oder Fluktuation zu vermeiden, muss das Anreizsystem – unabhängig davon, ob es sich auf einzelne Mitarbeiter oder eine Gruppe von Mitarbeitern bezieht – folgenden Grundanforderungen entsprechen:[128]

–   Erstens muss es dem **Prinzip der Gerechtigkeit** folgen, indem der Einklang von Anforderungen, Leistungen und Anreizgewährung herbeigeführt wird. Da aber Gerechtigkeit meist sehr subjektiv wahrgenommen wird, muss das Anreizsystem auch individuelle Gestaltungsspielräume aufweisen, mit denen die Bedürfnisstruktur des Einzelnen erfasst wird.
–   Dem **Grundsatz der Gleichheit** folgend muss zweitens das gleiche Anreizniveau für gleiche Anforderungen und Leistungen gelten.
–   Drittens ist ein hohes Maß an **Transparenz** erforderlich, die garantiert, dass die Anreize vom Mitarbeiter auch wahrgenommen werden und ihn so letztlich zu den gewünschten Verhaltensweisen motivieren.

Als eine konkrete Ausgestaltungsmöglichkeit für ein Anreizsystem bietet sich vor allem das sogenannte **Cafeteria-Verfahren** an. Darunter versteht man „ein Anreizsystem flexibler und individueller Entgeltgestaltung mit turnusmäßig wiederkehrenden Wahlmöglichkeiten für die Mitarbeiter. Die Wahl zwischen Entgeltleistungen ermöglicht den Mitarbeitern eine ihren jetzigen und künftigen Präferenzen entsprechende individuelle Bedürfnisbefriedigung aus betrieblicher Kompensation".[129] Die Wahlmöglichkeiten für die Mitarbeiter erstrecken sich je nach Unternehmen von freiwilligen Sozial- bzw. Zusatzleistungen des Arbeitgebers über weitere Entgeltkomponenten wie beispielsweise Belegschaftsaktien oder Arbeitgeberdarlehen bis hin zu Alternativen im Hinblick auf die Aus- und Weiterbildung.[130] Eine derartige Ausgestaltung des Anreizsystems stellt sicher, dass die Mitarbeiter in die Entscheidung mit eingebunden werden und dies im Idealfall zu einer höheren Arbeitszufriedenheit und Motivation führt.[131]

Ein nach dem Cafeteria-Prinzip ausgestaltetes Anreizsystem eignet sich in besonderem Maße zur Belohnung der Leistung einzelner Mitarbeiter. Zur Sicherstellung der Zusammenarbeit der Mitarbeiter sind die jeweils individuellen Anreizsysteme um

---

126 Vgl. Hesch (1997), S. 52.
127 Vgl. Friese (1993), S. 132 ff.
128 Vgl. Scherm/Süß, (2010), S. 125 f.
129 Langemeyer (1999), S. 17.
130 Vgl. Langemeyer (1999), S. 15 f.
131 Vgl. Langemeyer (1999), S. 24.

teambezogene Anreize zu ergänzen, die für alle Teammitglieder gleichsam gelten. In Frage kommen hier nicht-pekuniäre Anreizformen wie etwa die Auslobung von gemeinsamen Events oder Incentives. Zwar ergab der Blick in die Praxis, dass in den befragten Unternehmen derartige Anreize bereits Anwendung finden. Jedoch werden diese primär zur Belohnung vertrieblicher Teamleistungen ausgeschrieben. Mitarbeiter aus den markenbezogenen Bereichen sind in den wenigsten Fällen integriert; vielmehr wird ihnen häufig die konzeptionelle und organisatorische Verantwortung für die Veranstaltungen übertragen. Auch ließ es sich nachvollziehen, dass Events und Incentives häufig dafür genutzt werden, neue Produkte bzw. Marken respektive Relaunchs den für die Absatzmittler verantwortlichen Mitarbeitern vorzustellen und diese für die Marke zu motivieren.

Die Notwendigkeit des verstärkten Einbezugs der Mitarbeiter in die Ziel- und Anreizgestaltung ergibt sich ferner bei den monetären Anreizformen. Werden Aufgaben wie etwa die Entwicklung und Durchführung von handelsseitigen Vermarktungsaufgaben einem Team übertragen, so sind auch die finanziellen Anreize auf das gesamte Team zu beziehen. Über einen entsprechenden Verteilungsschlüssel sind diese an den Erfolgsbeitrag der einzelnen Mitglieder zu koppeln.[132] Schließlich ist festzuhalten, dass sämtliche am Leistungserstellungsprozess beteiligten Teammitglieder nicht nur im Rahmen von Erfolgen zu beteiligen sind. Vielmehr ist auch die Verantwortung für Misserfolge dem ganzen Team aufzuerlegen, sodass Schuldzuweisungen von einem Teammitglied auf ein anderes unterbunden werden.

Die zuvor gewonnenen Erkenntnisse bilden die Grundlage für die Ableitung eines integrativen Controllingkonzeptes im nachfolgenden fünften Kapitel. Der Aufbau eines auf die Bedingungen der marktorientierten Organisationseinheit zugeschnittenen Controllingkonzeptes impliziert auch die Formulierungen von Zielgrößen, die als Messgrößen für die Leistungsbewertung der Mitarbeiter herangezogen werden können. Folglich entsteht so ein Zielsystem, an das das mitarbeiterbezogene Anreizsystem anknüpfen sollte. Inwieweit das Anreizsystem konkret auszugestalten ist, hängt dabei von der internen Bedingungslage der einzelnen Unternehmen ab und unterliegt einer hohen situativen Abhängigkeit.

4.3.2 Instrumente zur Deckung des Koordinationsbedarfs

Der Bedarf am Einsatz der Koordinationsinstrumente ergibt sich aus den Schnittstellen, die aufgrund der arbeitsteiligen Aufgabenerfüllung resultieren. Die Fokussierung der Prozessorganisation reduziert den Bedarf zwar, baut ihn aber nicht gänzlich ab. Zur Deckung des Koordinationsbedarfs stehen nun verschiedene Instrumente zur Verfügung. Grundsätzlich lassen sich diese Instrumente danach unterscheiden, ob es sich um **organisatorische Instrumente** zur Verankerung der Prozessorientierung han-

---

132 Vgl. Klumpp (2000), S. 173 f.

delt oder um **informationstechnische Instrumente,** die mit Hilfe von Informationsflüssen der Steuerung und Unterstützung des Prozessablaufs dienen.[133] Da letzteres aufgrund der fortschreitenden Entwicklung erheblich an Bedeutung gewinnt, werden die informationstechnischen Instrumente unter einem gesonderten Gliederungspunkt dargestellt.

Zur Darstellung der koordinierenden Instrumente kann auf Veröffentlichungen zum Geschäftsprozessmanagement einerseits, aber auch auf die allgemeine Literatur zur organisatorischen Koordination andererseits zurückgegriffen werden. Danach eignen sich zur Überwindung der Schnittstellen in den Prozessabläufen verschiedene Gestaltungsoptionen.[134] Zu beachten ist, dass die in Frage kommenden Koordinationsinstrumente nicht als funktional-äquivalente Instrumente anzusehen sind; vielmehr hängt der zweckmäßige Einsatz der einzelnen Koordinationsinstrumente von den situationsbedingten Abstimmungsvoraussetzungen ab.[135]

Eine Koordination über **Pläne und Zielvorgaben** bildet unterdessen die Voraussetzung für die Arbeit der marktorientierten Organisationseinheit, die sich aus den Anforderungen der Geschäftsführung ableitet. Die Plan- bzw. Zielvorgaben ergeben sich aus dem strategischen Markenkonzept und determinieren die distributionsseitig zu erreichenden Ziele in Bezug auf die Marke(n). Über welche Maßnahmen die Zielerreichung letztendlich realisiert wird, liegt – unter Berücksichtigung der Leitlinien zur Markenführung – im Verantwortungsbereich der Mitglieder der marktorientierten Organisationseinheit. Zwar legen die Mitglieder der marktorientierten Organisationseinheit ihrer Tätigkeit regelmäßig auch Plan- bzw. Zielvorgaben zugrunde, die Aufgliederung der übergeordneten Ziele in produkt-, vertriebslinien- und händlerbezogene Vorgaben sowie die Definition von Maßnahmen zur Zielerreichung im Rahmen eines institutionalisierten, periodisch wiederkehrenden Planungsprozesses erfordert jedoch die gemeinsame Abstimmung der Mitglieder der marktorientierten Organisationseinheit. Sie wird dabei beispielsweise durch den Einsatz von Kollegien oder crossfunktionalen Prozessteams sichergestellt, deren Ergebnisse Pläne und Zielvorgaben sind, die das weitere Handeln der Mitarbeiter determinieren. Folglich können die Pläne und Zielvorgaben als eigenständiges Instrument zur Koordination in den nachfolgenden Ausführungen vernachlässigt werden.

Im Weiteren werden Instrumente vorgestellt, die zur Lösung der hier vorliegenden Problematik beitragen; es handelt sich um die fallweise Regelung der Verantwortung, den Einsatz von Kollegien und crossfunktionalen Prozessteams, die zusammengefasst als multipersonelle Abstimmung bezeichnet werden, sowie die Abstimmung über Process-Owner, im Rahmen derer es auch zur Berücksichtigung der Prozessstandardisierung kommt.

---

133 Vgl. Lockau (2000), S. 199.
134 Vgl. Scholz (1993), S. 162ff.; Gaitanides (2006), S. 176 ff.
135 Vgl. Gaitanides (2006), S. 177.

Fallweise Regelung der Verantwortung

Im Rahmen der fallweisen Regelung wird die Zuordnung von Aktivitäten transparent dargestellt und anfallende Aufgaben auf die jeweils beteiligten Mitarbeiter übertragen.[136] Koordinationsinstrument ist in diesem Zusammenhang die Verantwortungsmatrix, die vom Grundgedanken dem Funktionendiagramm[137] entspricht. Die Aufga-

Tab. 4.4: Verantwortungsmatrix, Verkaufsförderungsaktion

Aufgaben	Aufgabenträger bzw. Funktionseinheit			
	Produkt- bzw. Marken- management	Category- Management	Key-Account- Management	Außendienst
Auswahl der zu fördernden Produkte	E	B		
Aktionsnutzen bestimmen	P	I		
Eignung für Vertriebsschiene überprüfen	B	E	I	B
Umsatzplanung aufstellen	P	P	E	I
händlerindividuellen Anpassungsgrad bestimmen	I	P	E	B
Budgetplanung aufstellen	P	P	P	
produktbezogene Aktionsmittel entwickeln	P	B		
Aktionsmittel auf Vertriebsschiene anpassen	K	P	E	
Aktion auf Handelszentralebene durchsetzen	I	B	U	B
Aktion in Vertriebsschiene umsetzen	K	B	B	U
Aktionsablauf überwachen	I	U	I	I
ggf. Anpassungsmaßnahmen initiieren	K	P	E	U
produktbezogenen Erfolg überprüfen	K	K	I	I
Händlererfolg kontrollieren	I	B	K	K

P = Planung; E = Entscheidung; U = Umsetzung; K = Kontrolle; B = Beteiligung; I = wird informiert
Quelle: eigene Darstellung.

---

136 Vgl. Scholz (1993), S. 163.
137 Vgl. Schulte (1990), S. 559 ff.

benträger sowie die mit dem Teilprozess verbundenen Aktivitäten werden in eine Matrix eingetragen. Eine Verknüpfung von Aufgabe (Spalte) und Aufgabenträger (Zeile) erfolgt über den Eintrag der Tätigkeiten, wie Planung, Entscheidung, Umsetzung und Kontrolle, die vom Aufgabenträger zu erfüllen sind. Üblicherweise werden Symbole oder Abkürzungen als Verknüpfungspunkte gewählt.

Aufgrund des Einbezugs sämtlicher am Prozess beteiligter Stellen eignet sich der Einsatz der Verantwortungstabelle insbesondere für eine übersichtliche und leicht nachvollziehbare Darstellung wenig umfangreicher Teilprozesse, so beispielsweise zur Zuordnung der Verantwortlichkeiten im Rahmen produktpolitischer Aktivitäten, wie etwa zur Festlegung des Ablaufs einer Verkaufsförderungsaktion.

Durch die Verantwortungsmatrix werden die Verantwortlichkeiten der Prozess-aktivitäten sichtbar gemacht und verbindlich geregelt.[138] Bereits in der Entwicklungsphase können Abstimmungsschwierigkeiten und Doppelarbeiten aufgedeckt werden, was sich positiv auf die Effizienz des Prozessablaufs und den Ressourceneinsatz auswirkt. Darüber hinaus werden durch die Verantwortungsmatrix die unterschiedlichen Rollen einzelner Fachbereiche unmittelbar aus dem Prozessablauf ersichtlich, mit der Folge, dass sich das Verständnis für den jeweils anderen Aufgabenbereich erhöht und zu einem gewünschten Motivationseffekt führt.[139]

Insgesamt betrachtet eignet sich dieses Instrument vor allem zur Koordination der distributionsseitig zu erfüllenden Aufgaben einer Marke und leistet in geringem Umfang auch einen Beitrag zur Verknüpfung der objektbezogenen Betrachtungsperspektiven. Zu berücksichtigen ist jedoch, dass mit zunehmender Komplexität der Aufgabe die Übersichtlichkeit der Verantwortungsmatrix verloren geht. So beispielsweise im Falle der Abstimmung unterschiedlicher Markenfamilien, die über den- bzw. dieselben Betriebstypen distribuiert werden. Letztlich bietet sich der Einsatz dieses Abstimmungsmechanismus nur zur detaillierten Strukturierung kleinerer Teilprozesse an, die ergänzend zu intensiveren Koordinationsinstrumenten zur Anwendung kommen.

Multipersonelle Abstimmung

Multipersonelle Abstimmungen zeichnen sich dadurch aus, dass Mitarbeiter mit unterschiedlich fachlichem Hintergrund in den Abstimmungsprozess einbezogen werden. Im Idealfall handelt es sich hierbei um Mitarbeiter mit produkt-, marken-, vertriebsschienen- sowie händlerspezifischen Wissen, die gemeinsam Lösungen für die anstehenden Probleme bzw. Aufgaben erarbeiten. Voraussetzung für die Schaffung multipersoneller Abstimmungsgruppen ist, dass der Problembezug alle Mitglieder der Gruppe gleichermaßen betrifft.[140] Dies wird durch die Orientierung an einer gemeinsamen Zielsetzung erreicht. Grundsätzlich lässt sich im Rahmen des multipersonel-

---

138 Vgl. Schulte (1990), S. 560.
139 Vgl. Scholz (1993), S. 164.
140 Vgl. Gaitanides (2006), S. 200.

len Abstimmungsmechanismus zwischen den Kollegien und den fachübergreifenden Prozessteams[141] unterscheiden.

Die Koordination über Kollegien impliziert, dass Abstimmungen über Ausschüsse, Aufgabenkreise, Konferenzen o. ä. herbeigeführt werden.[142] Dabei kann die Installierung von Kollegien sowohl problembezogen und zeitlich begrenzt sein, als auch als permanente Einrichtung wie etwa Konferenzen oder Gremien erfolgen. Ziel ist es, einen verbesserten Kommunikationsfluss sowie einen effizienteren Informations- und Wissensfluss zu realisieren, indem den Mitarbeitern eine Plattform geschaffen wird, mit der informelle Netzwerke gefördert und der Austausch zwischen den Experten erleichtert werden soll.[143]

Zeitlich befristete Projektarbeit sowie dauerhaft eingerichtete Abstimmungskonferenzen (Abstimmungsmeetings) sind die in der Praxis gängigsten Mechanismen zur Koordination der Aktivitäten. Jedoch liegt der Verdacht nahe, dass mit diesem Instrument der gewünschte Koordinationseffekt nicht erzielt wird. Vielmehr wird in diesen Gremien der Fokus auf eine inhaltlichen als auf eine koordinierende Abstimmung gelegt. Folglich bietet sich ergänzend hierzu die Bildung von Ausschüssen bzw. Koordinationsgruppen an, die sich explizit mit der Lösung spezifischer Abstimmungs- bzw. Ablaufprobleme beschäftigen. So können im Arbeitsalltag auftretende Probleme wie etwa die Optimierung der Realisierung der Verkaufsförderungsmaßnahmen über diese Zusammenkünfte gelöst werden. Anstehende Sonderaufgaben wie beispielsweise die Entwicklung eines mehrdimensionalen Berichtssystems sollten hingegen im Rahmen zeitlich vorgegebener Projekte realisiert werden.

Durch die Bildung von Ausschüssen bzw. Koordinationsgruppen lassen sich nicht nur – aufgrund der Abstimmung von Abläufen – **Effizienzeffekte** im Bereich des **Prozessablaufs** erzielen. Wenn die Verantwortung auf die nominierten Mitglieder delegiert wird und diese Lösungen auf direktem Wege, also ohne die Einschaltung der vorgesetzten Instanz, generieren, wirkt sich die Arbeit der Gruppe sowohl positiv auf die **Delegationseffizienz** als – auch aufgrund der Identifikation mit dem gemeinsamen Ergebnis – auf die **Motivationseffizienz** aus.

Während die Zielsetzung der Kollegien in erster Linie darin zu sehen ist, eine Ablaufoptimierung innerhalb der distributionsseitigen Prozesse herbeizuführen, übernehmen objektübergreifende Prozessteams gemeinsam die Verantwortung ganzheitlicher Prozessaktivitäten. Objekt- oder fachübergreifende Prozessteams haben unmittelbaren Händlerkontakt und übernehmen die Zuständigkeit für die Zusammenarbeit

---

[141] In der Literatur handelt es sich um funktionsübergreifende Prozessteams. Da im Rahmen dieser Untersuchung jedoch die Funktionsorientierung durch die Objektorientierung abgelöst wurde, werden diese Prozessteams im weiteren Verlauf als fachübergreifende Teams bezeichnet. Dabei deutet der Begriff „fachübergreifend" darauf hin, dass Experten unterschiedlicher Spezialbereiche Teammitglied sind.

[142] Vgl. Schreyögg (2016), S. 174; Kieser/Kubicek (2010), S. 107; Scholz (1993), S. 164.

[143] Vgl. Lockau (2000), S. 207.

mit den absatzseitigen Partnern. Ihre eingeräumte Teilautonomie befähigt sie zur Ausführung abgeschlossener Aufgabenkomplexe, die allesamt direkt in Verbindung mit der Betreuung der unterschiedlichen Ebenen der Handelsunternehmen stehen. Sie können sowohl dauerhaft als auch für einen begrenzten Zeitraum eingesetzt werden.

Die Mitglieder kontinuierlicher Teams treffen sich im regelmäßigen Rhythmus zwecks gemeinsamer Abstimmung und gehen anschließend einzeln ihrer jeweiligen Aufgabenerfüllung nach.[144] Diese Vorgehensweise bietet sich vor allem im Rahmen des Kernprozesses „Händlerbindung" an, indem beispielsweise in Kooperation mit einem Händler Marktbearbeitungspläne aufgestellt und deren Umsetzung unterjährig durch die jeweiligen Experten begleitet werden.

Der sporadische Einsatz fachübergreifender Prozessteams bietet sich hingegen zur Bearbeitung besonders kritischer Teilprozesse an, die gleichsam einen hohen marken- wie vertriebsspezifischen Input erfordern. In Frage kommen hier die Aktivitäten „Akquisitionskonzept erarbeiten" sowie der periodisch wiederkehrende Planungsprozess „Leistungskonzept entwickeln". Die gemeinsame Erarbeitung der Konzepte stellt sowohl den frühzeitigen als auch fachspezifischen Einbezug aller absatzseitigen Experten sicher. Weiterführende Abstimmungen, die sich konkret auf die Umsetzung der Maßnahmen beziehen, können hingegen in den entsprechenden Kollegien wie zum Beispiel in fachübergreifende Abstimmungskonferenzen koordiniert werden.

Inwieweit es sinnvoll ist, dauerhafte oder temporär begrenzte Teams einzusetzen, hängt dabei entscheidend vom Anspruchsniveau der Absatzmittler ab. Steht der marktorientierten Organisationseinheit auf der Seite des Handels ein **Buying-Center** gegenüber – und ist dieser für den Hersteller erfolgsentscheidend –, so ist dem durch ein dauerhaftes **Selling-Center** auf Herstellerebene zu begegnen.[145] Im anderen Fall, bei dem die Betreuung durch einen Key-Account-Manager oder die vertriebliche Außendienstorganisation in ausreichendem Maße sichergestellt wird, bietet sich die Teambildung insbesondere zur Erfüllung der erfolgskritischen Teilprozesse an. Der unmittelbare Einbezug weiterer Spezialisten in die aktive Händlerbetreuung würde eine Ressourcenverschwendung bewirken und bietet sich vordergründig nur in Ausnahmefällen wie beispielsweise bei Markenrelaunchs oder Produktneueinführungen an.

Der Koordinationseffekt wird dadurch erzielt, dass zwischen den Mitgliedern verschiedener Spezialbereiche wechselseitig intensive Beziehungen bei weitgehend kollektiver Entscheidungsverantwortung geschaffen werden. Im Sinne von **self-directed-Teams**[146] sind sie für einen kompletten Geschäftsprozess verantwortlich, sodass die Teammitglieder durch die enge Zusammenarbeit ihre Arbeitsabläufe kontinuierlich optimieren und auftretende Probleme selbstständig planen bzw. ihre Arbeit kontrollieren.[147] Dadurch wird das Verständnis für die Aufgabenzusammenhänge

---

144 Vgl. Vetter/Wiesenbauer (1994), S. 226 f.
145 Vgl. hierzu auch die Ausführungen unter Gliederungspunkt 2.2.1
146 Vgl. hierzu Picot et al. (2003), S. 458.
147 Vgl. Picot et al. (2003), S. 458.

gefördert und die aktive Mitwirkung der Teammitglieder an der Weiterentwicklung der Prozessabläufe ermöglicht.[148] So steigt sowohl die Prozesseffizienz durch einen tendenziell störungsfreien Informations- und Kommunikationsfluss zwischen den Teammitgliedern als auch die Ressourceneffizienz durch die Vermeidung von Doppelarbeiten. Darüber hinaus wirkt sich dieser Abstimmungsmechanismus positiv auf die Delegationseffizienz aus. Es kommt einerseits zu einer Entlastung der übergeordneten Instanzen, andererseits nimmt die Entscheidungsqualität aufgrund des aktiven Einbezugs von Spezialisten zu. Voraussetzung hierfür ist jedoch, dass die Teambildung bei den für das Team nominierten Mitarbeitern auch zu dem gewünschten Motivationseffekt führt. Dies setzt neben einer hohen fachlichen (Verstehen und Beherrschen des gesamten Prozesses) und persönlichen (Teamfähigkeit) Kompetenz der Teammitglieder[149] auch die Umsetzung teamorientierter Gestaltungsprinzipien bezogen auf das Führungs-, Anreiz- und Zielsystem voraus.

Abstimmung über Process-Owner

Im Rahmen der Abstimmung über Process-Owner werden für jede Teilprozessaktivität sowie für jeden Sub- und Sub-Sub-Prozess Prozessverantwortliche (Process-Owner) benannt, die für den reibungslosen Ablauf und die kontinuierliche Verbesserung ihres Prozesses Sorge tragen müssen.[150] Für die marktorientierte Organisationseinheit impliziert die Abstimmung über Process-Owner die Definition von verantwortlichen Mitarbeitern für alle relevanten Bezugsobjekte.

Danach lassen sich Process-Owner sowohl für die Marke(n) als auch für einzelne Absatzmittler bzw. für eine Gruppe von Absatzmittlern bestimmen. Sofern die Marke(n) über differenzierte Vertriebsschienen distribuiert wird (werden), bietet es sich darüber hinaus an, vertriebslinienbezogene Prozessbeauftragte zu ernennen.

Entsprechend könnte ein Vertriebsverantwortlicher den reibungslosen Ablauf sämtlicher handelsbezogenen Aktivitäten sicherstellen, die sich aus der Zusammenarbeit mit der **Handelszentralebene** ergeben. So erstreckt sich seine Zuständigkeit beispielsweise auf die Einhaltung der im Rahmen von Jahresgesprächen vereinbarten händlerspezifischen Betreuungsstandards, mittels derer die Händlernähe zu realisieren ist.

Auf **Ebene der Vertriebslinien** besteht die Aufgabe des Prozessbeauftragten hingegen darin, die vertriebslinienspezifischen Aufgaben zu koordinieren und voranzutreiben. Zu denken ist in diesem Fall insbesondere an eine zeitgerechte Bereitstellung von Merchandisingmaterial für alle produkt- bzw. markenbezogenen Maßnahmen, die Koordination fachlicher Schulungen für die handelsseitigen Verkaufsmitarbeiter so-

---

148 Vgl. Schreyögg (2016), S. 247.
149 Vgl. Saatkamp (2002), S. 142.
150 Vgl. Hammer (1994), S. 134 ff.; Scholz (1993), S. 165.

wie die Sicherstellung der Einhaltung von Service- und Kulanzstandards im Falle endverbraucherbezogener Produktreklamationen.

Die Aufgabe der Markenbeauftragten liegt schließlich in der Koordination sämtlicher markenbezogenen Aktivitäten, d. h. sie müssen sicherstellen, dass die in den Leitbildern fixierte Markenpositionierung vom Handel gegenüber der Endverbraucher auch tatsächlich umgesetzt wird. Auf die Vertriebslinie bezogen umfasst dies die Überwachung des markenkonformen Auftritts in den vertriebslinienspezifischen Geschäftsräumen sowie die Sicherstellung der Listung der Produkte, die für den Hersteller strategisch bedeutsam sind. Auf **Ebene der Handelszentrale** gilt es insbesondere, den Händler im Rahmen seiner kommunikationspolitischer Maßnahmen, die auch die Marke miteinbeziehen, zu unterstützen und sicherzustellen, dass gewährte WKZ-Zuschüsse für entsprechende markenbezogene Kommunikationsaktivitäten auch tatsächlich genutzt werden.

Grundsätzlich stellt der Einsatz eines Process-Owners zur Überwindung von distributionsseitigen Schnittstellen das intensivste Koordinationsinstrument dar.[151] Unabhängig davon, wie viele Marken über eine oder mehrere Vertriebsschiene(n) distribuiert werden, garantiert die Benennung von Prozessbeauftragten den Einbezug aller Betrachtungsperspektiven. Voraussetzung zur effizienten Prozesserfüllung ist jedoch, dass den jeweiligen Prozessbeauftragten, für „ihren" Prozess die Weisungsbefugnis gegenüber den anderen Mitarbeitern eingeräumt wird.

Um darüber hinaus einer möglichen Überlastung der Process-Owner vorzubeugen, sollte eine prozessorientierte Standardisierung bei den Aktivitäten angestrebt werden, die einen hohen Grad an Routine beinhalten[152] und durch gleiche oder ähnlich ablaufende Tätigkeiten gekennzeichnet sind, so etwa die Entwicklung und Umsetzung von Maßnahmen zur Verkaufsförderung. Die Definition von Ablaufstandards bietet sich des Weiteren auch für produktpolitische Aktivitäten mit innovativem Charakter an. Der Grund liegt darin, dass die „Erarbeitung eines Produktkonzeptes oder einer Werbekampagne hinsichtlich der durchzuführenden Tätigkeiten, des zeitlichen Ablaufs, der Meilensteine sowie der Entscheidungsprozesse und -kriterien relativ konkret vorstrukturiert werden [können], ohne damit der inhaltlichen Innovation (überlegene Produktleistungsmerkmale, kreative Werbebotschaft) zu schaden."[153]

Die Prozessstandardisierung kann auch durch den Einsatz outputbezogener Kennzahlen unterstützt werden. Die Regelung des Outputs zielt darauf ab, Schwachstellen im Ablauf aufzudecken und Verbesserungen zu initiieren, die gleichsam einen **Koordinationseffekt** bewirken.[154]

---

151 Vgl. Scholz (1993), S. 165.
152 Vgl. zu den unterschiedlichen Intensitätsstufen der prozessorientierten Standardisierung Gaitanides/Müffelmann (1997), S. 197.
153 Saatkamp (2002), S. 147.
154 Vgl. Scholz (1993), S. 165.

Zur Sicherstellung der **Ressourceneffizienz** ist ferner die Abstimmung zwischen den einzelnen Prozessverantwortlichen erforderlich. In diesem Zusammenhang bietet sich die Bildung temporär begrenzter Teams an, die beispielsweise innerhalb der jährlich zu entwickelnden Leistungs- und Betreuungskonzepte die Budgetverteilung festlegen, um die von der Unternehmensleitung vorgegebenen Ziele zu realisieren.

Aussagen hinsichtlich des erzielbaren **Motivationseffekts** sind unterdessen nur schwer möglich. Da jedoch der zentrale Ansatzpunkt des Prozessmanagements darin liegt, durch eine Orientierung an Prozessen eine Reduktion der Arbeitsteilung herbeizuführen,[155] ist davon auszugehen, dass die damit verbundenen flachen Hierarchien sowie eine weitgehend ganzheitliche Aufgabenbearbeitung die Motivation der Mitarbeiter positiv beeinflussen.

4.3.3 IuK-Werkzeuge zur Förderung der Zusammenarbeit

Die gemeinsame und effiziente Erfüllung der Prozessaktivitäten durch die Mitglieder der marktorientierten Organisationseinheit basiert auf adäquaten Informationen, die problemspezifisch beschafft, verarbeitet, weitergeleitet und zielgerecht verwendet werden müssen. Der immense und spezifische Informationsbedarf lässt sich nur durch den Einsatz moderner IuK-Instrumente bewerkstelligen, die zur Steuerung und Unterstützung der Prozessaktivitäten beitragen und im Wesentlichen die Zielsetzungen verfolgen:

- die **Informations- und Kommunikationsflüsse** sind zwischen den Mitarbeitern sicherzustellen,
- die **Zusammenarbeit** in der Gruppe ist zu koordinieren und zu unterstützen,
- alle Beteiligten sind mit **bedarfs-, zeit- und qualitätsgerechten Informationen** zu versorgen, welche die Entscheidungsfindung erleichtern, und
- der **Prozessablauf** ist zwischen den Mitgliedern der marktorientierten Organisationseinheit zu gewährleisten.

In diesem Zusammenhang kommen seit Mitte der 1980er-Jahre Groupware- und Workflow-Systeme zum Einsatz, die sich hinsichtlich ihrer Wirkungsweise unterscheiden.[156] Bei dem ersten steht die Zusammenarbeit, also die Gemeinsamkeit der Arbeit an der Lösung einer Aufgabe im Vordergrund (Workgroup-Systeme), beim zweiten liegt das Augenmerk auf dem Ablauf der Vorgänge (Workflow-Systeme).[157]

---

155 Vgl. Ostroff/Smith (1992), S. 152 f.
156 Vgl. Hildebrand (1995), S. 107 f.
157 Vgl. Picot et al. (2003), S. 174; Frese (2000), S. 136.

Workgroup-Systeme

Der Einsatz der Workgroup-Technologien soll die Zusammenarbeit durch die Verwendung von IuK-Technologien erleichtern und unterstützt somit die zuvor vorgestellten Instrumente zur Deckung des Koordinationsbedarfs. Diese empfehlen sich vornehmlich zur Bearbeitung schlecht strukturierten Aufgabenkomplexer und umfasst kooperative Anwendungen, mit denen sowohl die flexible Datenverarbeitung als auch die prozessorientierte Kommunikation der Mitglieder der marktorientierten Organisationseinheit sichergestellt werden.[158] Im Vordergrund steht in diesem Zusammenhang die gemeinsame Findung konkreter Problemlösungen wie sie beispielsweise im Rahmen der Erarbeitung und Abstimmung von Jahresaktionsplänen erforderlich ist. Hier sind sämtliche Dimensionen von der Marken- über die Vertriebsschienen- bis hin zur Händlerebene zu integrieren.

Groupware-Systeme bestehen aus spezifischen Software-Applikationen und teilweise aus der dazugehörigen spezifischen Hardware,[160] wobei sich die Vielzahl der

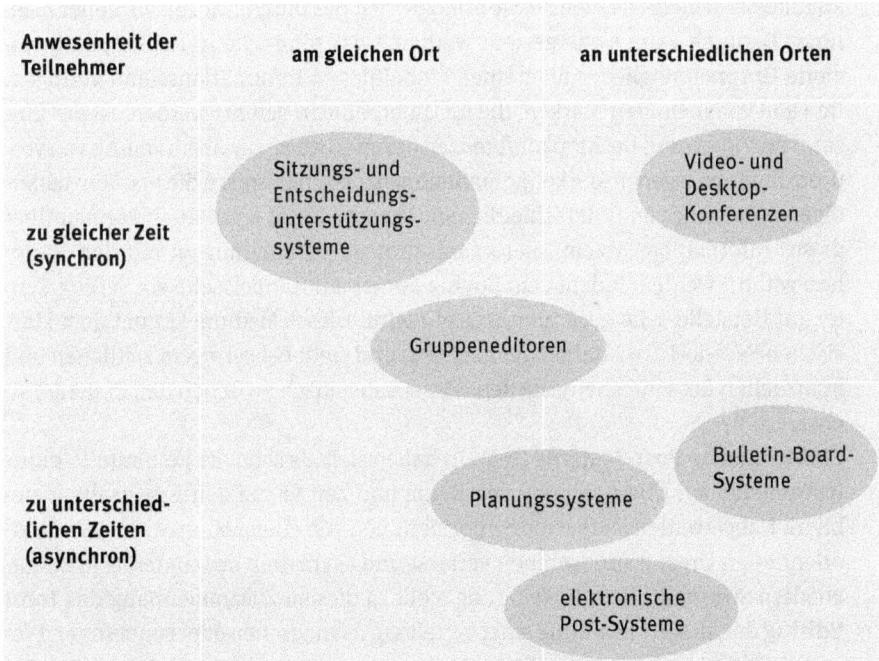

Anwesenheit der Teilnehmer	am gleichen Ort	an unterschiedlichen Orten
zu gleicher Zeit (synchron)	Sitzungs- und Entscheidungsunterstützungssysteme	Video- und Desktop-Konferenzen
	Gruppeneditoren	
zu unterschiedlichen Zeiten (asynchron)	Planungssysteme	Bulletin-Board-Systeme
	elektronische Post-Systeme	

Abb. 4.11: Unterstützende Informationssysteme[159]

---

158 Vgl. Picot et al. (2003), S. 283.
159 Quelle: in Anlehnung an Picot et al. (2003), S. 174.
160 Vgl. Teufel et al. (1995), zitiert bei Osterloh (2000), S. 116.

möglichen Unterstützungssysteme je nach Anwesenheit der Teilnehmer in einer Raum-Zeit-Matrix systematisieren lässt.[161] Die Raumdimension hebt dabei auf das Ausmaß der räumlichen Trennung (am gleichen Ort „zentral" versus an unterschiedlichen Orten „dezentral") zwischen den Mitgliedern der marktorientierten Organisationseinheit ab, während die Zeitdimension den Zeitpunkt der Kommunikation berücksichtigt und zwischen den Merkmalen zeitversetzt (asynchron) und gleichzeitig (synchron) differenziert.[162] Darüber hinaus eignet sich die Raum-Zeit-Matrix auch für die Durchführung von wertschöpfungsstufenübergreifenden Projekten und hier insbesondere zur Abstimmung zwischen den hersteller- und handelsseitige eingesetzten Category-Managern in den Outlets.

Die in der Matrix eingetragenen Groupware-Technologien werden im Nachfolgenden erklärt, wobei sie insbesondere dahingehend beleuchtet werden, inwieweit sie den Informations- und Kommunikationsfluss sowie die Zusammenarbeit der Mitglieder der marktorientierten Organisationseinheit verbessern.

- **Video- und Desktopkonferenzen** ermöglichen eine synchrone Kommunikation an unterschiedlichen Orten.[163] Sie ermöglichen die Durchführung virtueller Meetings. Dadurch kann sichergestellt werden, dass sämtliche in ein Projekt involvierte Gruppenmitglieder über einen einheitlichen Informationsstand verfügen. Im Falle von mehreren Marken, die im Unternehmen geführt werden, ist der Einsatz von Video- und Desktopkonferenzen beispielsweise zur Abstimmung von vertriebslinienbezogenen Marketingmaßnahmen denkbar, sofern die markenzuständigen Mitarbeiter an unterschiedlichen Orten ansässig sind. Auch können über dieses Informationssystem interorganisationale Verhandlungen mit den Händlern geführt werden, indem dem Buying-Center auf Handelsseite ein Selling-Center auf Herstellerseite gegenüber gestellt wird. Dieses Medium kommt dem klassischen Face-to-Face-Kontakt am nächsten und stellt bei geringem zeitlichen und finanziellen Ressourceneinsatz den Wissensaustausch zwischen den Experten sicher.

- **Elektronische Post-Systeme** (E-Mail) haben sich als schnelle Kommunikationsinstrumente zur Überbrückung von Raum und Zeit fest in den Arbeitsalltag etabliert. Dabei werden textbasierte Informationen von einem Mitarbeiter der marktorientierten Organisationseinheit verfasst und asynchron den anderen Teammitgliedern zugestellt. Eine Erweiterung stellt in diesem Zusammenhang das **Joint Editing** dar, das die Erfüllung einer verteilten, asynchronen oder synchronen Prozessaktivität insofern unterstützt, als dass es ermöglicht, ein und dasselbe Dokument durch verschiedene Mitarbeiter – ggf. sogar zeitgleich – gemeinsam zu bearbeiten.[164]

---

161 Vgl. Picot et al. (2003), S. 173; Teufel et al (1995), S. 12; Krcmar (1992), S. 7.
162 Vgl. Osterloh (2000), S. 118.
163 Vgl. Osterloh (2000), S. 121.
164 Vgl. Picot et al. (2003), S. 174.

- **Bulletin-Board-Systeme** sind elektronische Diskussionsforen, innerhalb derer in Analogie zum „schwarzen Brett" themenspezifische Informationen zwischen den Teammitgliedern ausgetauscht werden können. Zu diesem Zweck werden innerhalb des Bulletin-Boards Foren zu verschiedenen Themen, Aufgaben und Projekten eingerichtet. Der Zugriff auf ein Forum wird individuell eingerichtet, wobei zwischen dem offenen und geschlossenen Forum unterschieden wird. Im Rahmen des offenen Forums kann jeder Mitarbeiter der marktorientierten Organisationseinheit der Diskussion beiwohnen und seinen spezifischen Beitrag an vorangegangene Beiträge heften. Bei geschlossenen Foren wird der Zugang hingegen ausgewählten Mitarbeiter vorbehalten, wie beispielsweise Teammitgliedern, die in die Erfüllung bestimmter Aktivitäten respektive Projekte involviert sind. Bulletin-Board-Systeme stellen ohne Weiteres den entsprechenden Diskussionsverlauf sicher, da der aktuelle Beitrag an der richtigen Stelle in die richtige Diskussion eingeordnet wird.[165] Bulletin-Boards können die Arbeit der Mitglieder der marktorientierten Organisationseinheit in vielfältiger Hinsicht unterstützen: sie dienen als Plattform für den übergreifenden Wissenstransfer zwischen den Mitarbeitern mit unterschiedlichem fachlichen Hintergrund, sie unterstützen den Erfahrungsaustausch zwischen den Marken-, Vertriebslinien- und Händlerexperten untereinander, sie sind geeignet, die übergreifende Kommunikation im Rahmen der Erfüllung konkreter Prozessaktivitäten sicherzustellen.
- **Planungssysteme** unterstützen in erster Linie jene Kommunikation, die zur Abstimmung aufgabenbezogener Tätigkeiten im Rahmen von Teamarbeit auszuführen sind. Sie werden in erster Linie für die gemeinsame Terminabstimmung eingesetzt.[166] Alle Teammitglieder können dabei auf die elektronische Terminplanung der jeweils anderen Mitglieder zurückgreifen, was jedoch voraussetzt, dass alle Beteiligten ihre Verfügbarkeiten vermerken und regelmäßig aktualisieren.
- **Entscheidungs- und Sitzungsunterstützungssysteme** (auch bekannt als Group Decision Support Systems) unterstützen die synchrone Kommunikation am selben Ort und werden zur Strukturierung von Sitzungsabläufen eingesetzt. In Frage kommen hier u. a. Präsentationssoftware, computergestützte Sitzungsmoderationen sowie Screen-Sharing-Software.[167] Mit dem Einsatz dieser Tools wird das Ziel verfolgt, den Entscheidungsprozess des Teams zu unterstützen und bei der Bewertung von Aspekten zu helfen.[168] Voraussetzung ist, dass im Rahmen der Sitzungen allen Teilnehmern vernetzte Computer zur Verfügung stehen. Jeder Teilnehmer gibt – parallel zur geführten Diskussion seinen Lösungsvorschlag direkt in den Rechner ein. Eine spezielle Software sammelt, ordnet, kategorisiert und speichert alle Ideen, Kommentare und Abstimmungsresultate, die zum

---

165 Vgl. Osterloh (2000), S. 121.
166 Vgl. Osterloh (2000), S. 120.
167 Vgl. Picot et al. (2003), S. 173.
168 Vgl. im Folgenden Osterloh (2000), S. 123.

Schluss der Sitzung entsprechend ausgedruckt und als Entscheidungsgrundlage herangezogen werden können. Bezogen auf die Arbeit der marktorientierten Organisationseinheit eignet sich der Einsatz derartiger Systeme vor allem zur Fundierung sämtlicher Planungs- und Entscheidungsprozesse.

Workflow-Systeme

Workflow-Systeme liefern das höchste Maß an Prozessunterstützung, da sie sich gezielt mit übergreifenden Aufgabenzusammenhängen auseinandersetzen. Durch eine informationstechnische und schrittweise Abbildung der Arbeitsabläufe wird die meist einfache, standardisierbare und arbeitsteilig zu erfüllende Folge von Prozessaktivitäten automatisch gesteuert.[169] Zuvor definierte Entscheidungsregeln stellen dabei sowohl die korrekte Reihenfolge der Bearbeitung als auch die zeitgerechte Erfüllung der einzelnen Prozessaktivitäten sicher. Da die Workflow-Systeme regelmäßig den Dokumentenfluss beinhalten, erfolgt die Arbeitsverteilung auf die entsprechenden Mitarbeiter derart, dass dem jeweils zuständigen Mitarbeiter die zu bearbeitenden Dokumente und die hierfür erforderlichen Unterlagen in elektronischer Form bereitgestellt werden.[170] Werden darüber hinaus alle zu einem Vorgang gehörenden Objekte (Korrespondenz, Formulare etc.) in einer elektronischen Umlaufmappe zusammengefasst, so ist gleichzeitig auch die parallele Bearbeitung eines Vorgangs durch verschiedene Spezialisten möglich.[171] Eine hierfür erforderliche Versionskontrolle und -abstimmung wird durch das Workflow-System gewährleistet.

Die Vorteile von Workflow-Systeme liegen vor allem in der Reduzierung der Bearbeitungszeiten und einem höheren Kontrollpotenzial im Falle gut strukturierter Aufgabenkomplexe mit schematisch ablaufenden Prozessaktivitäten;[172] so etwa im Falle der Angebotserstellung und Auftragsabwicklung durch Mitglieder der marktorientierten Organisationseinheit. Durch Integration einer entsprechenden Anwendungssoftware können automatisch auftrags-, produkt- und händlerbezogen die Richtigkeit der eingeräumten monetären und nicht-monetären Konditionen sowie die damit verbundene Profitabilität überprüft werden. Es lassen sich Tendenzen in Bezug auf den Umsatz und den Deckungsbeitrag errechnen, die schlussfolgernd den potenziellen Erreichungsgrad angestrebter Ziele widerspiegeln. Darüber hinaus eignet sich der Einsatz des Systems auch zur Unterstützung im Rahmen der Entwicklung verkaufsfördernder Marketingmittel. Die konkrete zeitliche Vorgabe einzelner Arbeitsschritte gewährleistet die rechtzeitige Fertigstellung der Mittel einerseits – die im System integrierten Wiedervorlage- und Mitzeichnungsmechanismen garantieren einen marken- und vertriebslinienkonformen Aufbau der Merchandisingmittel andererseits. Durch eine ent-

---

169 Vgl. Osterloh (2000), S. 123.
170 Vgl. Frese (2000), S. 136.
171 Vgl. Picot et al. (2003), S. 174.
172 Vgl. Korb (2000), S. 19.

sprechend frühzeitige elektronische Visualisierung der Marketingmittel über ein systemunabhängiges Dokumentenformat, wie zum Beispiel das des Portable Document Format (pdf), lassen sich Änderungen in der Gestaltung rechtzeitig und damit kostenreduzierend durchsetzen. Letztendlich erleichtert das System auch die Erfassung von Prozesskennzahlen im Hinblick auf Durchlaufzeiten oder Prozesskosten.

4.3.4 IT-Unterstützung durch CRM-Systeme

Während die zuvor erläuterten Möglichkeiten auf die Optimierung der Zusammenarbeit der marktorientierten Organisationseinheit abheben, zielen CRM-Systeme darauf ab, die Mitarbeiter mit ausgewählten und verdichteten unternehmensinternen sowie entscheidungsrelevanten unternehmensexternen Daten wie Marktforschungs- und Abverkaufsergebnissen zum richtigen Zeitpunkt und in der gewünschten Form zu versorgen.[173] Die ganzheitliche Sicht auf den einzelnen Kunden soll ermöglicht werden und soll einen abgestimmten, in sich stimmigen Dialog mit ihm erlauben.[174] Diese integrative Aufgabenstellung der CRM-Systeme ist verbunden mit einem hohen Komplexitätsanspruch, da differenzierte Anforderungen zu erfüllen sind:
- die **Synchronisation** und **operative Unterstützung** der zentralen Customer-Touch-Points,
- die **Integration sämtlicher Kommunikationskanäle** zwischen Kunden und Unternehmen
- sowie die dazu erforderliche **Zusammenführung und Auswertung aller Kundeninformationen**.

Grundsätzlich lassen sich CRM-Systeme in zwei zentrale Aufgabenbereiche einteilen, die in enger Austauschbeziehung zueinander stehen. Das **operative CRM** umfasst alle Bereiche, die unmittelbar im Kontakt mit dem Kunden stehen. Das **analytische CRM** hingegen zeichnet Kundenkontakte und Kundenreaktionen systematisch auf und wertet die kundenbezogenen Geschäftsprozesse kontinuierlich aus. Ziel ist das Aufdecken wertvoller Optimierungspotenzialen, um so die Effektivität und Effizienz in der absatzmarktgerichteten Arbeit zu erhöhen, um Kosten zu reduzieren, Umsätze zu erhöhen und Kundenbindung auszubauen. Abbildung 4.12 zeigt die Grundstruktur eines CRM-Systems.

Grundbaustein bilden die operativen Daten-Vorsysteme, die die zu transferierenden Daten in das Data-Warehouse liefern. Regelmäßig handelt es sich hierbei um die in den unternehmensinternen Administrationssystemen eruierten Daten des Finanz- und Rechnungswesens, der Kostenrechnung, des Personalwesens und des Vertriebs u. a. sowie um unternehmensexterne Daten beispielsweise von Händlern und Markt-

---

173 Vgl. Stahlknecht/Hasenkamp (2004), S. 336 und S. 397 ff.; Hannig (2001), S. 720.
174 Vgl. hierzu und im Folgenden Rentzmann (2011), S. 131 ff.

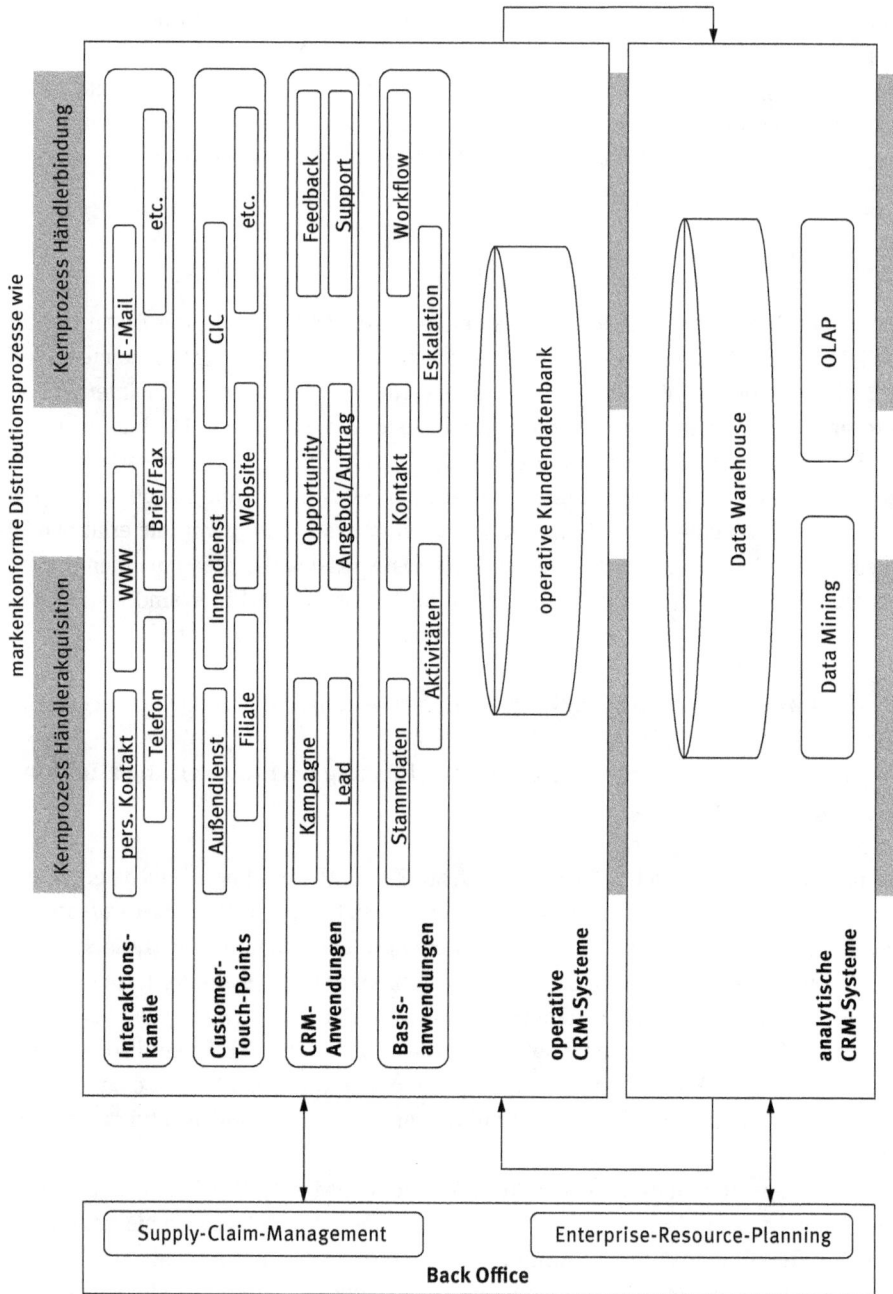

Abb. 4.12: Komponenten eines CRM-Systems
Quelle: in Anlehnung an Rentzmann et al. (2006), S. 132.

forschungsinstituten, die marken- bzw. produktbezogen in Form von Abverkaufszahlen und endverbraucherbezogen auf Basis von Kundenkarten und Panelforschung der marktorientierten Organisationseinheit zur Verfügung gestellt werden.[175] Der Datenimport in das Data-Warehouse erfolgt über die Datenschnittstelle, im Rahmen derer die Daten hinsichtlich ihrer Qualität überprüft werden, die Datenkonsistenz geschaffen und Unstimmigkeiten behoben werden.[176] Den Kern des analytischen CRM-Systems bildet das Data-Warehouse, in dem alle kundenbezogenen Informationen zusammengeführt sind. Ein Data-Warehouse stiftet jedoch nur dann einen Nutzen, wenn über Zusatzapplikationen die Datenfilterung, -analyse, -aggregation und -darstellung realisierbar ist.[177] Die hierzu erforderliche Software-Technologie, die als Abfrage- und Analysewerkzeug in Frage kommt, ist das von Codd entwickelte Konzept des **On-Line-Analytical-Processing** (OLAP).[178]

Zielsetzung von OLAP ist es, den Entscheidungsträgern der marktorientierten Organisationseinheit ein Konzept zur dynamischen, d. h. intuitiven, interaktiven und multidimensionalen Analyse entscheidungsrelevanter Daten zur Verfügung zu stellen. Der Einsatz von OLAP ermöglicht es, die Daten aus differenzierten Perspektiven hinsichtlich betriebswirtschaftlich bedeutender Kennzahlen (auch bezeichnet als Fakten) wie Umsatz, Absatzmenge, Deckungsbeitrag – entlang unterschiedlicher Dimensionen wie Zeit, Marken, Vertriebslinien oder Händler – als mehrdimensionale Gebilde bzw. Datenwürfel zu betrachten.[179] Abbildung 4.13 verdeutlicht ein Beispiel eines einfachen, dreidimensionalen Datenraumes.

Durch Abruf der Informationen aus dem Data-Warehouse lassen sich komplexe Zusammenhänge darstellen, die die Analyse objektübergreifender Daten nach unterschiedlichen Dimensionen ermöglicht. Im vorliegenden Fall wird der Datenraum durch die Dimensionen Marke, Vertriebslinie und Händler aufgespannt. So ist eine detaillierte marken- bzw. produktspezifische Erfolgsanalyse – bezogen auf selektierte Vertriebslinien – bei gleichzeitiger Zuordnung zu den Handelsunternehmen möglich. Erfolgt darüber hinaus der Einbezug des Faktors Zeit als weitere Dimension, so lassen sich Soll-/Ist- sowie Vorjahresvergleiche durchführen und Entwicklungstendenzen entsprechend dem ausgewählten Betrachtungszeitraum ermitteln.

Grundsätzlich kann das OLAP-Konzept für Ad-hoc-Abfragen, für das Reporting, für Führungsinformationen sowie als Informationsbasis im Rahmen des Mikro-Marke-

---

175 Vgl. Schmickler (2001), S. 190.

176 Vgl. Beekmann (2003), S. 45; Hannig (2001), S. 721. Beispielsweise werden eventuelle Fehler in der Datenstruktur oder unterschiedliche Schlüssel für gleiche Eigenschaften behoben.

177 Vgl. Schmickler (2001), S. 193.

178 Vgl. Codd et al. (1993).

179 Vgl. Chamoni/Gluchowski (2000), S. 334 und 336.

z.B. Absatzmenge,
Umsatz oder Deckungsbeitrag

Dimension
Vertriebsschiene
(VS)

VS B
VS A

Marke B

Dimension
Marke

Marke A

Händler A   Händler B
Dimension Händler

Markensicht	**Vertriebs-schienensicht**	**Händlersicht**	**verzahnte Sichtweise**

Marke

Vertriebs-schiene

Händler

| Marke A in allen Vertriebsschienen bei allen Händlern | alle Marken in Vertriebsschiene A bei allen Händlern | alle Marken in allen Vertriebsschienen bei Händler A | Marke A in Vertriebsschiene A bei Händler A |

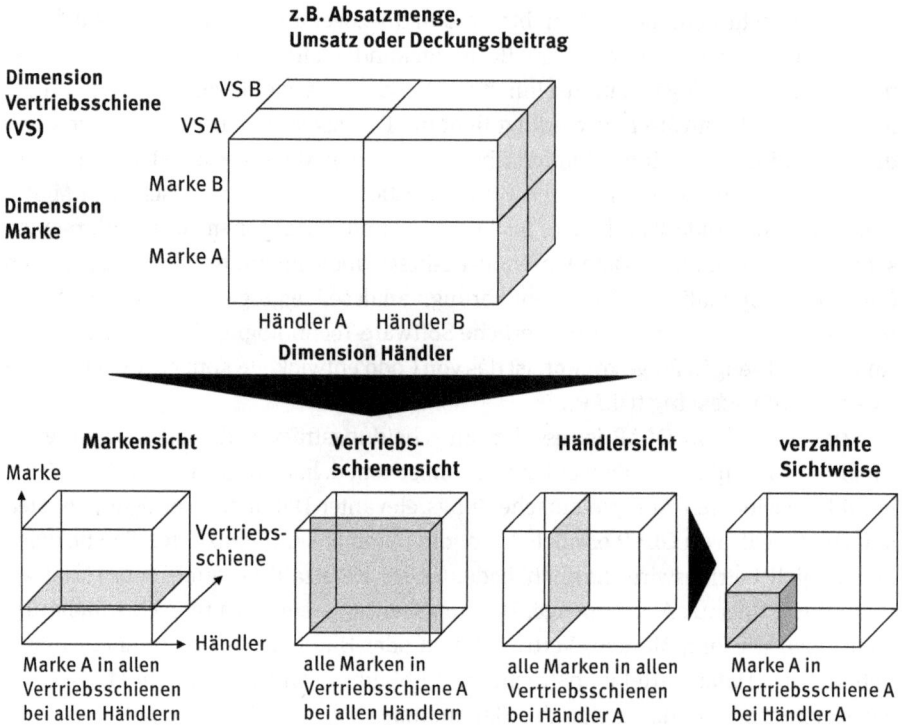

Abb. 4.13: Multidimensionaler Datenwürfel und durch OLAP mögliche Sichten auf die Daten[180]

tings genutzt werden.[181] Insgesamt betrachtet ergibt sich durch den Einsatz von OLAP-Software für die marktorientierte Organisationseinheit die Möglichkeit der ganzheitlichen Analyse, da alle relevanten Objekte (Marke, Vertriebslinie sowie Händler) in die Betrachtung miteinbezogen werden. Damit schafft das OLAP-Konzept die Grundlage für den Übergang von der funktionsbezogenen hin zu einer objektgerichteten Analyse, bei einer gleichzeitig einfachen Navigation in Tabellen und Grafiken, sodass eine hohe Anwendungsflexibilität und Benutzerfreundlichkeit sichergestellt wird.[182] Typische Operationen sind in diesem Zusammenhang die Vertauschung der Achsen, um die Daten aus unterschiedlichen Perspektiven zu beleuchten, die Änderung des Aggregationsgrades sowie die Analyse ausgewählter Bereiche des Datenwürfels durch Einschränkung der Dimensionselemente.[183]

Ergänzend zur OLAP-Software ist noch das **Data-Mining-Verfahren** für die Arbeit der marktorientierten Organisationseinheit von hoher Bedeutung. Dabei stellt

---

180 Quelle: in Anlehnung an Beekmann (2003), S. 48; Hannig (2001), S. 724; Kloth (1999), S. 144.
181 Vgl. Becker (2001), S. 385; Hannig (2001), S. 730.
182 Vgl. Bange (2001), S. 65.
183 Vgl. zur genauen Beschreibung der Operationen Düsing/Heidsieck (2001), S. 104 ff.

das Data-Mining eine bestimmte Form des **Knowledge-Discovery** dar, mit dem Daten mittels statistischer Verfahren hypothesengestützt bzw. hypothesenfrei nach bisher unbekannten Beziehungen durchsucht werden.[184] Allgemein geht es hierbei um das Entdecken von Wissen, auf dessen Basis eine effektivere Steuerung der absatzpolitischen Instrumentalvariablen möglich wird. Chamoni/Budde konzentrieren sich in ihren Ausführungen auf vier wesentliche Verfahren, mittels derer die Generierung von Wissen möglich ist. Sie unterscheiden zwischen Data-Mining durch Clusteranalyse, Statistik, Induktives Lernen und Neuronale Netze.[185] Dabei lassen sich fünf Ergebnistypen durch den Einsatz der Verfahren erzielen:[186] Erstens Aussagen über direkte Verbundbeziehungen von Produkten respektive Marken, zweitens Erkenntnisse über die zeitlichen Verbundbeziehungen von Produkten mittels derer Rückschlüsse auf die Kaufwahrscheinlichkeit möglich sind, drittens eine mögliche Klassifikation von Endverbrauchertypen durch die Analyse Ort und Zeitpunkt ihres Kaufs und viertens das Aufdecken von Neuen bis dato noch unbekannten Kundentypen (Cluster) sowie fünftens die Erstellung von Absatzprognosen je nach Konstellation der absatzpolitischen Instrumentalvariablen.

Der Erkenntnisgewinn der marktorientierten Organisationseinheit wird dabei umso höher sein, je mehr Daten in die Analyse miteinbezogen werden. Führt der marktorientierte Organisationsbereich über mehrere Marken innerhalb einer Warengruppe, so lassen sich mögliche Verbundwirkungen zwischen den Marken bereits innerhalb des Herstellerunternehmens eruieren und stellen interessante Ansatzpunkte zur innovativen Zusammenstellung eines vertriebslinienbezogenen Marken-/Produktprogramm dar. Verfügt die marktorientierte Organisationseinheit darüber hinaus noch über Abverkaufsdaten, die vertriebslinienbezogen das Einkaufsverhalten der Endverbraucher oder den Abverkauf der Konkurrenzmarken bzw. -produkte wiedergeben, so lässt sich ein wertschöpfungsstufenübergreifendes Category-Management umsetzen – was jedoch eine kooperative und vertrauensvolle Geschäftsbeziehung zu den Entscheidungsträgern im Handel erfordert.

Insgesamt betrachtet sollen sowohl der Einsatz von OLAP als auch die Nutzung der Data-Mining-Verfahren die marktorientierte Organisationseinheit in die Lage versetzen, objektspezifisches und objektübergreifendes Wissen aufzubauen. Dabei dient dieses Wissen zum Einen der Verknüpfung von vertriebslinien- mit dem markenbezogenen Wissen und verfolgt das Ziel, die Kompetenz der Mitarbeiter zu steigern, um so die markenpolitischen Verhandlungen mit den Entscheidungsträgern im Handel argumentativ zu stärken. Zum anderen lassen sich beide Verfahren zur Unterstützung von Entscheidungen über die Höhe der Investition in den Handel bzw. in die Vertriebsschienen nutzen.

---

184 Vgl. zum Data-Mining Beekmann (2003); Rühl/Steinicke (2003), S. 300ff.; Barth et al. (2002), S. 451 ff.
185 Vgl. Chamoni/Budde (1997), S. 21 ff.
186 Vgl. Barth et al. (2002), S. 452 ff., die ihre Aussagen auf Gilmozzi (1996), S. 169 stützen.

Ergänzend zu den zuvor aufgezeigten Möglichkeiten, die sich durch den Einsatz des analytischen CRM-Systems ergeben, rücken gegenwärtig elektronische Wissensplattformen, mit deren Hilfe verteiltes Wissen zentral verfügbar gemacht werden kann, in das Interesse von Wissenschaft und Praxis.[187] So zeigen beispielsweise Barth, Kiefel und Wille im Rahmen des von ihnen entwickelten **Modells der gefilterten Märkte** auf, wie durch die Realisierung von unternehmensinternen Wissensmärkten eine effektive und effiziente Bereitstellung sowie Verteilung von Wissen im Unternehmen erreicht wird.[188] Basierend auf einer elektronischen Plattform werden Wissenspotenziale gehandelt, indem die Mitarbeiter auf freiwilliger Basis die Möglichkeit haben, Informationen und Wissen zu kodifizieren und als Wissensprodukte potenziellen Nachfragern im Unternehmen anzubieten. Die Generierung von Wissenspotenzialen ist dabei auf zweifache Weise möglich. Zum einen lassen sich bestehende Methoden der quantitativen Datenanalyse weiter ausdehnen, zum anderen kann es als komplementäres Instrument den Wissenstransfer im Unternehmen fördern, um qualitative Wissenspotenziale zu erschließen. Durch Integration eines Anreizsystems, das die Mitarbeiter für ein qualitativ hochwertiges Wissensangebot belohnt, soll der Austausch von Kunden-, Produkt- und Managementwissen gefördert und vorhandene Wissenspotenziale im Unternehmen voll ausgeschöpft werden.

---

187 Vgl. hierzu Barth/Kiefel/Wille (2002).
188 Vgl. Barth/Kiefel/Wille (2004).

5 Entwicklung eines integrativen Controllingkonzeptes

Lernziele
Das nachfolgende letzte Kapitel beschäftigt sich mit dem Aufbau eines Controllingsystems, wobei der Fokus auf der Balanced Scorecard (BSC) liegt.
– Sie lernen die Bedeutung und Notwendigkeit des Controllings kennen.
– Sie verstehen, worin der Unterschied zwischen einem herkömmlichen Controllingsystem und der BSC liegt.
– Sie können nachvollziehen, wie die BSC die Leistungsfähigkeit der absatzmarktgerichteten Organsiationseinheit ermitteln kann.

5.1 Ausgangspunkt der Überlegungen

Der Begriff Controlling, der sich aus dem angelsächsischen Terminus „to control" ab-leitet, dient grundsätzlich dazu die Entscheidungsfindung zu unterstützen und sach-funktionsübergreifend die Aktivitäten im Unternehmen zu planen, zu steuern und zu überwachen.[1] Für die marktorientierte Organisationseinheit liegen die Hauptfunktio-nen des Controllings in der Bereitstellung koordinationsrelevanter Informationen so-wie in der Schaffung von Rahmenbedingungen, um diese Informationen zielführend zu nutzen. Darüber hinaus ist sicherzustellen, dass sämtliche Tätigkeiten im Hinblick auf einen zielorientierten und effizienten Einsatz der Ressourcen geplant, gesteuert und kontrolliert werden.

Im Zusammenhang mit der Controllingaufgabe haben **Kennzahlen** eine zentrale Bedeutung. Sie geben unternehmensbezogene relevante Zusammenhänge in verdich-teter, messbarer Form wieder,[2] wobei Kennzahlen im betriebswirtschaftlichen Sinne nur dann vorliegen, „[...] wenn Zahlen, [...] [der] Beurteilung der Leistungswirksam-keit von Führungsentscheidungen und [...] [der] Analyse der ökonomischen Situa-tion dienen sowie entsprechende Folgerungen hinsichtlich Ursachen und deren Fol-gen für die Erhaltung der Unternehmung und für ihre Zielverwirklichung erlauben."[3] *Staehle* engt das Kennzahlenverständnis zudem auf die Verdichtung quantifizierbarer Informationen ein: „Betriebswirtschaftliche Kennzahlen sind [...] Zahlen, die in kon-zentrierter Form über einen zahlenmäßig erfassbaren betriebswirtschaftlichen Tatbe-stand informieren."[4] Kennzahlen können als absolute Zahlen oder als Verhältniszah-len in Erscheinung treten. Im Rahmen von Verhältniszahlen lassen sich wiederum Gliederungszahlen (Verhältnis einer Teilgröße zur Gesamtgröße), Beziehungszahlen

---

1 Vgl. Köhler (2006), S. 12f; Deking/Meier (2000), S. 250; Schierenbeck/Lister (1998), S. 23.
2 Vgl. Horváth (2011), S. 566.
3 Siegwart (1998), S. 4.
4 Staehle (1967), S. 62.

https://doi.org/10.1515/9783110535730-005

(Verhältnis von zwei inhaltlich ungleichartigen Größen) und Indexzahlen (Verhältnis zweier gleichartiger Merkmale, wobei eine Größe mit 100 gleichgesetzt wird) voneinander trennen.[5] Die Informationsaufgabe von Kennzahlen kann nur durch einen Kennzahlenvergleich realisiert werden. Dieser kann entweder als Zeit- oder Objektvergleich oder als Soll-Ist-Vergleich durchgeführt werden.[6]

Darüber hinaus wird zwischen **finanziellen** und **nicht-finanziellen Kennzahlen** unterschieden. Während finanzielle Messgrößen wie Cashflow oder Umsatz ohne größere Probleme dem Rechnungswesen zu entnehmen sind, beziehen sich nicht-finanzielle Maßgrößen auf qualitative Aspekte, so etwa auf die Wiedergabe der erreichten Markensympathie bzw. des Markenimages, Reaktionszeiten oder realisierte Qualitätsstandards im Rahmen der Leistungserstellung. Die Ermittlung nicht-finanzieller Kennzahlen zielt vor allem auf die Erfassung der Ausprägungen der immateriellen Vermögensgegenstände (Markenstärke, Geschäftsbeziehung) ab, in denen sich die erfolgreiche Umsetzung der unternehmerischen Markt- und Kundenorientierung widerspiegelt.[7] Nicht-monetäre Kennzahlen können in der Regel nur empirisch über Kunden-, Marken- und Prozessanalysen sowie über Befragungen ermittelt werden.

Vor dem Hintergrund, dass die **traditionellen Kennzahlensysteme**[8] wie etwa das Du-Pont-System[9] sich ausschließlich auf finanzielle Maßgrößen konzentrieren, stellt der Einbezug der schwer quantifizierbaren nicht-finanziellen Kennzahlen neue Anforderungen an das Controlling. Denn resultierend aus der Tatsache, dass Wettbewerbsvorteile vielfach nicht aufgrund von Investitionen in materielle Vermögensgegenstände entstehen, sondern vielmehr auf Wissen bzw. Kompetenz der Mitarbeiter, einer außerordentlichen Beziehung zu den Kunden oder auf einer stark im Bewusstsein der Konsumenten verankerten Marke beruhen, ist ein Ansatz erforderlich, der die Komplexität der interaktiv miteinander verknüpften Indikatoren erfasst und in ihren Wirkungszusammenhängen darzustellen versucht.

---

5 Vgl. Horváth (2011), S. 566 f.; Reichmann (1997), S. 19 ff.; Wolf (1977), S. 11 ff.

6 Vgl. Horváth (2011), S. 567 f., sowie Wolf (1977), S. 23.

7 Vgl. zu den nicht-monetären Kennzahlen auch die Ausführungen bei Horváth (2011), S. 580 ff.

8 Unter Kennzahlensystem wird im Allgemeinen die Zusammenstellung von quantitativen in einer sachlich sinnvollen Beziehung zueinander stehenden, einander ergänzenden oder erklärenden Messgrößen verstanden, die hierarchisch aufgebaut eine Kennzahlenpyramide ergeben und allesamt auf ein gemeinsames übergeordnetes Ziel (Spitzenkennzahl) ausgerichtet sind. Vgl. Preißner (2000), S. 14 f.; Horváth (2011), S. 568 ff.

9 Das vom Chemiekonzern DuPont entwickelte System stammt aus dem Jahr 1919 und verwendet als Spitzenkennzahl die Gesamtkapitalrentabilität, die sich aus der Kennzahlen Kapitalumschlag (Umsatz/investiertes Kapital) multipliziert mit der Kennzahl Umsatzrentabilität (Gewinn/Umsatz) ermitteln lässt. Im weiteren Verlauf werden nun Kapital und Gewinn aufgeschlüsselt, sodass die Kennzahlen mit einfachen Basisdaten ermittelt werden können. Die Vorteile des Kennzahlensystems liegen insbesondere in der Eindeutigkeit und der Geschlossenheit des Systems, sodass ein hohes Maß an Übersichtlichkeit gewährleistet wird. Vgl. zum DuPont-System Preißner (2000), S. 14 ff.; Wall (1999), S. 255 ff.; Horváth (2011), S. 569 ff.

Tab. 5.1: Anforderungsmerkmale von Performance Measurement im Vergleich zu traditionellen Kennzahlensystemen

Performance Measurement	traditionelle Kennzahlensysteme
Kundenausrichtung (zukunftsorientiert)	monetäre Ausrichtung (vergangenheitsorientiert)
aus den operativen Steuerungserfordernissen abgeleitete hohe Flexibilität	begrenzt flexibel; ein System deckt interne und externe Informationsinteressen ab
Überprüfung des Strategieumsetzungsgrades; Impulsgeber zur weiteren Prozessverbesserung	Einsatz primär zur Überprüfung des Erreichungsgrades finanzieller Ziele
Fokussierung der Leistungsverbesserung	Fokussierung der Kostenreduzierung
horizontale Berichtsstruktur	vertikale Berichtsstruktur
integrierte Betrachtung der Leistung und Leistungspotenziale auf allen erfolgs- und leistungsrelevanten Unternehmensebenen	fragmentierte Betrachtung einzelner Funktionen, Objekte etc.
Qualität, Auslieferung, Zeit und Kosten werden simultan bewertet	Kosten, Ergebnisse und Qualität werden isoliert betrachtet
Abweichungen werden direkt zugeordnet (Bereich, Person)	unzureichende Abweichungsanalyse
team-/gruppenbezogene Leistungsanreize werden geschaffen	Begrenzung auf primär individuelle Leistungsanreize
Lernen der gesamten Organisation	individuelles Lernen

Quelle: in enger Anlehnung an Lynch/Cross (1995), S. 38 zitiert bei Klingebiel (2001), S. 19.

Seit Mitte der 1980er-Jahre werden unter dem Terminus **Performance Measurement** neue Ansätze der Leistungsmessung und -bewertung als Grundlage der Unternehmenssteuerung betrachtet.[10] Performance-Measurement-Ansätze verfolgen das Ziel, die operativen Leistungsebenen strategiekonform zu steuern. Ausgangspunkt der Performance-Measurement-Ansätze ist der Aufbau eines integrierten Informationssystems, das abgeleitet aus der Vision und Strategie des Unternehmens die wesentlichen erfolgskritischen Maßgrößen, die **Key Performance Indicators** (KPIs) fokussiert. Neben den finanzwirtschaftlichen Informationen werden im Rahmen dieser Ansätze auch die diese beeinflussenden Vorsteuergrößen erfasst, die dem Anspruch der Quantifizierbarkeit genügend sich auf die verschiedensten Dimensionen beziehen können.[11]

Tabelle 5.1 verdeutlicht die Charakteristika, durch die sich das Performance Measurement auszeichnet, und hebt gleichsam ab auf die Unterschiede zu den herkömmlichen einseitig finanzwirtschaftlich fokussierten Kennzahlensystemen.

---

10 Vgl. Horváth (2011), S. 585; Baier (2007), S. 204; Brunner (1999), S. 23 ff.; Klingebiel (1999), S. 13 ff.
11 Vgl. Horváth (2011), S. 585.

5.2 Die Balanced Scorecard (BSC) als relevantes Performance-Measurement-Konzept

Eines der bekanntesten Performance-Measurement-Konzepte ist die von Kaplan und Norton entwickelte Balanced Scorecard (BSC)[12], deren Grundgedanke es ist, die zentralen Erfolgsfaktoren eines Unternehmens aus verschiedenen Entscheidungsperspektiven in ein **integriertes System von Kennzahlenkategorien** zu überführen.[13] In der Grundform basiert dieser „ausgewogene Berichtsbogen" auf einer Unterteilung in vier Kennzahlenkategorien (Perspektiven), die abgeleitet aus der Unternehmensvision und -strategie die finanzwirtschaftliche Perspektive, die Kundenperspektive, die interne Geschäftsprozessperspektive sowie die Lern- und Entwicklungsperspektive des Unternehmens widerspiegeln.[14] Die integrative Sichtweise in Form eines umfassenden Kennzahlensystems entsteht durch Verknüpfung der vier Perspektiven,[15] die aus den logischen und empirischen Beziehungszusammenhängen zwischen den Kennzahlen resultieren.

Logische Beziehungen resultieren aus definitorischen Abgrenzungen sowie aus mathematisch zulässigen Umformungen in Bezug auf das Ausgangsverhältnis, die die definitorischen Beziehungen erweitern.[16] Im Falle der begrifflichen Festlegung wird die übergeordnete Kennzahl wie etwa der Gewinn durch die entsprechend ihrer Definition untergeordneten Kennzahlen beeinflusst (Umsatz – Kosten). Durch mathematische Umformungen lassen sich darüber hinaus Abhängigkeiten nachweisen. So ist beispielsweise die Kennzahl Gesamtkapitalrentabilität von den Kennzahlen Umsatzrentabilität und Kapitalumschlag abhängig.[17]

Empirische Beziehungen zwischen Kennzahlen liegen hingegen vor, wenn die Zusammenhänge in tatsächlichen Sachverhalten begründet sind,[18] die das Ursachen-Wirkungsverhältnis zwischen Kennzahlen explizieren. Es handelt sich einerseits um hypothetische Beziehungen, wenn aufgrund von Erfahrungen der Vergangenheit bzw. plausiblen Erklärungen von einem Sachzusammenhang ausgegangen werden kann. Andererseits liegen theoretische Aussagen vor, sofern hypothetische Zusammenhänge in der Realität nicht widerlegt werden können.[19]

---

12 Vgl. Kaplan/Norton (1992, 1993, 1996, 1997). Die BSC wird darüber hinaus auch als ein Managementsystem verstanden, das zur Überwindung der Diskrepanz zwischen der Entwicklung und Formulierung einer Strategie und ihrer Umsetzung dient.
13 Vgl. Horváth/Kaufmann (1998), S. 42.
14 Vgl. Kaplan/Norton (1997), S. 24 ff.; Horváth (1998), S. 567.
15 Vgl. Kaplan/Norton (1997), S. 236.
16 Vgl. Küting (1982), S. 237.
17 Vgl. Küpper (2005), S. 319.
18 Vgl. Küting (1982), S. 319 f.
19 Vgl. hierzu auch die Ausführungen bei Wiese (2000), S. 106 ff.

Neben den zuvor erläuterten Beziehungsgefügen lassen sich mit dem Konzept der BSC auch **hierarchische Beziehungszusammenhänge** zwischen den verschiedenartigen Kennzahlen erfassen. Grundsätzlich bringen die hierarchischen Beziehungen die Rangordnung bzw. die Rangordnungsfolge zwischen Kennzahlen zum Ausdruck.[20] Innerhalb des BSC-Konzeptes zeigen sie die Über- und Unterordnungsverhältnisse der Perspektiven sowohl innerhalb einer BSC als auch zwischen mehreren im Unternehmen implementierten BSC auf. Existieren in einem Unternehmen mehrere BSC, so muss der Aufbau der BSC-Hierarchie dem Leitbild folgen, die Struktur der Organisation, für die eine Strategie formuliert wurde, zu reflektieren.[21]

Der hohe Eignungsgrad des BSC-Konzeptes zur Steuerung und Führung der marktorientierten Organisationseinheit begründet sich vor allem aus der **integrativen Verknüpfung der verschiedenen Perspektiven.** Diese bewirkt – wie im weiteren Verlauf der Ausführungen noch aufgezeigt wird – eine Zusammenführung der bis dato entweder auf die Marke oder die Absatzmittler isolierten Sichtweisen. Denn trotz der Orientierung der fachlich unterschiedlich ausgerichteten Experten auf differenzierte Zielsegmente (Händler, Vertriebsschiene und Endverbraucher) ermöglicht der Einsatz der BSC insofern eine Verbindung der Tätigkeitsbereiche, als dass durch die Vereinheitlichung der Maßgrößen der Prozessperspektive einerseits sowie der Lern- und Entwicklungsperspektive andererseits die Verantwortung auf alle in den Distributionsprozesse involvierten Mitarbeiter übertragen wird. In diesem Zusammenhang haben teambezogene Zielvorgaben eine hohe Bedeutung, da mit ihnen das Handeln der Mitglieder der marktorientierten Organisationseinheit an gemeinsam zu erreichenden Maßgrößen ausgerichtet werden soll. Zu denken ist beispielsweise an den anzustrebenden Erfolg bei Marken- bzw. Produktneueinführungen, der letztlich nur dann erzielt wird, wenn die differenzierten Wissenspotenziale zusammengeführt und aufeinander abgestimmt werden und die Ergebnisse den einzelnen Experten als Handlungsleitfaden für die von ihnen zu erfüllenden Aufgaben dienen; denn ohne das Know-how der einzelnen Experten kann letztlich nur ein suboptimaler Erfolg erzielt werden.

Darüber hinaus ermöglicht der Aufbau einer BSC-Hierarchie bezogen auf das gesamte Unternehmen den einzelnen marktorientierten Organisationseinheiten ein weitgehend einheitliches, auf die Ziele des Unternehmens gerichtetes Performance-Measurement-Konzept zugrunde zu legen.[22] So lässt sich beispielsweise selbst für den Fall weitgehend eigenständig auftretender Marken in unterschiedlichen Warengruppen eine übergeordnete Unternehmens-Scorecard aufstellen. Im Rahmen der Unternehmens-Scorecard lassen sich auf Basis der strategischen Rahmenplanung die Philosophie und Richtlinien des Unternehmens festschreiben, die wiederum als

---

20 Vgl. Wiese (2000), S. 107 und 115.
21 Vgl. Gilles (2002), S. 40.
22 Vgl. Fink/Heineke (2002), S. 155.

Maßgrößen für die abgeleiteten operativen Geschäftsbereichs-Scorecards dienen.[23] Ihre Verwirklichung ist entsprechend durch die Mitglieder der jeweiligen Organisationseinheiten anzustreben.

5.2.1 BSC-Grundstruktur

Innerhalb einer BSC wird das Über- und Unterordnungsverhältnis im Hinblick auf die gegenseitige Beeinflussung zugrunde gelegt, die im Sinne der Input/Process/Output/Outcome-Sequenz wie folgt geordnet ist:[24] Den Input bildet die **Lern- und Wachstumsperspektive**, die den infrastrukturellen Unterbau zur Erreichung der Ziele der anderen Perspektiven liefert und die Mitarbeiter wie auch die Informations- und Kommunikationssysteme umfasst.[25] Zukunftsgerichtet ist dabei der intensive Ausbau dieser Infrastruktur unerlässlich. Bezogen auf die Mitarbeiter setzt dies die Identifizierung der aktuell vorhandenen und zukünftig notwendigen Potenziale voraus, wobei Inkongruenzen über Investitionen in Weiterbildungsmaßnahmen sowie in den Aufbau von Motivationssystemen abzubauen sind. So lassen sich beispielsweise bestehende Verhaltensmängel, die größtenteils aus Wissensdefiziten über den jeweils anderen Bereich resultieren, über Schulungsmaßnahmen kompensieren, mit dem Ziel der Realisierung des Dealer Business Development-Konzeptes.

Im Allgemeinen stellen Investitionen in diesem Bereich treibenden Faktoren zur Erreichung allgemeiner Personalziele dar, wie sie durch Anzahl der Schulungstage pro Mitarbeiter, die Mitarbeiterzufriedenheit, Unternehmenstreue bzw. Fluktuationsrate sowie Krankenstandsquote zum Ausdruck kommen, wie auch die durch Abgangsinterviews gewonnenen Mitarbeiterindikatoren. Im Speziellen lassen sich darüber hinaus auch noch händlerbezogene Ziele integrieren, wie etwa der Grad der Kundenorientierung gemessen an den Anforderungen zur Realisierung der Händlernähe in Form einer Zero-Defect-Quote der Mitarbeiter beim Handelskunden. Der Einsatz der Informationssysteme zielt im Wesentlichen darauf ab, Informationsdefizite und -asymmetrien zwischen den verschiedenen Facheinheiten abzubauen. Zum Einsatz können hier einerseits sogenannte Informationsdeckungskennziffern kommen, bei denen die erhältlichen Informationen ins Verhältnis zum angenommenen Informationsbedarf gesetzt werden.[26] Andererseits kann man auch Informationssammelgrößen nutzen, welche die Anzahl eruierter Kundendaten sowie markenrelevanter Wettbewerbsinformationen erfassen, um den erforderlichen Input für die Marktforschung sicherzustellen.

---

23 Vgl. Koers (2000), S. 244; Kaplan/Norton (1997), S. 34f.
24 Vgl. Kaplan/Norton (1997), S. 28f.
25 Vgl. Weber/Schäffer (1999), S. 11f.
26 Vgl. Wiese (2000), S. 87ff.; Kaplan/Norton (1997), S. 130.

Im Rahmen der **Prozessperspektive** erfolgt die Transformation der Leistungen. Hier werden vor allem die Prozesse hinsichtlich Qualität, Zeit und Kosten durchleuchtet, die kritisch für die Initiierung von Verbesserungen sind. An dieser Stelle kommen zwei innovative Ansätze zur Anwendung, wodurch sich die BSC von herkömmlichen Konzepten der Leistungsmessung – deren Zielsetzung in der Optimierung und Kontrolle der bestehenden Abläufe liegt – unterscheidet. Es sind erstens entlang der unternehmerischen Wertschöpfungskette Innovationen zu identifizieren und zu initiieren, sodass in der Zukunft mit neuen Produkten und Dienstleistungen der finanzielle Erfolg sichergestellt wird. Folglich ist das Augenmerk auf die gesamten Geschäftsprozesse zu richten, die zwischen der Identifikation des Kundenwunsches und dessen Befriedigung stehen.[27] Zweitens kann eine Top-Down-Ableitung von Zielen und Kennzahlen aus der definierten Strategie völlig neue verbesserungsbedürftige Geschäftsprozesse offen legen und somit zu innovativen Leistungen führen. Kaplan und Norton legen zur Analyse der internen Prozesse allgemein das generische Wertkettenmodell mit den Innovations-, Betriebs- und Kundendienstprozessen zugrunde.[28]

Im Fokus dieser Arbeit sollen Spitzenleistungen innerhalb der Markendistribution durch eine abgestimmte und damit verbesserte Zusammenarbeit der Mitarbeiter der marktorientierten Organisationseinheit erzielt werden. Die hierzu relevanten Prozesse wurden zuvor herausgearbeitet. Sie bilden den Ausgangspunkt für die interne Prozessperspektive des BSC-Konzeptes, wobei die Kennzahlen in den Vordergrund rücken, die die Arbeitseffektivität und -effizienz der marktorientierten Organisationseinheit messen. Beispielhaft hierfür sind der Händlerzufriedenheitsindex, die Erfolgsquote der mit dem Handel durchgeführter Marketingmaßnahmen, die durchschnittliche Bearbeitungszeit für Aufträge, die im Zusammenhang mit verkaufsförderungsbezogenen PoS-Aktionen stehen und sich auf die marketinggerichtete Angebotserstellung, Auftragsabwicklung sowie auf die durchschnittliche Reaktionszeit auf handelsseitige Anfragen und Beschwerden beziehen. Des Weiteren ist auch die Erfolgsquote von Abstimmungen zwischen push- und pull-bezogenen Maßnahmen eine treibende Maßzahl zur Verbesserung der Prozesse.

Die **Kundenperspektive** umfasst entsprechend den Output und definiert die Markt- und Kundensegmente, aus denen das Unternehmen die Erlöse schöpfen soll, um die finanzwirtschaftlichen Ziele zu erfüllen. Aufgabe der eingesetzten Kennzahlen ist es, die Leistung der marktorientierten Organisationseinheit in den jeweiligen Märkten zu messen. Die Zweistufigkeit der Distributionskette erfordert es, innerhalb dieser Perspektive sowohl den Händler, dessen Vertriebsschienen als auch den Endverbraucher als Zielgruppe anzuführen. Endverbraucherbezogen steht die Erfüllung des Markendreiklangs mit dem Bekanntheits-, Sympathiegrad sowie dem Grad der Markenverfügbarkeit (Distributionsgrad) im Vordergrund. Von Interesse ist ferner die Kongruenz des Markenauftritts am PoS, die sich vor allem in der Platzierungsqualität

---

27 Vgl. Kaplan/Norton (1997), S. 93.
28 Vgl. Kaplan/Norton (1997), S. 93 ff.

der Marke am PoS widerspiegelt. In diesem Zusammenhang bietet sich beispielsweise die Anzahl der Vorzugs- und Zweitplatzierungen bezogen auf die Geschäftsstätten und auf die Warenträger in den verschiedenen Vertriebslinien an sowie die relative Regalstrecke der Marke im Vergleich zur Konkurrenz.

Ergänzend zu den typischen generischen Kennzahlen wie etwa Markt- und Umsatzanteil sowie Rentabilitätskennzahlen sind im Kontext dieser Untersuchung auch noch die markengerechten Wertangebote zu berücksichtigen, die als Treiber auf die zielgruppenspezifischen Kennzahlen einwirken und die Grundlage zur Entwicklung einer ertragsreichen Marktstrategie bilden.[29] Abhängig von der Markenpositionierung (Premium-, Value- oder Niedrigpreismarke) und vom Wert der Geschäftsbeziehung zum Händler kommen als Maßgrößen in Frage: Anzahl der markenbezogenen Schulungen pro Handelsmitarbeiter und Vertriebsschiene, WKZ-Quote je Händler und Vertriebsschiene, gewährte Prämien für Verkaufsmitarbeiter im Handel.

Die **Finanzperspektive** fokussiert das aus unternehmerischer Sicht letztendliche Ergebnis (Outcome). Sie stellt folglich den Ankerpunkt der anderen Perspektiven dar[30] und soll über die klassischen Finanzkennzahlen wie Gewinn und Rendite aufdecken, ob mit der verfolgten Strategie eine Verbesserung des Ergebnisses erzielt wird.[31]

Abbildung 5.1 zeigt den hierarchischen Zusammenhang der Perspektiven innerhalb einer BSC.

Gemäß obiger Abbildung erfolgt die Konkretisierung des wertorientierten Aspektes im Rahmen der finanziellen Perspektive. Regelmäßig ist davon auszugehen, dass die Führungskräfte des operativen Bereichs in Bezug auf die Auswahl der finanziellen Spitzenkennzahl einen geringen Einfluss haben. Aufgrund der häufig nachzuvollziehenden Einbettung der operativen Einheiten in Konzern- respektive Managementholdingstrukturen geht Wertorientierung grundsätzlich mit einer starken Kapitalmarktorientierung einher; denn zum Einen gibt nur der Kapitalmarkt Auskunft über die Erwartungen der Eigentümer und zum Anderen richten sich die Investoren mit ihren monetären Ansprüchen (bei börsennotierten Unternehmen in Form von Ausschüttungen und Kurssteigerungen) im Regelfall an die Zentralebene und nicht an die nachgeordneten Einheiten.[32]

Ursächlich für den engen Bezug von Kapitalmarkt- und Wertorientierung ist die von Rappaport ausgegebene Linie, das Unternehmen vom Kapitalmarkt aus – als wesentlicher Engpassfaktor – zu steuern.[33] Der Grund hierfür liegt in dem hohen Einfluss institutioneller Anleger auf das Management, der sich aus den veränderten Rahmen-

---

29 Vgl. Kaplan/Norton (1997), S. 71.
30 Vgl. Weber/Schäffer (1999), S. 5 zitiert bei Wiese (2000), S. 115; Weber (1998), S. 187.
31 Vgl. Horváth (1998), S. 567.
32 Vgl. Weber et al. (2002), S. 11 f.
33 Vgl. Rappaport (1986), die deutsche Übersetzung (1995) sowie die zweite Auflage (1999 deutsche Fassung). Das auf Rappaport zurückzuführende Konzept des Shareholder Value dominiert – zumindest im deutschsprachigen Wirtschaftsraum – seit der Übersetzung des Buches „Creating Shareholder Value" im Jahre 1986 die wertorientierte Unternehmensführung.

finanzielle
Perspektive

EVA, Gewinn,
Rendite etc.

Kunden-
perspektive

Händler- und
Endverbraucherzufriedenheit

Produktqualität

Wertangebot

Prozess-
perspektive

Prozessqualität

Prozessdurchlaufzeit

Prozesskosten

Lern- und
Wachstums-
perspektive

Fachwissen und
Qualifikation der
Mitarbeiter

Informations-
generierung
und -nutzung

Mitarbeiter-
motivation und
-zielausrichtung

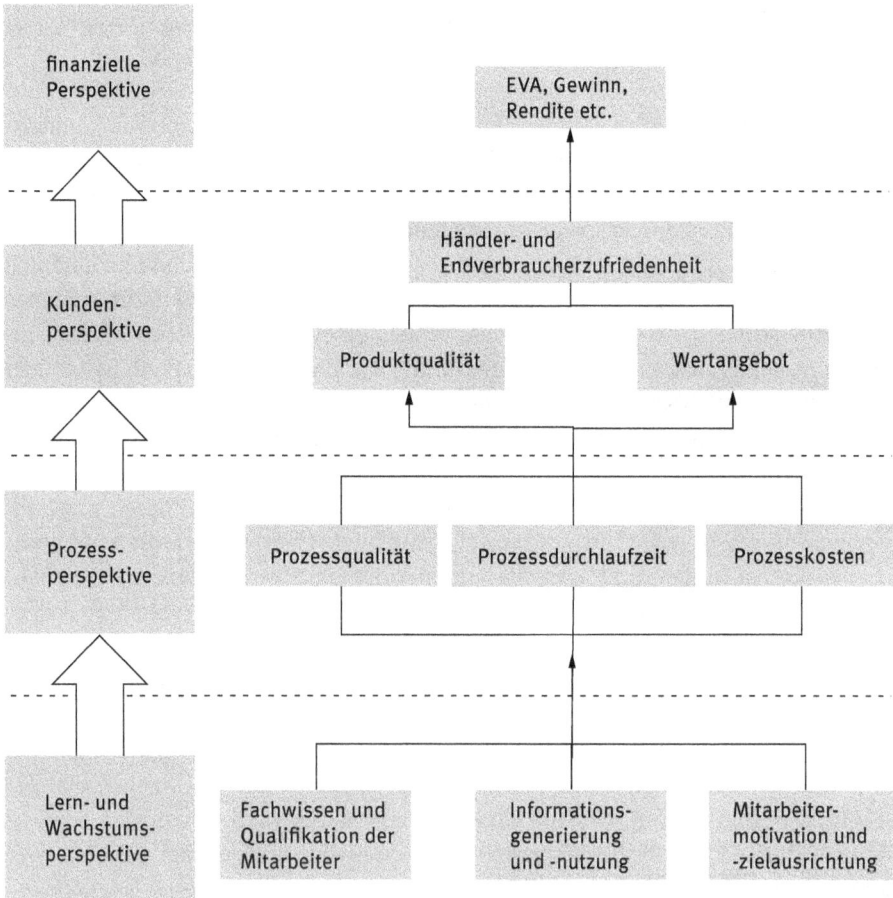

Abb. 5.1: Hierarchie der BSC-Perspektiven[34]

bedingungen, beispielsweise aus dem starken Anstieg von Unternehmensübernah-men, der zunehmenden Rechnungslegung nach US-GAAP, der wachsenden Bereit-schaft zum Aktiensparen sowie aus dem verstärkten Engagement ausländischer Kapi-talgeber, ergibt.[35] Entsprechend werden zur Absicherung des Finanzmittelbedarfs des Unternehmens strategische Entscheidungen immer mehr aus dem Blickwinkel der In-vestoren und damit in Abhängigkeit ihres zu erwartenden Beitrages zur Steigerung des Shareholder Value bzw. des Unternehmenswertes getroffen.[36] Diese Sichtweise wirkt sich auch auf die operativen Ebenen aus, mit dem Resultat, dass – aufgrund der Do-minanz der Kapitalmarktsichtweise – die Gegebenheiten auf den Absatzmärkten weit-

---

34 Quelle: in Anlehnung an Gilles (2002), S. 31; Wiese (2000), S. 115; Kaplan/Norton (1997), S. 29.
35 Vgl. Rappaport (1986), S. 3.
36 Vgl. Peschke (2000), S. 98 f.

gehend vernachlässigt werden. Diese begründen jedoch im Sinne des Marketingkonzeptes den eigentlichen wesentlichen Engpassfaktor der Unternehmen.

Entsprechend dem von Gutenberg aufgestellten Ausgleichsgesetz der Planung hat sich die unternehmerische Planung, im Rahmen derer die Ziele der Unternehmenspolitik für einen gewissen Zeitraum festgelegt werden, aber „[...] auf den jeweils schwächsten Teilbereich betrieblicher Betätigung, den Minimumsektor, einzustellen [...]"[37] Anders ausgedrückt ist die unternehmerische Planung somit sowohl auf den Engpassbereich des Kapital- als auch des Absatzmarktes auszurichten und darf sich nicht einseitig auf einen Bereich begrenzen. Diese Forderung wird darüber hinaus noch unterstrichen, weil zwischen den beiden Bereichen erhebliche Interdependenzen bestehen, die wesentlich für den Erfolg des Unternehmens sind. So können Absatzchancen nicht ausgenutzt werden, wenn die finanziellen Ressourcen fehlen, um die erforderlichen Investitionen zu tätigen. Andererseits kommt es zu einer nur unzureichenden Erschließung des Absatzpotenzials bei gegebenen Finanzmitteln, wenn kurzfristiges Streben nach Gewinnen die unterschiedlichen Phasen von Kundenbeziehungen bzw. die Langfristigkeit im Aufbau von Markenstärke unterminiert.

Vor diesem Hintergrund muss die Orientierung am Unternehmenswert vielmehr als Integration der markt- und ressourcenorientierten Sichtweise verstanden werden, die eine konsequente Ausrichtung der Unternehmensführung an den vorhandenen oder zu schaffenden Werten bzw. Nutzenpotenzialen des Unternehmens erfordert und damit auch die Möglichkeiten und Grenzen auf dem Absatzmarkt einbezieht.[38] Entsprechend wichtig wird der aktive Einbezug der operativen Geschäftseinheiten in die Überlegungen zum Wertmanagement – zumal Ressourcen für das Unternehmen per se keinen Wert darstellen. Wertvoll werden sie erst dann, wenn sie zur Befriedigung der Bedürfnisse von verschiedenen Anspruchsgruppen wie Eigenkapitalgebern oder Kunden beitragen.[39]

5.2.2 Adaption des BSC-Systems auf die marktorientierte Organisationseinheit

Im Grundsatz sollte der Aufbau der BSC-Hierarchie die Struktur der Organisation widerspiegeln, für die eine Strategie formuliert ist.[40] Dies setzt voraus, dass die Überlegungen zum Systemaufbau an der Primärorganisation des Unternehmens ansetzen sollten. Im Kontext dieser Ausführungen ist regelmäßig von einer objektbezogenen Organisationsstruktur auszugehen, die der vorherrschenden Markenstrategie Rechnung trägt.

Um der Gefahr zu begegnen, dass das Markenkonzept des Herstellers durch das Handelsmarketing am PoS unterminiert wird, ist der Hersteller gut beraten, im Rah-

---

37 Gutenberg (1975), S. 48.
38 Vgl. hierzu auch die Ausführungen bei Eberling (2002), S. 45 ff.
39 Vgl. Eberhardt (1998), S. 80.
40 Vgl. Gilles (2002), S. 40.

men der Markendistribution die Herstellerperspektive auf die Regalsicht in den Einkaufsstätten auszuweiten.[41] Dies bedeutet gleichsam, dass der marketingpolitische Fokus nicht mehr auf einzelne Marken respektive einzelne Produkten gelegt werden kann, sondern aus distributionsbezogener Sicht auch die markenrelevante Warengruppe in die Überlegungen zum Auftritt der Marke am PoS einbezogen werden muss – zumal regelmäßig davon auszugehen ist, dass der Hersteller innerhalb der betrachteten Warengruppe nicht eine einzelne Marke bzw. ein einzelnes Produkt anbietet, sondern vielmehr Marken- bzw. Produktgruppen oder sogar Bedarfsthemen offeriert. So besteht beispielsweise bereits eine Markenfamilie aus einer Vielzahl affiner Produkte, wie etwa die Marke *Nivea*, deren Produktprogramm sich im Haarpflegebereich aus Haar-Shampoos, Haar-Spülungen sowie Haar-Kuren zusammensetzt und allesamt der übergeordneten Warengruppe Haarpflege zuzuordnen sind. Noch extremer gestaltet es sich im Falle einer Mehrmarkenstrategie. Hier sind mehrere Marken, die in der Regel äquivalente Produktprogramme auf unterschiedlichen Preisebenen umfassen, innerhalb derselben Warengruppe zu positionieren.

Der Aufbau eines BSC-Systems für die marktorientierte Organisationseinheit kann folglich nicht ausschließlich markenbezogen erfolgen, sondern ist vielmehr um die erfolgsrelevante Komponente Warengruppe bzw. Category, die innerhalb differenzierter Geschäftsstätten des Handels angeboten werden, zu erweitern. Übergeordnet spiegelt sich dieser Aspekt in dem Bezugsobjekt Vertriebsschiene wider. Wird darüber hinaus die Geschäftsbeziehung zum Handel für die Markendistribution vom Hersteller als strategisch bedeutsam angesehen, so ist der Händler als drittes erfolgsentscheidendes Steuerungsobjekt im Rahmen des Aufbaus eines BSC-Systems zu berücksichtigen.

Beschränkt man sich in erster Linie auf eine Integration der beiden Steuerungsobjekte Vertriebsschiene und Händler in einer nach Marken ausgerichteten BSC-Hierarchie, so wird die Unterordnung beider Objekte ihrem strategischen Einfluss auf den Markterfolg der Organisationseinheit nicht gerecht. Denn es werden erstens mögliche ertragsträchtige Synergien zwischen den Marken bzw. Produkten am PoS sowie in Verhandlungen mit dem Handel vernachlässigt, zweitens wird der Einfluss der unterschiedlichen Betriebstypen auf die Entwicklung der Markenstärke außer Acht gelassen, und es kommt drittens zu einer nur unzureichenden Berücksichtigung der Anforderungen der Absatzmittler an eine individuelle Geschäftsbeziehung.

Die Empfehlung, für jedes Steuerungsobjekt eine getrennte BSC-Hierarchie aufzubauen, ist insofern abzulehnen, da in diesem Fall die zwischen den Steuerungsobjekten bestehenden Interdependenzen verbunden mit negativen Auswirkungen auf die Ressourcen- und Markteffizienz nicht erfasst werden. Neben einer gemeinsam zu erfüllenden Finanzperspektive – hier insbesondere bezogen auf die Erreichung der wertorientierten Spitzenkennzahl – existieren Überschneidungen zwischen den

---

41 Die Regalsicht kann beispielsweise dem Prinzip der Blockplatzierung entsprechen. Im Falle der Blockplatzierung erfolgt die Anordnung der Produkte horizontal nach den Funktionen bzw. Problemlösungen, vertikal hingegen sind die Produkte nach Marken sortiert.

drei Objekten aufgrund der gemeinsam zu erfüllenden Aufgaben im Rahmen der Prozessperspektive. Diese resultieren vor allem aus dem Erfordernis einer intensiven Zusammenarbeit im Rahmen der Markendistribution über die eigenständigen Handelsunternehmen. Aus diesem Grund erscheint es zweckmäßig, ausgehend von einer übergeordneten **absatzmarktbezogenen BSC** weitere differenzierte Scorecards zu entwickeln, mit denen die Spezifika der Marken, Vertriebsschienen und Händler hervorgehoben werden können. Diese sind dann in einem weiteren Schritt miteinander zu verbinden, um die kritischen Bereiche der Zusammenarbeit erfolgreich zu steuern. Als verbindendes Glied bieten sich vor allem die Prozess- sowie Lern- und Entwicklungsperspektive an.

Entsprechend sind im Rahmen des Aufbaus der Absatzmarkt-Scorecard auf zweiter Gliederungsebene Scorecards für die Steuerungsobjekte Marke, Vertriebsschiene und Händler zu entwerfen. Inwieweit die Notwendigkeit zur Ableitung weiterer Scorecards niedrigerer Ordnung besteht, hängt von der Anzahl der innerhalb der marktorientierten Organisationseinheit integrierten Objekte, aber auch von ihrer jeweiligen Einzigartigkeit ab.

Die konkrete Ausgestaltung der Scorecards erfolgt nun durch die skizzierte Zuordnung von Kennzahlen zu den einzelnen Perspektiven. Dafür sind einerseits Kennzahlen im Wege des Top down-Vorgehens – ausgehend von der für den strategischen Geschäftsbereich konfigurierten Absatzmarkt-Scorecard – auf die darunter liegenden Scorecards abzuleiten. Andererseits erscheint es sinnvoll, die aus potenziellen oder tatsächlichen Engpässen der Transformationsprozesse heruntergebrochenen Kennzahlen bottom up in das BSC-System zu integrieren.

Grundsätzlich bezieht sich das Top down-bezogene Roll-out auf das Steuerungsobjekt Marke – als wichtigsten immateriellen Vermögensgegenstand – und konkretisiert den Autonomiegrad der marktorientierten Organisationseinheit in Bezug auf die markenbezogene Strategie- und Zielformulierung. Für das Herunterbrechen haben sich in der Praxis drei Methoden bewährt:[42]

– **Methode 1:**
  Die Strategie- und Zielformulierung für die Marken des Geschäftsbereiches erfolgt weitgehend eigenständig unter Einbezug des durch die übergeordnete Instanz vorgegebenen strategischen Handlungsrahmens. Dabei bezieht sich der Handlungsrahmen neben den finanziellen Vorgaben auch auf Leitlinien, die in der Unternehmens- bzw. Führungsmarke verankert sind und übergeordnet die Unternehmensphilosophie wie etwa den Auftritt des Unternehmens gegenüber Stakeholdern definieren. Aufgrund der hohen Anforderung an die Eigenständigkeit im Auftritt eignet sich diese Vorgehensweise insbesondere für Einzel- und Familienmarken.

---

42 Vgl. Fink/Heineke (2002), S. 156; Horváth (2007), S. 225 ff.; siehe in diesem Zusammenhang auch Weber/Schäffer (1999), S. 71.

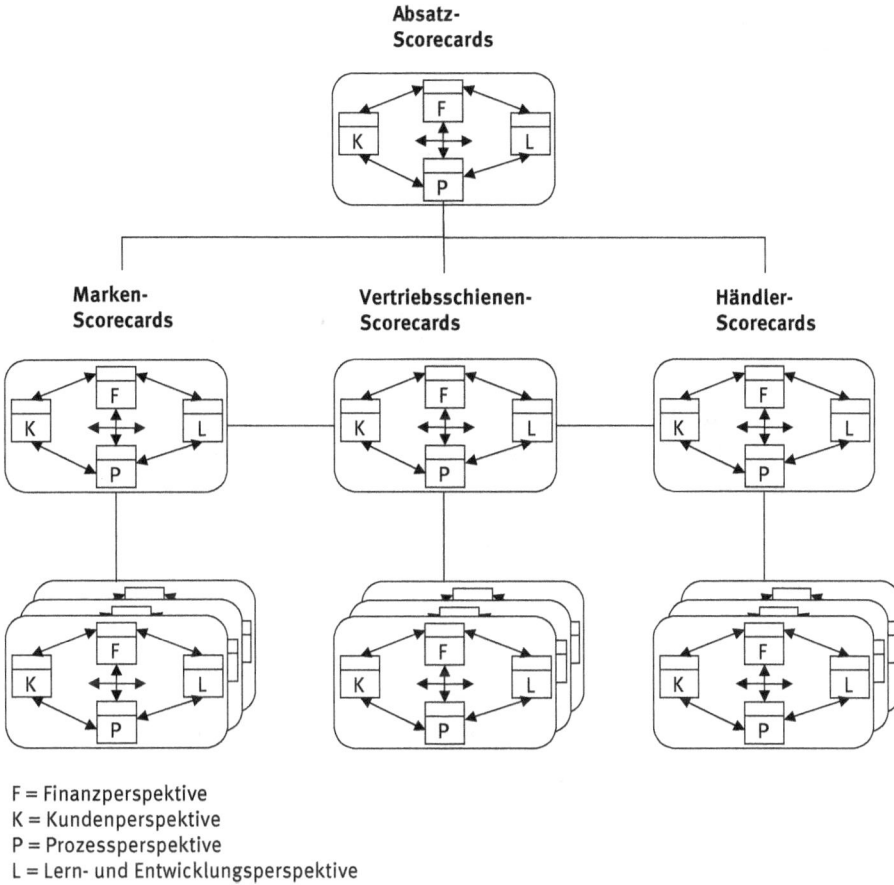

F = Finanzperspektive
K = Kundenperspektive
P = Prozessperspektive
L = Lern- und Entwicklungsperspektive

Abb. 5.2: Aufbau des BSC-Systems[43]

- **Methode 2:**

   Es erfolgt eine Kombination von Standardzielen mit individuellen durch die marktorientierte Organisationseinheit festgelegten Zielen, d. h. es gelten sowohl diejenigen Ziele aus der Unternehmens-Scorecard, die durch die marktorientierte Organisationseinheit unterstützt werden als auch eigenständige Ziele, die für die marktorientierte Organisationseinheit von strategischer Bedeutung sind. Jede Scorecard verfügt über eine durchgängig flexible Zone, die individuell von dem jeweiligen Bereich ausgestaltet werden kann. So beispielsweise im Rahmen der Mehrmarkenstrategie, bei der die angestrebte Zielsetzung der gemeinsamen Marktabdeckung der Eigenständigkeit des jeweiligen Markenauftritts gegenübersteht.

---

43 Quelle: eigene Darstellung.

- **Methode 3:**

  Die strategischen Aktionen werden direkt aus der übergeordneten Unternehmens-Scorecard abgeleitet. Klassischerweise eignet sich diese Vorgehensweise für den Fall der Dachmarkenstrategie, wobei dezentrale BSC entsprechend der Produktgruppen entwickelt werden. Die Forderung eines in sich geschlossenen Marktauftritts setzt die Orientierung an übergeordneten Markenzielen voraus.

Ableitung distributionsbezogener Zielkategorien

Das Ziel verfolgend eine Entlastung der Instanz, d. h. der Marketing- und/oder Vertriebsleitung, durch Erhöhung der Entscheidungsspielräume der Mitarbeiter herbeizuführen, wird es geboten sein, einen Teil der Führungsaufgaben auf die jeweiligen Kompetenzträger des Produkt-, Category- und Key-Account-Management zu verlagern. Aufgrund der unterschiedlichen Wissensbasen zwischen Marke, Vertriebsschiene und Händler liegt es nahe, mit einer übergeordneten Absatzmarkt-Scorecard die strategische Rahmenplanung vorzugeben.[44] Ausgehend von dieser wird für die einzelnen Perspektiven der untergeordneten Scorecards ein Bündel von Zielen definiert. Dabei sind im Rahmen der Entwicklung der Scorecards drei differenzierte Zielformulierungen zu unterscheiden:

- **generische Ziele**, die für alle Steuerungsobjekte gelten, sich jedoch hinsichtlich ihres Zielausmaßes unterscheiden,
- **spezifische Ziele**, die die Besonderheiten zwischen den Objektgruppen sowie innerhalb einer Gruppe herausstellen, und
- **identische Ziele**, die für alle Steuerungsobjekte gleichsam gelten, sich hinsichtlich ihres Zielwertes *nicht* unterscheiden und auf die unternehmensinterne reibungslose Zusammenarbeit der marktorientierten Organisationseinheit abheben.

Generische Ziele

Die generischen für alle Steuerungsobjekte gleichsam gültigen Zielformulierungen sind die Ziele wie etwa der Marktanteil, der Deckungsbeitrag, die Wachstumsrate in jedem Segment oder der Kundenzufriedenheitsindex. Diese werden für die einzelnen Marken, die Categories und die Händler in Abhängigkeit von ihrer strategischen Bedeutung für den Hersteller und ihrer vorherrschenden Stellung im Lebenszyklus-Konzept konkretisiert. So leitet sich die Bedeutung der einzelnen Marken (im Falle der Mehrmarkenstrategie) aus dem übergeordneten Markenportfolio ab, die der einzelnen Vertriebsschiene aus deren Wertigkeit für die einzelnen Marken, und der Stellenwert des Händlers ergibt sich aus der Höhe seines Markt- und Ressourcenpo-

---

44 Vgl. Koers (2000), S. 244, wobei sich Koers im Rahmen seiner Ausführungen auf die Ableitung markenspezifischer BSC konzentriert, deren strategische Rahmenplanung eine übergeordnete Markenportfolio-BSC ist.

tenzials bezogen auf die Markendistribution.[45] Es werden sämtliche Instanzen und Steuerungsobjekte zwar mit denselben Kennzahlen gesteuert, die zu erreichenden Zielwerte werden aber auf die jeweilige Ebene und das jeweilige Objekt heruntergebrochen („Cascading-Effect"[46]). Diese Vorgehensweise ermöglicht die Erfassung der unterschiedlichen absatzbezogenen Perspektiven. So werden im Rahmen der händlerbezogenen Ziele die zu erreichenden Marktanteile, Deckungsbeiträge etc. definiert, die mit dem jeweiligen Handelsunternehmen zu realisieren sind. Diese Ziele setzen sich aus dem kumulierten Erfolg der Vertriebsschienen zusammen, die zu dem betrachteten Handelsunternehmen gehören. Die vertriebslinienbezogene Perspektive erfasst hingegen die Ziele, die in den einzelnen Absatzkanälen zu realisieren sind – unabhängig davon, welcher Handelsunternehmung sie angehören.

Spezifische Ziele

Zweitens sind Ziele zu definieren, mit denen sowohl mögliche strategische Heterogenität innerhalb einer Gruppe erfasst als auch Spezifitäten der einzelnen Objektgruppe Marke, Vertriebslinie und Händler hervorgehoben werden. Die erste Ausprägung dieser Zielkategorie – die Berücksichtigung der strategischen Heterogenität innerhalb einer Objektgruppe – entscheidet über die Anzahl der zu entwerfenden Scorecards je Steuerungsgruppe.[47] So erfordert beispielsweise eine hohe Heterogenität der Marken im Auftritt auch die Entwicklung verschiedener Scorecards, die jeweils abgeleitet aus dem strategischen Markenkonzept die Besonderheit und Einzigartigkeit der Markenstrategie reflektieren müssen.[48] Der ausgeprägteste Fall ist in diesem Zusammenhang die Führung von Familien- und Einzelmarken im Rahmen einer Mehrmarkenstrategie. Ihre weitgehend eigenständigen Nutzenkomponenten sind zu erfassen und in die jeweiligen Scorecards zu transformieren. Konkret handelt es sich hierbei um die Marken, die in unterschiedlichen Preissegmenten geführt werden. So besteht bei Premiummarken etwa die Herausforderung darin, die im Rahmen der Kommunikationsstrategie vermittelte Exklusivität auch am PoS über z. B. hochwertige Merchandisingelemente sicherzustellen, hingegen ist der Anspruch bei Value-Marken schlichter und liegt auf der Betonung eines angemessenen Preis-/Leistungsverhältnisses. Weisen die Marken hingegen eine große Ähnlichkeit auf, d. h. agieren sie mit vergleichbaren Strategien in denselben Marktsegmenten, so ist die Standardisierung der Scorecards anzustreben.[49] Diese Scorecards beinhalten dann die gleichen Ziele, jedoch mit unterschiedlichen Zielwerten.

Auf der Grundlage der Markenstrategie, und hier insbesondere aus der Vorgabe zur Markendistribution, leitet sich entsprechend der Differenzierungsanspruch an die

---

45 Vgl. hierzu Koers (2000), S. 248.
46 Vgl. Brunner (1999), S. 100.
47 Vgl. hierzu Fink/Heineke (2002), S. 156; Koers (2000), S. 247ff.; Weber/Schäffer (1999), S. 67 ff.
48 Vgl. Koers (2000), S. 244 f.
49 Vgl. Koers (2000), S. 247 f.

Vertriebslinien ab. Existiert eine Vielzahl unterschiedlicher Betriebstypen, über die die Marke distribuiert wird, so sind auf Basis der strategischen Bedeutsamkeit der einzelnen Absatzkanäle vertriebslinienspezifische Scorecards zu erstellen. Diese müssen der Gewichtung der einzelnen Marken innerhalb der Warengruppe einer Vertriebslinie Rechnung tragen. Ein weiteres Roll-out der Vertriebslinien-Scorecards ermöglicht darüber hinaus noch die Erfassung einzelner Geschäftsstätten innerhalb einer Vertriebslinie, um so eventuell auch ein standortspezifisches Marketing steuern zu können.

Die Entwicklung händlerbezogener Scorecards erfolgt in Analogie zum Aufbau der Marken-Scorecards. Entscheidungsgrundlage für die Anzahl der zu entwickelnden Scorecards ist sowohl die strategische Bedeutung der Handelsunternehmen für die Markendistribution als auch das händlerspezifische Beschaffungs- und Absatzverhalten. Je höher der Einfluss des Händlers auf den Markterfolg der Organisationseinheit ist und je differenzierter die Handelsstrukturen zwischen den Unternehmen sind, umso eher bietet es sich an, händlerindividuelle Scorecards zu entwerfen. Lassen sich polypolistische Marktstrukturen (wie sie etwa derzeit noch im Friseur- und Apothekenmarkt vorliegen) sowie weitgehend homogene Handelsstrukturen nachvollziehen, so bietet sich die Bildung von Scorecards an, bei denen nicht einzelne Handelsunternehmen, sondern vielmehr Händlergruppen als strategische Gruppen die Grundlage bilden.

Die zweite Ausprägung dieser Zielkategorie, die Erfassung der Spezifität der einzelnen Objektgruppen, gewährleistet unterdessen die Differenzierung zwischen den Steuerungsobjekten Marke, Vertriebsschiene und Händler und ermöglicht so die Zuordnung von Kennzahlen in Abhängigkeit zum jeweiligen Kontext.[50] Auf die Marke bezogen handelt es sich hierbei beispielsweise um die Integration ausschließlich die Marke beschreibender Kennzahlen wie etwa der Markenbekanntheits- und Sympathiegrad, das Image, die Innovationsfähigkeit hinsichtlich der Entwicklung von Produktkonzepten oder die Anzahl durchgesetzter marken- bzw. produktbezogener Verkaufsförderungsaktionen am PoS.

Bezogen auf die Vertriebslinie stehen demgegenüber warengruppenspezifische Aspekte im Vordergrund. In diesem Zusammenhang erlangen die Erfolgsrate handelsgerichteter Category-Maßnahmen wie etwa die Erfolgsquote markenkoordinierender Tätigkeiten bezogen auf den PoS-Auftritt oder der Grad der Produktprogrammeinlistung im Vertriebsliniensortiment, der Index zur Bewertung der tatsächlich umgesetzten PoS-Platzierungsqualität sowie die Qualität durchgeführter Schulungsprogramme für die Verkaufsmitarbeiter im Handel an Bedeutung. Alle in diesem Zusammenhang stehenden Kennzahlen spiegeln dabei in erster Linie die Anforderungen an die Qualität der Zusammenarbeit von hersteller- und handelsseitigen Category-Manager wider, wohingegen die Erschließung von Vertriebsschienen als neue Verkaufsorte sowie die Erhaltung bestehender Absatzkanäle für die Marken in den Kompetenzbereich des Key-Account-Managements fallen und damit als zentrale Leistungstreiber dem Steue-

---

50 Vgl. Wiese (2000), S. 127 ff.

rungsobjekt Handel zuzurechnen sind. Dazu zählt des Weiteren die Absprache hinsichtlich der anzustrebenden Intensität der Zusammenarbeit zwischen Hersteller und Handel. Ergänzend hierzu ist auch die Durchsetzung der (Aktions-)Preisindizes oder der Ausschöpfungsgrad des Markt- und Ressourcenpotenzials pro Händler bzw. Händlergruppe zu erfassen.

Identische Ziele

Die dritte und letzte Zielkategorie umfasst die Messgrößen, die für alle Steuerungsobjekte identisch sind und sich auch nicht in Bezug auf die Zielwerte unterscheiden. Es handelt sich hierbei vor allem um die Kennzahlen, die als Zielvorgaben im Rahmen der Abwicklung der unternehmensinternen distributionsbezogenen Prozesse gelten. Vornehmlich heben diese Maßgrößen auf die Zusammenarbeit zwischen den Mitgliedern der marktorientierten Organisationseinheit ab. Relevant sind in diesem Zusammenhang Kennzahlen wie die Erfolgsquote handelsseitiger Marketingmaßnahmen, die durchschnittliche Entwicklungszeit für PoS-Aktionen sowie die Abstimmungs-Erfolgsrate von Push- und Pull-Maßnahmen als auch die Teamerfolgsrate.

Durch die Berücksichtigung der zuvor dargestellten Spezifitäten im Rahmen des Aufbaus eines BSC-Systems lassen sich sowohl die Besonderheiten einzelner Steuerungsobjekte als auch mögliche Interdependenzen zwischen ihnen erfassen. Es ergibt sich ein differenziertes und mehrdimensionales BSC-System, das neben der Marke auch die marktseitigen Bedingungen berücksichtigt.

5.2.3 Beispielhafte Darstellung eines Scorecard-Systems

Auf der Grundlage der vorstehenden modellhaften Überlegungen wird nachfolgend ein absatzmarktbezogenes Scorecard-System dargestellt. Ausgehend von den Anforderungen des Top-Managements an den strategischen Geschäftsbereich leitet sich die Absatzmarkt-Scorecard ab und definiert die strategische Rahmenplanung der marktorientierten Organisationseinheit. Als übergeordnete Scorecard enthält sie ein Bündel an Zielen für die einzelnen Perspektiven, die wiederum je nach gewählter Roll-out-Methode auf die nachgelagerten objektbezogenen Scorecards zu übertragen respektive herunterzubrechen sind. So sind etwa die übergeordneten finanziellen Ziele Umsatz und Gewinn als Einzelwerte in die verschiedenen Detaillierungen Marke, Vertriebsschiene und Händler zu definieren. Da die BSC ein Instrument zur unternehmensinternen Durchsetzung einer bereits im Markt implementierten Strategie ist und damit auf Erfahrungswerte zurückgegriffen werden kann,[51] bietet es sich an, die finanziellen Ziele der nachgelagerten Einheiten über ein Top down-Vorgehen oder nach Maßgabe des Gegenstromprinzips festzulegen.

---

51 Vgl. Gilles (2002), S. 158.

Im Vergleich zum herkömmlichen Aufbau der BSC muss die Kundenperspektive der Absatzmarkt-Scorecard die Zielsetzungen umfassen, die die marktorientierte Organisationseinheit in marken-, vertriebs- und händlerpolitischer Hinsicht erreichen möchte. Eine Trennung der Zielsetzungen im Rahmen der Kundenperspektive ist erforderlich, da sich aus der unterschiedlichen Ausrichtung der Steuerungsobjekte auf differenzierte Zielgruppen verschiedene Aufgaben ergeben. Aus Markensicht gilt es die Zielsetzungen zu definieren, aus denen die Bindung und Gewinnung von Endverbrauchern für diese Marke resultiert. Je nach verfolgter Markenstrategie bietet es sich an, übergeordnet die Alleinstellungsmerkmale festzulegen, auf deren Kernkompetenz letztlich der markenbezogene Erfolg des Geschäftsbereichs fußt. In Frage kommt hier beispielsweise die Positionierung als Innovations-, Technologie- oder Qualitätsführer. Werden mehrere Marken innerhalb der Einheit geführt, so sind darüber hinaus unter Einbezug der jeweiligen Markenkonzepte Aussagen hinsichtlich der Distanz zwischen den Positionierungen wie etwa im Hinblick auf die preisliche Positionierung als Zielvorgaben für die einzelnen Marken-Scorecards erforderlich. Diese übergeordneten markenbezogenen Zielformulierungen stellen nun die Vorgaben für das Tätigkeitsfeld der Produktmanager dar und definieren den Auftritt der Marke gegenüber dem Endverbraucher. Durch die weitere Konkretisierung der jeweils zugrunde liegenden Markenkonzepte lassen sich detaillierte Zielvorgaben, wie Markenbekanntheit, Stimmigkeit von Markenpositionierung und Produktqualität ableiten. Ähnlich verhält es sich auch mit den in die Kundenperspektive integrierten vertriebslinien- und händlerbezogenen Zielen. Auch hier sind übergeordnete Zielgrößen zu formulieren wie etwa die zu erfüllenden Anforderungen hinsichtlich der nachfragegerechten Erschließung der Vertriebsschienen für das Category-Management oder Vorgaben, die sich auf den Ausbau der Kundenbeziehung zu den strategischen Händlern aus Key-Account-Management-Sicht beziehen. Die jeweiligen Zielgrößen müssen auf niedrigerer Ebene eine Detaillierung erfahren. Im Hinblick auf die Vertriebslinien ist dies beispielsweise die Gewichtung der Marken innerhalb der Warengruppe, wohingegen in Bezug auf die Absatzmittler die angestrebte Kooperationsintensität festzuschreiben ist.

Die Abbildungen 5.3 bis 5.6 zeigen beispielhaft den Aufbau eines absatzmarktbezogenen Scorecard-Systems.

5.3 Zusammenfassende Wertung

Es war das erklärte Ziel des fünften Kapitels, den Grundbaustein für ein integratives Controllingkonzept zu legen. Als Lösungsansatz wurde der in Wissenschaft und Praxis intensiv diskutierte Balanced-Scorecard-Ansatz aufgegriffen, mit dem eine Relativierung der ursprünglich stark finanzorientierten Controllingkonzepte herbeigeführt werden kann. Durch ein „ausgewogenes Set" an finanziellen und nicht-finanziellen Messgrößen lassen sich im Rahmen der Leistungsbewertung die unterschiedlich relevanten Geschäftsinhalte wie z. B. Finanzen, Kunden, Prozesse oder Mitarbeiter in ihrer Gesamtheit einbeziehen.

Finanzperspektive	
Ziele	**Messgrößen**
– Erhöhung des EVA – Profitabilität des SGB – Wachstum	– Delta eva – Absatz und Marktanteil des Geschäftsbereichs – Umsatz und Gewinn des Geschäftsbereichs

Kundenperspektive	
markengerichtete Ziele	**markengerichtete Messgrößen**
– Positionierung als Innovationsführer durch breite Marktabdeckung und bedarfsgerechte Konsumentenansprache – differenzierte Positionierung der Marken innerhalb der einzelnen Segmente – Ausweitung der Endverbrauchergewinnung und -bindung je Marke	– Eroberungsrate des strategischen Geschäftsbereichs – Distanz zwischen Soll- und Ist-Positionierung sowie den Realimages der Marken und den Wettbewerbern – Partizipationsindex, Substitutions- bzw. Kannibalisierungsindex, Loyalitätsgewinn (Auffangen von Wechslern)

vertriebsliniengerichtete Ziele	vertriebsliniengerichtete Messgrößen
– nachfragegerechte Erschließung der Vertriebsschienen – Positionierung als Category Leader in den strategisch relevanten Vertriebsschienen – Ausweitung der Kundengewinnung und Kundenbindung je Vertriebsschiene – betriebstypengerechte Positionierung der Marke innerhalb der Warengruppe	– Eroberungs- und Distributionsrate gemäß Bedarfsdeckung und Kaufhäufigkeit der Zielgruppen, Marktanteil im Vertriebskanal – warengruppenbezogene Positionierungserfolgs- und Potenzialausschöpfungsrate – Partizipationsindex, Substitutions- bzw. Kannibalisierungsindex, Loyalitätsgewinn (Auffangen von Wechslern) – Marktanteil und Absatz der Marken innerhalb der Warengruppe

händlergerichtete Ziele	händlergerichtete Messgrößen
– Ausschöpfung des Händlerpotenzials – Ausbau der Kundenbeziehung zu den strategischen Händlern und Ausschöpfung des Ressourcenpotenzials – Konditionenvolumen	– Umsatz-und Marktanteil, DB, Umsatz- und Marktanteilswachstum – Kundenbindungsquote, Umsatz- und Marktanteilswachstum, Kooperationsintensität – händlerbezogener Netto-Netto-Preis-Index

Prozess - und Innovationsperspektive	
Ziele	**Messgrößen**
– organisatorische Prozesseffizienz – Sicherstellung von interner und externer kundenspezifischer Servicequalität – Förderung des internen Teamgedankens – Nutzung von Synergiepotenzial – Verknüpfung marken- und handelsbezogener Prozesse	– Kosten, Qualitätsindizes, Bearbeitungszeit – Service- und Qualitätsindizes Kundenzufriedenheitsindex – Teamerfolgsrate – Grad der Vereinheitlichung der Abläufe – Abstimmungserfolge von Push- und Pull-Maßnahmen

Lern- und Wachstumsperspektive	
Ziele	**Messgrößen**
– langfristige Mitarbeiterbindung an das Unternehmen – herausragende Fachkompetenz der Mitarbeiter – effiziente Nutzung des Informationssystems – Sicherstellung der Kundenorientierung	– Index für Mitarbeiterzufriedenheit, Fluktuationsrate inkl. Ursachenverteilung, Krankenstandsquote – Anzahl Schulungsunterlagen – Anzahl bereichsbezogener Zugriffe auf das Informationssystem – Kundenzufriedenheit

Abb. 5.3: Beispielhafte Darstellung einer Absatzmarkt-Scorecard[52]

Der Einsatz des BSC-Konzeptes wird dabei den zwei wesentlichen Anforderungen gerecht. Zum einen wird ein Auseinanderklaffen von Strategie und operativer Steuerung verhindert, indem ausgehend von der Vision und Strategie des Unternehmens die Auswahl der strategischen Ziele und Messgrößen erfolgt. Zum anderen eröffnet die BSC – verstanden als ein Performance-Measurement-System – interessante Ansatzpunkte zur Überführung der Wertorientierung auf den marktorientierten Organisati-

---

52 Quelle: eigene Darstellung.

Scorecard Marke II
Scorecard Marke I

Perspektiven	strategische Ziele	Messgrößen	operative Zielgröße	
Finanzergebnis	– Gewinnmarge aus laufender Geschäftstätigkeit optimieren	– Gewinnmarge aus laufender Geschäftstätigkeit	– Gewinnmarge > 15%	*identische Ziele* (s.u.)
	– Beitrag zur Wertsteigerung erhöhen – Erhöhung des Absatzes und Marktanteils in den Vertriebslinien	– Kapital- bzw. Vermögensrendite – Wachstum im Produktsegment	– Marken-RoCE > 15% – Marktanteil > 25%	*generische Ziele* die für alle Mitarbeiter gleichsam gelten, sich hinsichtlich der Zielwerte aber unterscheiden
Kunden (Konsumenten)	– herausragende Markenbekanntheit – exzellentes Image – Marktführer – überragende Produktqualität und Werthaltigkeit des Angebotes – Stimmigkeit von Markenpositionierung und Produkt	– Markenbekanntheitsgrad – Sympathiegrad – Index für Endverbraucherzufriedenheit – Anzahl markenbezogener VKF-Aktionen – Distanz zwischen Soll- und Ist-Positionierung	– Bekanntheitsgrad > 80% – Sympathiegrad > 50% – EV-Zufriedenheitsindex >2 (gemäß Schulnotensystem) – Anzahl VKF-Aktionen > 4 – Distanz zwischen Selbst- und Fremdbild ≈ 0	*spezifische Ziele* Ziele, die die Besonderheiten der Objekte erfassen
Innovationen	– Führer im Bereich innovativer Absatzkonzepte – exzellentes Projektmanagement	– Innovationsrate – Projekterfolgsrate im Rahmen von Neueinführungen	– Innovationsrate > 30% – Projekterfolgsrate > 90%	
Qualität der Prozesse	– exzellentes unternehmensinternes Teammanagement – exzellente Verknüpfung der marken- und handelsbezogenen Prozesse – exzellente interne und externe Servicequalität	– Erfolgsquote handelsseitiger Marketingmaßnahmen – Entwicklungs- und Umsetzungszeitraum von VKF-Aktionen am PoS – Abstimmungs- und Umsetzungsqualität der Push- und Pull-Maßnahmen	– Teamerfolgsrate > 90% – Teameinhaltungsquote > 98% – Abstimmungserfolg > 98% – Service- und Qualitätsindex > 98%	*identische Ziele* für alle Mitglieder gleichsam geltende Ziele
Mitarbeiter	– Markenidentifikation – Kundenorientierung – Nutzung des IT-Systems	– Index für Mitarbeiterzufriedenheit – Betreuungsperformance – Anzahl Zugriffe	– Zufriedenheitsindex > 90% – Kundenbeschwerden pro Mitarbeiter ≈ 0 – Zugriffsquote ⌀ 3 pro Tag	

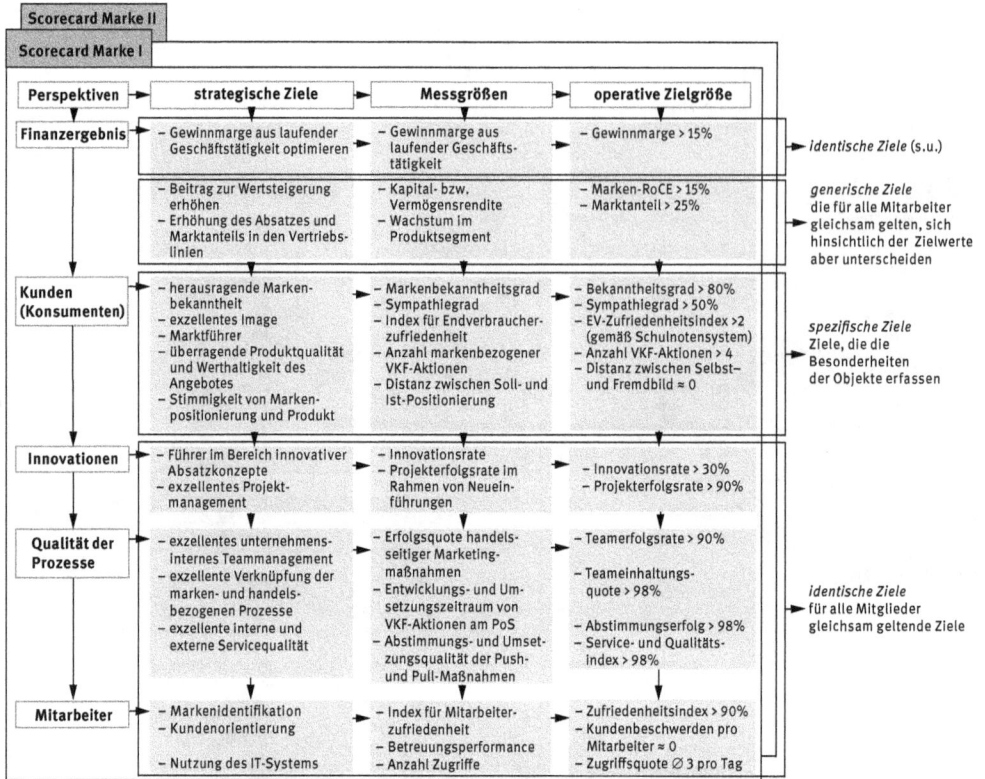

Abb. 5.4: Aufbau markenbezogener Scorecards[53]

onsbereich. Damit kann dem zu starken Kapitalmarktbezug der Unternehmensführung begegnet werden, wenn dem Ausgleichsgesetz der Planung folgend anerkannt wird, das Wert nur dann geschaffen wird, wenn neben die Ansprüche der Eigentümer auch die Bedürfnisbefriedigung der Kunden tritt.

Dies setzt die Entwicklung wertorientierter Konzepte auf operativer Ebene voraus, indem die Marke und der Kunde – Konsument wie Händler – sowie die Beziehung zu ihnen als „Aktivum" (an)erkannt wird, das sorgfältig betreut und professionell zu managen ist.[54] Implizit ergibt sich über den Unternehmenswert hinaus infolgedessen die Notwendigkeit zur Definition von Marken- und Kundenwerten, die zu der Sichtweise führen, dass Marken und (in diesem Fall) Händlerbeziehungen als Investitionsobjekte aufzufassen sind.[55] Der Wertbezug der operativen Einheit wird durch die Präzisierung einer Werttreiberhierarchie hergestellt, mit der Leistungstreiber ausdifferenziert

---

53 Quelle: eigene Darstellung.

54 Vgl. Fickert (1998), S. 27 f.

55 Vgl. Eberling (2002), S. 47 f.

Scorecard VS II

Scorecard VS I

Perspektiven	strategische Ziele	Messgrößen	operative Zielgröße	
Finanzergebnis	– Gewinnmarge aus laufender Geschäftstätigkeit optimieren	– Gewinnmarge aus laufender Geschäftstätigkeit	– Gewinnmarge > 15%	*identische Ziele* (s.u.)
	– Beitrag zur Wertsteigerung erhöhen – Erhöhung des Absatzes und Marktanteils in den Vertriebslinien	– Kapital- bzw. Vermögensrendite – Wachstum in den Vertriebslinien	– Vertriebslinien-RoCE > 20% – vertriebslinienbezogener Marktanteil > 20%	*generische Ziele* die für alle Mitarbeiter gleichsam gelten, sich hinsichtlich der Zielwerte aber unterscheiden
Kunden (Vertriebsschiene)	– zielgruppengerechte Listung der Marken und Produkte je Vertriebsschiene – Positionierung als Category Leader – Ausweitung der EV-Bindung und -Gewinnung – strategische Gewichtung der Marken innerhalb der WG	– Distributions- und Eroberungsgrad – Anzahl an VKF-Aktionen – Partizipations-, Substitutions- und Kannibalisierungsindex – Stimmigkeit der PoS-Markenauftritte und vermittelten Eindrücke	– Distributionsgrad > 90% – Sympathiegrad > 50% – Anzahl VKF-Aktionen > 12 – Partizipationsindex > 20% – Distanz zwischen kommunikativen und PoS-Markenbild – Ø–markengerechte Platzierungsqualität > 9	*spezifische Ziele* Ziele, die die Besonderheiten der Objekte erfassen
Innovationen	– Führer im Bereich innovativer Absatzkonzepte – exzellentes Projektmanagement	– Innovationsführer – Projekterfolgsrate im Rahmen von Neueinführungen	– Innovationsrate > 30% – Projekterfolgsrate > 90%	
Qualität der Prozesse	– exzellentes unternehmensinternes Teammanagement – exzellente Verknüpfung der marken- und handelsbezogenen Prozesse – exzellente interne und externe Servicequalität	– Erfolgsquote handelsseitiger Marketingmaßnahmen – Entwicklungs- und Umsetzungszeitraum von VKF-Aktionen am PoS – Abstimmungs- und Umsetzungsqualität der Push- und Pull-Maßnahmen	– Teamerfolgsrate > 90% – Teameinhaltungsquote > 98% – Abstimmungserfolg > 98% – Service- und Qualitätsindex > 98%	*identische Ziele* für alle Mitglieder gleichsam geltende Ziele
Mitarbeiter	– Markenidentifikation – Kundenorientierung – Nutzung des IT-Systems	– Index für Mitarbeiterzufriedenheit – Betreuungsperformance – Anzahl Zugriffe	– Zufriedenheitsindex > 90% – Fluktuationsrate < 5% – Kundenbeschwerden pro Mitarbeiter ≈ 0 – Zugriffsquote Ø 3 pro Tag	

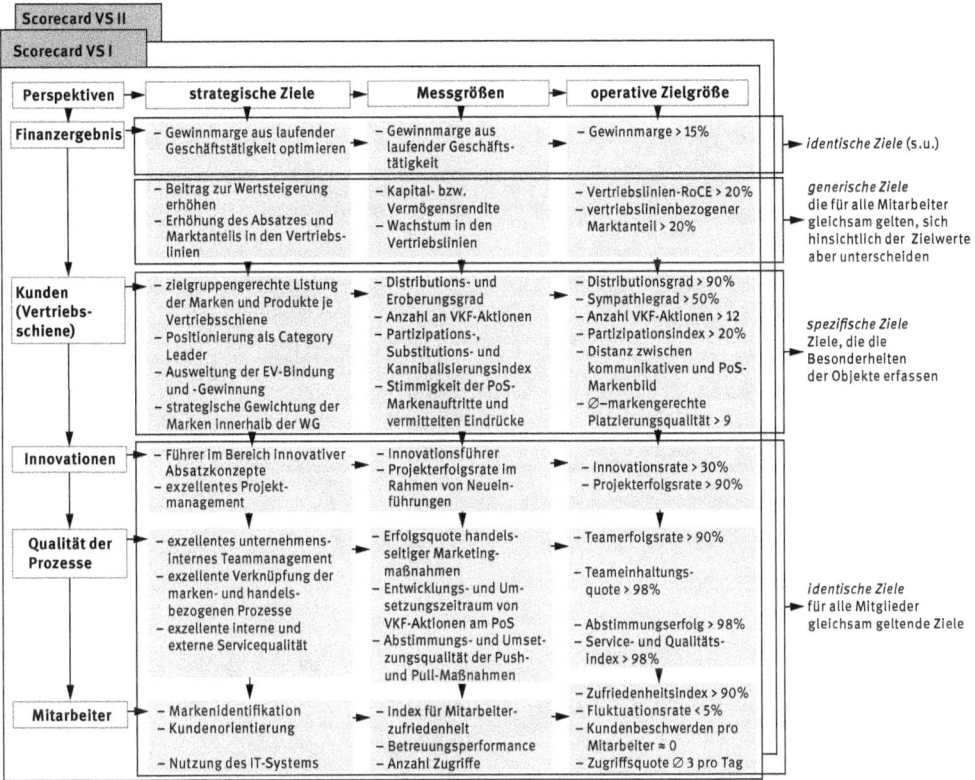

Abb. 5.5: **Aufbau vertriebsschienenbezogener (VS) Scorecards**[56]

werden, die mit zeitlichem Vorlauf gegenüber anderen Zielgrößen signalisieren, wo Maßnahmen zur Gegensteuerung erforderlich werden.[57] Eine Überführung dieser Treibergrößen in strategierelevante Messgrößen ermöglicht schlussendlich die inhaltliche Ausgestaltung der Perspektiven der BSC und hier vor allem der finanziell nicht erfassbaren Kennzahlen. Diese weisen jedoch einen empirischen Zusammenhang zu den in den Perspektiven der BSC integrierten monetären Größen auf. Werden also die Größen der BSC aus dem Ziel der Wertsteigerung abgeleitet, so kann die BSC als ein Instrument zur Operationalisierung der wertorientierten Steuerung auf operativer Ebene angesehen werden.[58] Es kommt dann zu einer expliziten Verbindung von strategischer Planung und operativer Steuerung, wenn die BSC in den Prozess der Strategiebildung und der laufenden Kontrolle eingebunden wird.

---

56 Quelle: eigene Darstellung.
57 Vgl. Kaufmann (1997), S. 423 f.
58 Vgl. Knorren (1998), S. 121 f.

Scorecard Händler II
Scorecard Händler I

Perspektiven	strategische Ziele	Messgrößen	operative Zielgröße	
Finanzergebnis	– Gewinnmarge aus laufender Geschäftstätigkeit optimieren	– Gewinnmarge aus laufender Geschäftstätigkeit	– Gewinnmarge > 15%	*identische Ziele* (s.u.)
	– Beitrag zur Wertsteigerung erhöhen – Erhöhung des Absatzes und Marktanteils in den Vertriebslinien	– Kapital- bzw. Vermögensrendite – Wachstum in den Vertriebslinien	– Händler-RoCE > 20% – Umsatzsteigerung > 5% – DB-Rate > 25% des Umsatzes	*generische Ziele* die für alle Mitarbeiter gleichsam gelten, sich hinsichtlich der Zielwerte aber unterscheiden
Kunden (Händler)	– Ausbau der Kundenbeziehung – leistungsbezogenes Konditionensystem installieren – Marktentwicklung unterstützen	– Verbesserung der Kooperation – Anzahl leistungsbezogener Konditionen – Wachstum je handelsbezogener Vertriebsschiene	– Kooperationsintensität = 1 – Sympathiegrad > 50% – Netto-Netto-Preis-Rate < 26% vom Umsatz – markenbezogene Marktbearbeitungskonditions-Rate <15% – Wachstum < 3% – Anzahl markenbezogener VKF Aktion pro Vertriebsschiene = 4	*spezifische Ziele* Ziele, die die Besonderheiten der Objekte erfassen
Innovationen	– Führer im Bereich innovativer Absatzkonzepte – exzellentes Projektmanagement	– Innovationsführer – Projekterfolgsrate im Rahmen von Neueinführungen	– Innovationsrate > 30% – Projekterfolgsrate > 90%	
Qualität der Prozesse	– exzellentes unternehmensinternes Teammanagement – exzellente Verknüpfung der marken- und handelsbezogenen Prozesse – exzellente interne und externe Servicequalität	– Erfolgsquote handelsseitiger Marketingmaßnahmen – Entwicklungs- und Umsetzungszeitraum von VKF-Aktionen am PoS – Abstimmungs- und Umsetzungsqualität der Push- und Pull-Maßnahmen	– Teamerfolgsrate > 90% – Teameinhaltungsquote > 98% – Abstimmungserfolg > 98% – Service- und Qualitätsindex > 98%	*identische Ziele* für alle Mitglieder gleichsam geltende Ziele
Mitarbeiter	– Markenidentifikation – Kundenorientierung – Nutzung des IT-Systems	– Index für Mitarbeiterzufriedenheit – Betreuungsperformance – Anzahl Zugriffe	– Zufriedenheitsindex > 90% – Fluktuationsrate < 5% – Kundenbeschwerden pro Mitarbeiter ≈ 0 – Zugriffsquote ∅ 3 pro Tag	

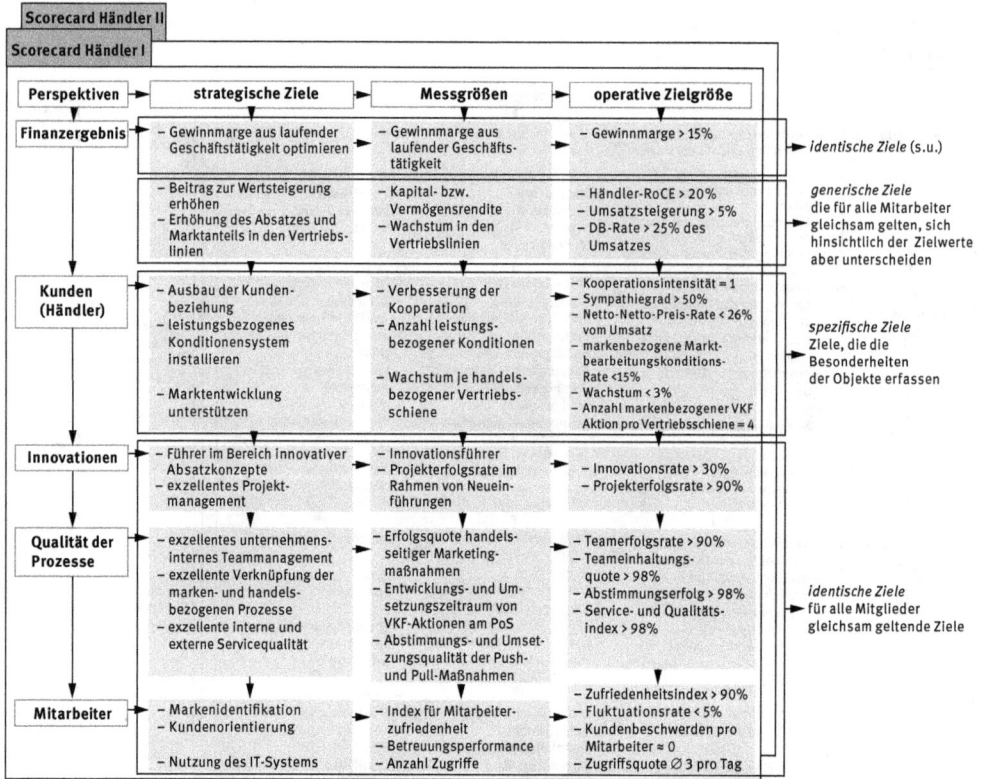

Abb. 5.6: Aufbau händlerbezogener Scorecards[59]

Auf operativer Ebene bewirkt der Einsatz des BSC-Konzeptes ferner die Zusammenführung der Tätigkeitsfelder der Mitglieder einer marktorientierten Organisationseinheit, um so das übergeordnete Ziel einer abgestimmten Marktbearbeitung über ein ganzheitliches Konzept zu erreichen. Während über die sogenannten generischen und spezifischen Ziele die unterschiedlichen Ausprägungen der in der marktorientierten Organisationseinheit vereinten Objekte erfasst werden, bietet die Formulierung identischer Kennzahlen die Möglichkeit, auf die Zusammenarbeit der Spezialisten abzuheben. Das Augenmerk liegt in diesem Zusammenhang neben der Lern- und Entwicklungsperspektive vor allem auf der Prozessperspektive, mit der der reibungslose Ablauf der distributionsseitig zu erfüllenden Tätigkeitsfelder sichergestellt werden kann. Dabei gilt es zu berücksichtigen, dass identische Maßgrößen ihren Zweck jedoch nur dann erfüllen, wenn sie gleichsam auch als deckungsgleiche Zielvorgaben für die Mitglieder der marktorientierten Organisationseinheit herangezogen werden, die sie gemeinsam erreichen müssen.

---

59 Quelle: eigene Darstellung.

Schließlich ist festzuhalten, dass als wesentliche Voraussetzung für eine erfolgswirksame Umsetzung der BSC die kontinuierliche und adäquate Information der Beteiligten erforderlich ist. Dem inhaltlich erweiterten Informationsbedarf der operativen Ebene ist dabei insofern Rechnung zu tragen, als dass die operativen Werttreiber als unverzichtbarer Bestandteil in das laufende Monatsreporting zu integrieren sind.[60] Die unterschiedliche Anzahl der Kennzahlen ist zu planen, laufend zu erfassen und hinsichtlich auftretender Abweichungen zu analysieren.[61]

Entsprechend hoch sind die Anforderungen an die Informationssysteme des Unternehmens, die den laufend erforderlichen Informationsfluss über den Leistungsprozess befriedigen müssen. Bei der Umsetzung derart anspruchsvoller Steuerungssysteme spielt folglich die moderne Informationstechnik eine zentrale Rolle, mit der eine gemeinsame Datengrundlage für das Controlling und die marktgerichteten Einheiten geschaffen werden kann und im Rahmen des Reporting-Systems zur Diagnose, Zielund Maßnahmenplanung sowie zur fortwährenden Kontrolle benötigt werden. Die zunehmende Verbreitung der CRM-Systeme mit ihren Data-Warehouse-Konzepten und der OLAP-Technologien unterstützt die Realisierung der anspruchsvollen BSC-Ansätze. Aufbauend auf diesen stellt der BSC-Ansatz die Gesamtkonzeption eines unternehmensweiten Informationssystems dar.

---

60 Vgl. Weber et al. (2002), S. 65.
61 Vgl. Wiese (2000), S. 112 f.

Literatur

Aaker, D. A. (1992): Management des Markenwerts, Frankfurt am Main et al. 1992

Aaker, D. A. (1991): Managing Brand Equity: Capitalizing on the Value of a Brand Name, New York 1991

Ackerschott, H. (2001): Strategische Vertriebssteuerung, 3. Auflage, Wiesbaden 2001

Ahlert, D. (2001): Integriertes Markenmanagement in kundengetriebenen CM-Netzwerken, in: Jahrbuch Handelsmanagement 2001, hrsg. von D. Ahlert; R. Olbrich; H. Schröder, Frankfurt am Main 2001, S. 15–59

Ahlert, D. (1998): Architektur von Handelsinformationssystemen und betriebswirtschaftliches Umfeld, in: Informationssysteme für das Handelsmanagement, hrsg. von D. Ahlert, J. Becker, R. Olbrich, R. Schütte, Berlin 1998

Ahlert, D. (2005): Distributionspolitik, 3. Auflage, Stuttgart 2005

Ahlert, D.; Borchert, S. (2000): Kooperation und Vertikalisierung in der Konsumgüterindustrie, in: Prozessmanagement im vertikalen Marketing, hrsg. von D. Ahlert, S. Borchert, Heidelberg 2000, S. 1–149

Albach, H. (2001): Shareholder Value und Unternehmenswert, in: Zeitschrift für Betriebswirtschaft, Heft 6, 71. Jg., 2001, S. 643–646

Albach, H. (1994): Shareholder Value, Editorial, in: Zeitschrift für Betriebswirtschaft, 64. Jg. 1994, S. 273–275

Albers, S.; Krafft, M. (2013): Vertriebsmanagement, Wiesbaden 2013

Arnold, D. (1992): Modernes Markenmanagement: Geheimnisse erfolgreicher Marken; internationale Fallstudien, Wien 1992

Backhaus, K. (2010): Industriegütermarketing, 9. überarbeitete Auflage, München 2010

Baier, P. (2007): Praxishandbuch Controlling: Planung & Reporting, bewährte Controlling-Instrumente, Balanced Scorecard, Value Management, Sensitivitätsanalysen, Fallbeispiele, 2. Auflage, Wien/Frankfurt am Main 2007

Bain, J. S. (1968): Industrial Organization, 2nd edition, New York/London/Sydney 1968

Barney, J. B. (1991): Firm Resources an Sustained Competitive Advantage, In: Journal of Management 1991, Vol. 17, No. 1, S. 99–120

Barrett, J. (1986): Why Major Account Selling Works, in: IMM, Nr. 1, 1986 (Jg. 15), S. 63–73

Barth, K. (1975): Die Warenpräsentation im Einzelhandelsunternehmen, in: Mitteilung des Instituts für Handelsforschung an der Universität zu Köln, Nr. 7, Köln 1975

Barth, K.; Hartmann, M.; Schröder, H. (2017): Betriebswirtschaftslehre des Handels, 5. Auflage, Wiesbaden 2017

Barth, K.; Kiefel, J.; Wille, K. (2002): Gefilterte Märkte: Ein Anreizsystem zur Förderung von firmeninternen Wissensmärkten, Wiesbaden 2002

Barth, K.; Wille, K. (2000): Customer Equity – Ein prozessorientierter Ansatz zur Kundenbewertung, Diskussionsbeitrag Nr. 276, Duisburg 2000

Bastian, C. (2000): Mitarbeiterführung im Vertrieb, in: Vertriebsmanagement hrsg. von R. Reichwald, H.-J. Bullinger, Stuttgart 2001, S. 293–323

Bauer, R. (2000): Vertriebsorganisation, in: Vertriebsmanagement – Organisation, Technologieeinsatz, Personal, hrsg. von R. Reichwald, H.-J. Bulling, Stuttgart 2000, S. 35–83

Bauer, H. H./Huber, F. (1997): Der Wert der Marke, Institut für Marktorientierte Unternehmensführung, Mannheim 1997

Baumgarth, C. (2014): Markenpolitik, 4. Auflage, Wiesbaden 2014

Bea, F. X.; Haas, J. (2001): Strategisches Management, 3. Auflage, Stuttgart 2001

https://doi.org/10.1515/9783110535730-006

Becker, B.; Huckemann, M. (2001): Von der Black-Box zum Prozessmanagement, in: Acguisa, Heft 6, 2001, S. 92–94

Becker, J. (2002): Marketing-Konzeption: Grundlagen des zielstrategische und operativen Marketing-Managements, 7. überarbeitete und ergänzte Auflage, München 2001

Becker, J. (2001): Strategisches Vertriebscontrolling, 2. völlig überarbeitete und erweiterte Auflage, München 2001

Becker, J. (1991): Die Marke als strategischer Schlüsselfaktor, in: Thexis, Jg.8, H.6, St. Gallen 1991, S. 40–49

Beekmann, F. (2003): Stichprobenbasierte Assoziationsanalyse im Rahmen des Knowledge Discovery in Databases, Wiesbaden 2003

Bekmeier-Feuerhahn, S. (1998): Stichprobenbasierte Assoziationsanalyse im Rahmen des Knowledge Discovery in Databases – Eine konsumenten- und unternehmensbezogene Betrachtung, Wiesbaden 1998

Belz, C. (1998): Akzente im innovativen Marketing, St. Gallen 1998

Belz, C. (1989): Konstruktives Marketing, St. Gallen 1989

Belz, C.; Bussmann, W. (2000): Vertriebsszenarien 2005 – Verkaufen im 21. Jahrhundert, St. Gallen 2000

Belz, C.; Reinhold, M. (1999): Anleitung zum Vertriebserfolg, in: Internationales Vertriebsmanagement für Industriegüter, hrsg. von C. Belz, M. Reinhold, St. Gallen/Wien 1999, S. 15–221

Bendapudi, N; Berry, L. L. (1997): Customers' Motivation for Maintaining Relationships with Service Providers, in: Journal of Retailing, Jg. 73, Nr. 1/1997, S. 15–37

Berekoven, L. (1978): Zum Verständnis und Selbstverständnis des Markenwesens, in: Gabler Verlag (Hrsg.): Markenartikel heute. Marke, Markt und Marketing, S. 35–48, Wiesbaden 1978

Berekhoven, L.; Eckert, W.; Ellenrieder, P (2009): Marktforschung – Methodische Grundlagen und praktische Anwendung, 12. überarbeitete Auflage, Wiesbaden 2009

Berndt, R. (1996): Marketing 1 – Käuferverhalten, Marktforschung und Marketing-Prognosen, 3. vollständig überarbeitete und erweiterte Auflage, Berlin 1996

Biester, S. (1999): Gemeinsamer Blick zum Kunden – Procter stellt Marktforschung für kooperative Marktentwicklung bereit, in: LZ vom 19.11.1999, S. 40

Binner, H. F. (1998): Organisations- und Unternehmensmanagement: von der Funktionsorientierung zur Prozessorientierung, München 1998

Böcker, F. (1994): Marketing, 5. überarbeitete Auflage, Stuttgart 1994

Boenigk, M. (2001): Umsetzung der integrierten Kommunikation: Anreizsysteme zur Implementierung integrierter Kommunikationsarbeit, Wiesbaden 2001

Böing, C.; Huber, A. D. (2003): Markenmanagement im Multikanalvertrieb – identitätsorientierte Markenführung über alle Absatzkanäle, in: Multikanalstrategien, hrsg. von D. Ahlert, J. Hesse, J. Jullens, P. Smend, Wiesbaden 2003, S. 67–92

Böing, C.; Jullens, J.; Schrader, M. F. (2003): Customer Relationship Management im Multikanalvertrieb, in: Multikanalstrategien, hrsg. von D. Ahlert, J. Hesse, J. Jullens, P. Smend, Wiesbaden 2003, S. 33–66

Böing, E.; Barzen, D. (1992): Kunden-Portfolio im Praktiker-Test, Teil 1 in: Absatzwirtschaft, Heft 2, 1992, S. 85–89, Teil 2 in: Absatzwirtschaft Heft 3, 1992, S. 102–104

Brandmeyer, K. (1990): Unterwegs in Sachen Marke/Aufsätze & Vorträge zur Markenführung, Hamburg 1990

Bruhn, M. (2002): Integrierte Kundenorientierung, Wiesbaden 2002

Bruhn, M. (2014): Marketing: Grundlagen für Studium und Praxis, 12. Auflage, Wiesbaden 2014

Bruhn, M. (2001b): Bedeutung der Handelsmarke im Markenwettbewerb – eine Einführung, in: Handelsmarken, hrsg. von M. Bruhn, Stuttgart 2001, S. 3–48

Bruhn, M. (2000): Das Konzept der kundenorientierten Unternehmensführung, in: Kundenorientierte Unternehmensführung, hrsg. von H. Hinterhuber, K. Matzler, 2. Auflage, Wiesbaden 2000, S. 23–48

Bruhn, M. (1998): Balanced Scorecard: Ganzheitliches Konzept zur Wertorientierten Unternehmensführung, in: Wertorientierte Unternehmensführung, hrsg. von M. Bruhn, M. Lusti, W. R. Müller, H. Schierenbeck, T. Studer, Wiesbaden 1998, S. 145–167

Bruhn, M. (1994): Begriffsabgrenzung und Erscheinungsformen von Marken, in: Bruhn, Manfred; Handbuch Markenartikel, Stuttgart 1994

Bruhn, M.; Homburg, C. (2017): Handbuch Kundenbindungsmanagement, Grundlagen – Konzepte – Erfahrungen, 9. Auflage, Wiesbaden 2017

Brunner, J. (1999): Value-Based Performance Management – Wertsteigernde Unternehmensführung: Strategien – Instrumente – Praxisbeispiele, Wiesbaden 1999

Brunner, J.; Sprich, O. (1998): Performance Management und Balanced Scorecard, in: io Management Zeitschrift, 67. Jg., 1998, Heft 6, S. 30–36

Chamoni, P.; Gluchowski, P. (2000): On-Line Analytical Processing (OLAP), in: Das Data Warehouse-Konzept – Architektur – Datenmodelle – Anwendungen, hrsg. von H. Mucksch, W. Behme, 4. vollständig überarbeitete und erweiterte Auflage, Wiesbaden 2000, S. 333–376

Chamoni, P.; Budde, C. (1997): Methoden und Verfahren des Data Mining, Diskussionsbeitrag, Fachbereich Wirtschaftswissenschaft der Universität Duisburg-Essen, Duisburg 1997

Cornelsen, J. (2000): Kundenwertanalysen im Beziehungsmarketing: Theoretische Grundlegung und Ergebnisse einer empirischen Studie im Automobilbereich, Nürnberg 2000

D'Aveni, R. A. (1995): Hyperwettbewerb: Strategien für die neue Dynamik der Märkte, Frankfurt am Main; New York 1995

Degener, R.; Pape, H. (2002): Finanzielle Anreizsysteme als Führungsinstrument auf der Basis von Zielvereinbarungen, in: Betriebswirtschaftliche Blätter, Jg. 51, Heft 2, 2002, S. 54–59

Deking, I.; Meier, R. (2000): Vertriebscontrolling: Grundlagen für ein innovatives, anwendungsorientiertes Verständnis, in: Vertriebsmanagement, hrsg. von R. Reichwald, H.-J. Bullinger, Stuttgart 2000, S. 249–267

Dichtl, E. (1978): Grundidee, Entwicklungsepochen und heutige wirtschaftliche Bedeutung des Markenrtikels, in: Markenartikel heute – Marke, Markt und Marketing, hrsg. von L. Berekoven, Wiesbaden 1978, S. 17–33

Diller, H. (2001a): Großes Marketinglexikon, Stichwort: Kundenlebenszyklus, hrsg. von H. Diller, 2. völlig überarbeitete Auflage, München 2001, S. 865–866

Diller, H. (2001b): Preis- und Distributionspolitik starker Marken, in: Erfolgsfaktor Marke, hrsg. von R. Köhler, W. Majer, H. Wiezorek, München 2001, S. 117–133

Diller, H. (1995): Beziehungs-Marketing, in: Wirtschaftswissenschaftliches Studium, Vol. 24, Heft 9, 1995, S. 442–447

Diller, H.; Goerdt, T. (2000): Einflussfaktoren der Kundenbindung im Lebensmitteleinzelhandel – Ergebnisse von Panelanalysen für Güter des täglichen Bedarfs, in: Handelsforschung 1999/00 – Verhalten im Handel und gegenüber dem Handel, hrsg. von V. Trommsdorff, Wiesbaden 2000, S. 163–194

Domizlaff, H. (1994): Grundgesetze der natürlichen Markenbildung, in: Handbuch Markenartikel, hrsg. von M. Bruhn, Stuttgart 1994, S. 689–723

Domizlaff, H. (1992): Die Gewinnung des öffentlichen Vertrauens: ein Lehrbuch der Markentechnik und Typische Denkfehler der Reklamekritik, die Kunst erfolgreicher Werbung, Marketing-Journal, Hamburg 1992

Drucker, P. F. (1977): People and Performance: The Best of Peter Drucker on Management, Reprint, New York 1977

Dumke, St. (1996): Handelsmarkenmanagement, Band 11, Duisburger Betriebswirtschaftliche Schriften, Hamburg 1996

Düsing, R.; Heidsieck, C. (2001): Phasen des Data Warehousing: Analysephase, in: Data Warehouse Systeme: Architektur, Entwicklung, Anwendung, hrsg. von A. Bauer, H. Günzel, Heidelberg 2001, S. 95–115

Eberhardt, S. (1998): Wertorientierte Unternehmensführung. Der modifizierte Stakeholder-Value-Ansatz, Wiesbaden 1998

Eberling, G. (2002): Kundenwertmanagement – Konzept zur wertorientierten Analyse und Gestaltung von Kundenbeziehungen, Wiesbaden 2002

Engelhardt, W. H. (1976): Mehrstufige Absatzstrategien, in: ZfbF-Kontaktstudium, 28. Jg., o. Nr., 1976, S. 175–182

Engelhardt, W. H.; Kleinaltenkamp, M.; Reckenfelderbäumer, M. (1993): Leistungsbündel als Absatzobjekte, in: Schmalenbachs Zeitschrift für betriebswirtschaftliche Forschung, 45. Jg. 1993, S. 395–426

Esch, F.-R. (2018): Strategie und Technik der Markenführung, 9. überarbeitete und erweiterte Auflage, München 2018

Esch, F.-R. (2002): Die Marke als Wertschöpfer, in: Frankfurter Allgemeine Zeitung vom 25.03.2002, S. 25

Esch, F.-R. (2005): Moderne Markenführung: Grundlagen, innovative Ansätze, praktische Umsätze, 4. Auflage, Wiesbaden 2005

Esch, F.-R. (1999): Markenpositionierung und Markenführung, in: Strategisches Management und Marketing, hrsg. von R. Grünig, M. Pasquier, 1999

Esch, F.-R.; Bräutigam, S. (2001): Corporate Brands versus Product Brands? Zum Management von Markenarchitekturen, in: Thexis 4.2001, 18. Jg., S. 27–34

Esch, F.-R.; Geus, P. (2001): Ansätze zur Messung des Markenwertes, in: Moderne Markenführung, hrsg. von Esch, Franz-Rudolf, Wiesbaden 2001, S. 1025–1050

Esch, F.-R.; Wicke, A. (2005): Herausforderungen und Aufgaben des Markenmanagements, in: Moderne Markenführung, hrsg. von F.-R. Esch, 4. aktualisierte Auflage, Wiesbaden 2005, S. 3–55

Esch, F.-R.; Andresen, T. (1997): Messung des Markenwertes, in: Erfolgreiches Markenmanagement, hrsg. von MTP e. V. Alumni/Ulrich Hauser, Wiesbaden 1997, S. 11–37

Feige, S. (1997): Handelsorientierte Markenführung: Strategien zur Profilierung von Konsumgüterherstellern beim Handel, 2. Auflage, Frankfurt am Main 1997

Fickert, R. (1998): Customer Costing, in: Customer Costing, hrsg. von R. Fickert, Schriftenreihe des Instituts für Rechnungslegung und Controlling der Univ. St. Gallen, Bd. 6, Bern/Stuttgart/Wien 1998, S. 11–56

Fiesser, G.; Schneider, W. (2000): Konditionenwachstum ohne Ende?, in: Markenartikel, Heft 2/2000, S. 38–44

Fink, A. C.; Heineke, C. (2002): Die Balanced Scorecard mit dem Zielvereinbarungssystem verbinden, in: zfo, 71. Jg., Heft 3, 2002, S. 155–167

Fleck, A. (1995): Hybride Wettbewerbsstrategien, Wiesbaden 1995

Florenz, P. J. (1992): Konzept des vertikalen Marketing – Entwicklung und Darstellung am Beispiel der deutschen Automobilwirtschaft, Bergisch Gladbach/Köln 1992

Frese, E. (2000): Grundlagen der Organisation, 8. überarbeitete Auflage, Wiesbaden 2000

Frese, E. (1995): Profit Center – Motivation durch internen Marktdruck, in: Kreative Unternehmen, hrsg. von R. Reichwald, H. Wildemann, Stuttgart 1995, S. 77–93

Gaitanides, M. (2006): Prozessorganisation – Entwicklung, Ansätze und Programme prozessorientierter Organisationsgestaltung, 2., vollständig überarbeitete Auflage, München 2006

Gaintanides, M.; Müffelmann, J. (1996): Standardisierung komplexer Prozesse im strategischen Kontext, in: Zeitschrift für wirtschaftlichen Fabrikbetrieb, Vol. 91, Heft 5, 1996, S. 195–200

Gegenmantel, R. (1996): Key Account Management in der Konsumgüterindustrie, Wiesbaden 1996

Gierl, H.; Helm, R.; Puhlmann, A. (2000): Strategien der Hersteller zur Motivation des Handels – Eine kausalanalytische Untersuchung der zwischenbetrieblichen Zusammenarbeit im Konsumgüterbereich, in: Handelsforschung 1999/00, hrsg. von V. Trommsdorff, Wiesbaden 2000, S. 233–252

Giersberg, G. (2003): Ein sinnfälliger Ausdruck unternehmerischer Leistung, in: FAZ, 45. Folge vom 8. Juli 2003, Nr. 155, S. U 10

Gilles, M. (2002): Balanced Scorecard als Konzept zur strategischen Steuerung von Unternehmen, Frankfurt am Main 2002

Goerdt, T. (2005): Die Marken- und Einkaufsstättentreue der Konsumenten als Bestimmungsfaktoren des vertikalen Beziehungsmarketing, Wiesbaden 2005

Gontard, M. (2002): Unternehmenskultur und Organisationsklima – eine empirische Untersuchung, München 2002

Grochla, E. (1995): Grundlagen der organisatorischen Gestaltung, Stuttgart 1995

Grossekettler, H. (1978): Die volkswirtschaftliche Problematik von Vertriebskooperationen, in: ZfgG, Berlin, S. 325–374

Gümbel, R. (1963): Die Sortimentspolitik in den Betrieben des Wareneinzelhandels, Köln 1963

Gutenberg, E. (1975): Einführung in die Betriebswirtschaftslehre, Wiesbaden 1975

Haase, K.; Krafft, M. (2004): Integration von Marketing und Vertrieb, in: Exzellenz in Markenmanagement und Vertrieb, hrsg. von D. Ahlert, H. Evanschitzky, J. Hesse, A. Salfeld, Wiesbaden 2004, S. 89–100

Habbel, R. W. (2002): Faktor Menschlichkeit – Führungskultur in der Net e-conomy, Wien/Frankfurt am Main 2002

Hahne, H. (1998): Category Management aus Herstellersicht: Ein Konzept des Vertikalen Marketing und dessen organisatorische Implikationen, Köln 1998

Hair, J.; Anderson, R. E.; Tatham, R. L.; Black, W. C. (2009): Multivariate Data Analysis, seventh edition, New Jersey 2009

Hammer, M. (1994): Business Reengineering: die Radikalkur für das Unternehmen, 3. Auflage, Frankfurt am Main 1994

Handel digital – Online-Monitor 2017, hrsg. von Handelsverband Deutschland, Berlin 2017

Handel digital – Online-Monitor 2016, hrsg. von Handelsverband Deutschland, Berlin 2016

Hannig, U. (2001): Einsatz von Managementinformationssystemen in Marketing und Vertrieb, in: Handbuch Marketing-Controlling, hrsg. von S. Reinecke, T. Tomczak, Frankfurt am Main/Wien 2001, S. 720–733

Hansen, U. (1990): Absatz- und Beschaffungsmarketing des Einzelhandels, 2. neubearbeitete und erweiterte Auflage, Göttingen 1990

Hansen, P. (1972): Die handelsgerichtete Absatzpolitik der Hersteller im Wettbewerb um den Regalplatz – Eine aktionsanalytische Untersuchung, Berlin 1972

Harrigan, K. R. (1989): Unternehmensstrategien für reife und rückläufige Märkte, Frankfurt am Main/New York 1989

Harris, B.; Mc Partland, M. (1993): Category management defined – What it is and why it works, in: Progressive Grocer, Volume 72, Issue 9, 1993, S. 5–8

Hätty, H. (1989): Der Markentransfer, Heidelberg 1989

Hennig-Thurau, T. (1999): Die Klassifikation von Geschäftsbeziehungen mittels Kundenportfolio, in: Handbuch Relationship Marketing, hrsg. von A. Payne, R. Rapp, München 1999, S. 90–110

Herrmann, A.; Huber, F.; Braunstein, C. (2000): Gestaltung der Markenpersönlichkeit mittels der „means-end"-Theorie, in: Moderne Markenführung, hrsg. von F.-R. Esch, 2. aktualisierte Auflage, Wiesbaden 2000, S. 103–133

Hesch, G. (1997): Das Menschenbild neuer Organisationsformen: Mitarbeiter und Manager im Unternehmen der Zukunft, Wiesbaden 1997

Hildebrand, K. (1995): Informationsmanagement – Wettbewerbsorientierte Informationsverarbeitung, München et al., 1995

Homburg, C.; Krohmer, H. (2017): Marketingmanagement: Strategie – Instrumente – Umsetzung – Unternehmensführung, 6. Auflage, Wiesbaden 2017

Homburg, C.; Schäfer, H.; Schneider, J. (2016): Sales Excellence – Vertriebsmanagement mit System, 8., überarbeitete Auflage, Wiesbaden 2016

Homburg, C.; Schäfer, H. (2001): Strategische Markenführung in dynamischer Umwelt, in: Erfolgsfaktor Marke, hrsg. von R. Köhler, W. Majer, H. Wiezorek, München 2001, S. 156–173

Homburg, C.; Bruhn, M. (1999): Kundenbindungsmanagement: Eine Einführung in die theoretische und praktische Problemstellung, in: Handbuch Kundenbindungsmanagement: Grundlagen – Konzepte – Erfahrungen, hrsg. von M. Bruhn, C. Homburg, 2. aktualisierte und erweiterte Auflage, Wiesbaden 1999, S. 3–35

Homburg, C.; Schnurr, P. (1998): Kundenwert als Instrument der Wertorientierten Unternehmensführung, in: Wertorientierte Unternehmensführung, hrsg. von Bruhn, M. et al., Wiesbaden 1998, S. 169–190

Horváth, P. (2011): Controlling, 12. vollständig überarbeitete Auflage, München 2011

Horváth, P. (2007): Balanced Scorecard umsetzen, hrsg. von Horváth & Partner GmbH, Unternehmensberatung BDU, 4. Auflage, Stuttgart 2007

Horváth, P. (1998): Controlling, 7. Auflage, München 1998

Horváth, P.; Kaufmann, L. (1998): Balanced Scorecard: ein Werkzeug zur Umsetzung von Strategien, in: Harvard Business Manager, Heft 5, Jg. 20, 1998, S. 39–48

Irrgang, W. (1989): Strategien im vertikalen Marketing/Handelsorientierte Konzeptionen der Industrie, München 1989

Jenner, T. (1999): Überlegungen zum strategischen Wandel in der Markenführung, in: Marketing ZFP, Heft 2, 2. Quartal 1999, S. 149–160

Jepp, H. (1994): Markenpolitik und Vertriebspolitik, in: Handbuch Markenartikel III, hrsg. von M. Bruhn, Stuttgart 1994, S. 1223–1237

Jost, A. (2001): Erweiterte Vertriebssteuerung im Rahmen moderner CRM-Systeme, in: Loseblattsammlung Verkauf, hrsg. von S. Albers et al., Wiesbaden 2001, Sektion 02.10

Jullens, J.; Sander, B. (2002): Marken- und Kundenwert erfolgreich managen, in: INSIGHTS 2 hrsg. von BBDO Consulting, Düsseldorf, Mai 2002

Kaplan, R. S.; Norton, D. P. (1997): Balanced Scorecard. Strategien erfolgreich umsetzen, Stuttgart 1997

Kaplan, R. S.; Norton, D. P. (1996): Using the Balanced Scorecard as a Strategic Management System, in: Harvard Business Review, Vol. 74, 1996, S. 75–85

Kaplan, R. S.; Norton, D. P. (1993): Putting the Balanced Scorecard to Work, in: Harvard Business Review, Vol. 71, 1993, S. 134–147

Kaplan, R. S.; Norton, D. P. (1992): The Balanced Scorecard – Measures That Drive Performance, in: Harvard Business Review, Vol. 70, 1992, S. 71–79

Karg, M. (2001): Kundenakquisition als Kernaufgabe im Marketing, St. Gallen 2001

Kaufmann, L. (1997): Balanced Scorecard, in: Das Wirtschaftsstudium, Jg. 8, S. 421–428

Kellner, J. (1994): Lifestyle-Markenstrategien, in: Handbuch Markenartikel, hrsg. von M. Bruhn, Stuttgart 1994, S. 619–643

Kieser, H.-P. (2001): Moderne Vergütung im Verkauf. Leistungsorientiert entlohnen mit Deckungsbeiträgen und Zielprämien, Eschborn 2001

Kieser, A.; Kubicek, H. (2010): Organisation, 6. Auflage, Berlin, New York 2010

Kleinaltenkamp, M. (1999): Auswahl von Vertriebswegen, in: Markt- und Produktmanagement, hrsg. von M. Kleinaltenkamp, W. Plinke, Berlin 1999, S. 285–326

Kleinbeck, U.; Quast, H. H. (1992): Motivation, in: Handwörterbuch der Organisation, hrsg. von E. Frese, 3. Auflage, Stuttgart, S. 1420–1434

Klingebiel, N. (2001): Impulsgeber des Performance Measurement, in: Performance measurement & balanced scorecard, hrsg. von N. Klingebiel, München 2001, S. 3–23

Klingebiel, N. (1999): Performance Measurement: Grundlagen – Ansätze – Fallstudien, Wiesbaden 1999

Kloth, R. (1999): Waren- und Informationslogistik im Handel, Wiesbaden 1999

Klumpp, T. (2000): Zusammenarbeit von Marketing und Verkauf – Implementierung eines integrierten Marketing in Industrieunternehmen, St. Gallen 2000

Knoblich, H. (1969): Betriebswirtschaftliche Warentypologie: Grundlagen und Anwendungen, Köln/Opladen 1969

Knorren, N. (1998): Wertorientierte Gestaltung der Unternehmensführung, Wiesbaden 1998

Koers, M. (2000): Steuerung von Markenportfolios: ein Beitrag zum Mehrmarkencontrolling am Beispiel der Automobilwirtschaft, Frankfurt am Main 2001

Köhler, R. (2006): Marketing-Controlling: Konzepte und Methoden, in: Handbuch Marketingcontrolling, hrsg. von S. Reinecke, T. Tomczak, G. Geis, Frankfurt am Main/Wien 2006, S. 12–31

Kommunikationsanalyse (2012): Brigitte Kommunikationsanalyse, hrsg. von Gruner + Jahr AG & Co., Hamburg 2012

Korb, R. (2000): One to One-Marketing – Völlig neue Verkaufschancen, in: CRM-Report, Ausgabe 2000, S. 16–19

Kotler, P.; Bliemel, F. (2001): Marketing Management: Analyse, Planung und Verwirklichung, 10., überarbeitete und aktualisierte Auflage, Stuttgart 2001

Krafft, M. (2002): Der Kunde im Fokus: Kundennähe, Kundenzufriedenheit, Kundenbindung – und Kundenwert?, in: Die Betriebswirtschaft, 59. Jg. 1999, Heft 4, S. 511–530

Krause, M. (2000): Computer Aided Selling in der Konsumgüterindustrie: Konzeption der Außendienstunterstützung, Wiesbaden 2000

Kriegbaum, C. (2001): Markencontrolling: Bewertung und Steuerung von Marken als immaterielle Vermögenswerte im Rahmen eines unternehmenswertorientierten Controlling, München 2001

Kroeber-Riel, W. (1993): Bildkommunikation, München 1993

Kroeber-Riel, W.; Weinberg, P. (2013): Konsumentenverhalten, 10. aktualisierte und ergänzte Auflage, München 2013

Kroeber-Riel, W.; Esch, F.-R. (2004): Strategie und Technik der Werbung – Verhaltenswissenschaftliche Ansätze, 5. Auflage, Stuttgart 2004

Küpper, H.-U. (2005): Controlling, Konzeption, Aufgaben und Instrumente, 4. Auflage, Stuttgart 2005

Küting, K.-H. (1982): Grundsatzfragen von Kennzahlen als Instrument der Unternehmensführung, in: Wissenschaftliches Studium, Jg. 12, 1982, S. 237–241

Langemeyer, H. (1999): Das Cafeteria-Verfahren: ein flexibles, individuelles Anreizsystem betrachtet aus entscheidungstheoretischer Sicht, München 1999

Laßmann, A. (1992): Organisatorische Koordination: Konzepte und Prinzipien zur Einordnung von Teilaufgaben, Wiesbaden 1992

Laurent, M. (1996): Vertikale Kooperation zwischen Industrie und Handel: neue Typen und Strategien zur Effizienzsteigerung im Absatzkanal, Frankfurt am Main 1996

Lenzen, A. (1998): Erfolgsfaktor Schlüsselqualifikation: Mitarbeiter optimal fördern, Heidelberg 1998

Leumann, P. (1979): Die Matrix-Organisation – Unternehmensführung in einer mehrdimensionalen Struktur – Theoretische Darstellung und praktische Anwendung, Bern 1979

Liebmann, H.-P.; Zentes, J. (2008): Handelsmanagement, 2. Auflage, München 2008

Lockau, I. (2000): Organisation des Global-Account-Management im Industriegütersektor, Berlin 2000

Lynch, R. F.; Cross, K. C. (1995): Measure Up! Yardsticks for Continuous Improvement, 2. Auflage, Cambridge 1995

Matheis, M.; Schalch, O. (1999): Balanced Scorecard und Economic Value Added, in: io management, 68. Jg., Nr. 4, 1999, S. 37–43

McCammon, B. C. (1970): Perspectives for Distribution Programming, in: Vertical Marketing Systems, hrsg. von L. P. Bucklin, Glenview (IL)/London 1970, S. 32–51

Meck, G.; von Petersdorff, W. (2003): Die Apotheke an der Kette, in: Frankfurter Allgemeine Sonntagszeitung vom 20.07.2003, Nr. 29, S. 27

Meffert, H. (2000): Markenführung im Wandel – Die Perspektive der Wissenschaft, in: Markenführung im Spannungsfeld zwischen Rationalität, Emotionalität und Mythos – Aktuelle Herausforderungen und Erfolgsfaktoren; Dokumentationspapier, Münster 2000, S. 1–21

Meffert, H. (1999): Zwischen Kooperation und Konfrontation: Strategien und Verhaltensweisen im Absatzkanal, in: Distribution im Aufbruch, hrsg. von O. Beisheim, München 1999, S. 407–424

Meffert, H.; Burmann, C. (2002): Markenbildung und Markenstrategien, in: Handbuch Produktmanagement, hrsg. von A. Sönke, A. Herrmann, 2., überarbeitete und erweiterte Auflage, Wiesbaden 2002, S. 167–187

Meffert, H.; Burmann, Ch.; Koers, M. (2002): Stellenwert und Gegenstand des Markenmanagement, in: Markenmanagement, hrsg. von H. Meffert, C. Burmann, M. Koers, Wiesbaden 2002, S. 3–15

Meffert, H.; Perrey, J. (2002): Mehrmarkenstrategien: Identitätsorientierte Führung von Markenportfolios, in: Markenmanagement, hrsg. von H. Meffert, Wiesbaden 2002, S. 201–232

Meffert, H.; Burrmann, C. (2001): Identitätsorientierte Markenführung: in Bruhn, Manfred; Handelsmarken, Stuttgart 2001. S. 49–69

Meffert, H.; Twardawa, W.; Wildner, R. (2001): Aktuelle Trends im Verbraucherverhalten: Chance oder Bedrohung für die Markenartikel?, in: Erfolgsfaktor Marke, hrsg. von K. Köhler, W. Majer, H. Wiezorek, München 2001, S. 1–21

Meffert, H.; Bruhn, M. (2012): Dienstleistungsmarketing, 7. Auflage, Wiesbaden 2012

Meffert, H.; Burmann, C. (1996): Identitätsorientierte Markenführung, in: Markenartikel, 58. Jg., Heft 8/1996, S. 373–380

Mellerowicz, K. (1963): Markenartikel – Die ökonomischen Gesetze ihrer Preisbildung und Preisbindung, 2. Auflage, München 1963

Mellerowicz, K. (1959): Der Markenartikel als Vertriebsform und als Mittel zur Steigerung der Produktivität im Vertriebe, Freiburg i. Br. 1959

Mertens, P. (1991): Grundzüge der Wirtschaftsinformatik, Berlin 1991

Monopolkommission (1994): Marktstruktur und Wettbewerb im Handel: Sondergutachten der Monopolkommission gemäß 24 b Abs. 5 Satz 4 GWB, Baden-Baden 1994

Müller-Hagedorn, L. (2005): Handelsmarketing, 4. vollständig überarbeitete und erweiterte Auflage, Stuttgart 2005

Nieschlag, R. (1980): Binnenhandel und Binnenhandelspolitik, 3. neubearbeitete Auflage, Berlin 1980

o. V. (2003): L'Oréal Paris profitiert von der Premiumstrategie, in: LZ vom 25. April 2003, Nr. 17, S. 14

Osterloh, M.; Frost, J. (2000): Prozessmanagement als Kernkompetenz, 3. Auflage, Wiesbaden 2000

Osterloh, M.; Wübker, S. (1999): Wettbewerbsfähiger durch Prozess- und Wissensmanagement: mit Chancengleichheit auf Erfolgskurs, Wiesbaden 1999

Ostroff, F.; Smith, D. (1992): The horizontal organization, in: The McKinsey Quarterly, Vol. 29, Heft 1, 1992, S. 148–167

Oversohl, C. (2002): Gestaltung von leistungsorientierten Konditionensystemen in der Konsumgüterindustrie, Aachen 2002

Pavitt, J. (2001): Brand New – Starke Marken, München 2001

Peschke, M. A. (2000): Strategische Ziele im Value Management, in: Praxis des Strategischen Managements: Konzepte, Erfahrungen, Perspektiven, hrsg. von M. K. Welge et al., Wiesbaden 2000, S. 95–112

Picot, A.; Reichwald, R.; Wigand, R. T. (2003): Die grenzenlose Unternehmung, 5. aktualisierte Auflage, Wiesbaden 2003

Plinke, W. (1997): Bedeutende Kunden, in: Geschäftsbeziehungsmanagement, hrsg. von M. Kleinaltenkamp und W. Plinke, Berlin 1997, S. 113–160

Porter, M. E (1999): Wettbewerbsvorteile, 5. Auflage, Frankfurt am Main 1999

Posselt, T. (2001): Die Gestaltung von Distributionssystemen – Eine institutionsökonomische Untersuchung mit einer Fallstudie aus der Mineralölwirtschaft, Stuttgart 2001

Preißner, A. (2000): Marketing- und Vertriebssteuerung: Planung und Kontrolle mit Kennzahlen und Balanced Scorecard, München 2000

Rappaport, A. (1992): Selecting Strategies that Create Shareholder Value, in: Unternehmensakquisition und Unternehmensbewertung, hrsg. von W. Busse von Colbe, A. Coenenberg, Stuttgart 1992, S. 237 ff.

Reichmann, T. (1997): Controlling mit Kennzahlen und Managementberichten, 5. Auflage, München 1997

Reichwald, R.; Bastian, C.; Lohse, C. (1999): Vertriebsmanagement im Wandel: neue Anforderungen an die Gestaltung der Kundenschnittstelle: in Vertriebsmanagement, Reichwald, Franz, Stuttgart 1999, S. 3–31

Rieker, S. A. (1995): Bedeutende Kunden: Analyse und Gestaltung von langfristigen Anbieter-Nachfrager-Beziehungen auf industriellen Märkten, Wiesbaden 1995

Rentzmann, R.; Hippner, H.; Hesse, F.; Wilde, D. K. (2011): IT-Unterstützung durch CRM-Systeme, in: Grundlagen des CRM, Hippner, H. et al., Wiesbaden 2011, S. 130–155

Rohwetter, M. (2004): Was aus der Fabrik kommt, wird gegessen!, in: Die Zeit Nr. 6 vom 29. Januar 2004, S. 20–21

Rudolph, B. (1998): Kundenzufriedenheit im Industriegüterbereich, Wiesbaden 1998

Rüschen, G. (1994): Ziele und Funktionen des Markenartikels, in: Handbuch Markenartikel, Band I, hrsg. von M. Bruhn, Stuttgart 1994, S. 121–134

Saatkamp, J. (2002): Business Process Reengineering von Marketingprozessen: Theoretischer Bezugsrahmen und explorative empirische Untersuchung, Nürnberg 2002

Sackmann, S. (1990): Möglichkeiten der Gestaltung von Unternehmenskultur, in: Die Unternehmenskultur, ihre Grundlagen und ihre Bedeutung für die Führung der Unternehmung, hrsg. von C. Lattmann, Heidelberg 1990, S. 153–188

Sander, M. (1994): Die Bestimmung und Steuerung des Wertes von Marken: eine Analyse aus Sicht des Markenherstellers, Heidelberg 1994

Sattler, H. (2007): Markenpolitik, 2. Auflage, Stuttgart et al. 2007

Schanz, G. (1994): Organisationsgestaltung. Management von Arbeitsteilung und Koordination, 2. Auflage, München 1994

Schein, E. H. (1995): Unternehmenskultur. Ein Handbuch für Führungskräfte, Frankfurt am Main, New York 1995

Schein, E. H. (1992): Organizational Culture and Leadership, San Francisco et al. 1992

Scherm, E.; Süß, S. (2010): Personalmanagement, 2. überarbeitete und ergänzte Auflage, München 2010

Schierenbeck, H.; Lister, M. (1998): Finanzcontrolling und Wertorientierte Unternehmensführung, in: Wertorientierte Unternehmensführung, hrsg. von Bruhn, M; Lusti, M; Müller, W; Schierenbeck, H; Studer, T., Wiesbaden 1998

Schlüter, T. (2000): Strategisches Marketing für Werkstoffe, Berlin 2000

Schmalen, H. (1994): Das hybride Kaufverhalten und seine Konsequenzen für den Handel – Theoretische und empirische Betrachtungen, in: Zeitschrift für Betriebswirtschaft, 64. Jg., Nr. 10, 1994, S. 1221–1240

Schmickler, M. (2001): Management strategischer Kooperationen zwischen Hersteller und Handel, Wiesbaden 2001

Schmidt, H. J. (2001): Markenmanagement bei erklärungsbedürftigen Produkten, Wiesbaden 2001

Schmöller, P. (2001): Kunden-Controlling – Theoretische Fundierung und empirische Erkenntnisse, Wiesbaden 2001

Schneider, W.; Hennig, A. (2001): Kennzahlen Marketing und Vertrieb, Landsberg/Lech 2001

Schögel, M.; Tomczak, T. (1999): Alternative Vertriebswege – Neue Wege zum Kunden, in: Alternative Vertriebswege, hrsg. von T. Tomczak, St. Gallen 1999, S. 12–38

Schögel, M. (1997): Mehrkanalsysteme in der Distribution, St. Gallen 1997

Scholz, R. (1993): Geschäftsprozessoptimierung – Crossfunktionale Rationalisierung oder strukturelle Reorganisation, Bergisch Gladbach 1993

Schreyögg, G. (2016): Organisation – Grundlagen moderner Organisationsgestaltung, 6. Auflage, Wiesbaden 2016

Schreyögg, G. (1990): Unternehmenskultur in Multinationalen Unternehmen, in: BfuP, 5/1990, S. 379–390

Schulte, C. (1990): Das Funktionendiagramm, in: WISU-Kompakt, Heft 10/90, Jg. 19, S. 559–561

Seifert, D. (2001): Efficient Consumer Response, 2. erweiterte Auflage, München 2001

Seyffert, R. (1972): Wirtschaftslehre des Handels, 5. Auflage, Köln und Opladen 1972

Siegwart, H. (1998): Kennzahlen für die Unternehmensführung, 5. aktualisierte und erweiterte Auflage, Bern 1998

Sommer, R. (1998): Psychologie der Marke: Die Marke aus der Sicht des Verbrauchers, Frankfurt am Main 1998

Speer, F. (2002): Vom CM zum CRM, in: Markenartikel, Heft 3/2002, 64. Jg., S. 90–100

Srivastava, R. K.; Shervani, T. A.; Fahey, L. (1998): Market-Based-Assets and Shareholder Value: A Framework for Analysis, in: Journal of Marketing, 62. Jg., 1998, S. 2–18

Staehle, W. H. (1967): Kennzahlen und Kennzahlensysteme, München 1967

Stahlknecht, P.; Hasenkamp, U. (2004): Einführung in die Wirtschaftsinformatik, 11. Auflage, Berlin et al. 2004

Steffenhagen, H. (1975): Konflikt und Kooperation in Absatzkanälen, ein Beitrag zur verhaltensorientierten Marketingtheorie, in: Schriftenreihe Unternehmensführung und Marketing, Bd. 5, hrsg. von H. Meffert, Wiesbaden 1975

Stier, W. (2013): Empirische Forschungsmethoden, 2. Auflage, Berlin 2013

Stoffl, M. (1996): Personalmanagement in Großbetrieben des Einzelhandels, Wiesbaden 1996

Suchanek, A. (2007): Ökonomische Ethik, 2. Auflage, Tübingen 2007

Tietz, B. (1999): Systemdynamik und Konzentration im Handel, in: Distribution im Aufbruch, hrsg. von O. Beisheim, München 1999, S. 581–603

Tietz, B. (1993): Der Handelsbetrieb: Grundlagen der Unternehmenspolitik, 2. neubearbeitete Auflage, München 1993

Tietz, B. (1973): Konsument und Einzelhandel, 2. Auflage, Frankfurt am Main 1973

Tomczak, T.; Rudolf-Sipötz, E. (2001a): Kundenwert in Forschung und Praxis, in: Thexis, St. Gallen 2001

Tomczak, T.; Rudolf-Sipötz, E. (2001b): Bestimmungsfaktoren des Kundenwertes: Ergebnisse einer branchenübergreifenden Studie, in: Kundenwert – Grundlagen, Innovative Konzepte, Praktische Umsetzung, hrsg. von B. Günter, S. Helm, Wiesbaden 2001, S. 127–154

Tomczak, T.; Will, M.; Kernstock, J.; Brockdorff, B.; Einwiller, S. (2001): Corporate Branding – Die zukunftsweisende Aufgabe zwischen Marketing, Unternehmenskommunikation und strategischem Management, in: Thexis, Heft 4, St. Gallen 2001, S. 2–4

Tomczak, T.; Schögel, M.; Feige, S. (1999): Erfolgreiche Markenführung gegenüber dem Handel, in: Moderne Markenführung – Grundlagen, innovative Ansätze, praktische Umsetzung, hrsg. von F.-R. Esch, Wiesbaden 1999, S. 848–871

Tomczak, T.; Gussek, F. (1992): Handelsorientierte Anreizsysteme der Konsumgüterindustrie, in: Zeitschrift für Betriebswirtschaft, 62. Jg., 1992, H. 7, 783–806

Trommsdorff, V. (2008): Konsumentenverhalten, 7., überarbeitete und erweiterte Auflage, Stuttgart 2008

Vetter, R.; Wiesenbauer, L. (1994): Teamarbeit – Kritischer Erfolgsfaktor im Projekt, in: Zeitschrift für Führung und Organisation, Vol. 63, Heft 4, 1994, S. 226–231

Wagner, D. (1989): Organisation, Führung und Personalmanagement, Freiburg 1989

Wall, F. (1999): Planungs- und Kontrollsysteme, Informationstechnische Perspektiven für das Controlling, Grundlagen – Instrumente – Konzepte, Wiesbaden 1999

Weber, J. (1998): Macht der Zahlen, in: Manager Magazin, Jg. 28, Heft 12, 1998, S. 184–187

Weber, J.; Schäffer, U. (2000): Entwicklung von Kennzahlensystemen, Forschungspapier Nr. 62 der Wissenschaftlichen Hochschule für Unternehmensführung (WHU)-Otto Beisheim Hochschule, Vallendar 1999

Welge, K. M.; Al-Laham, A. (2017): Strategisches Management, 7. Auflage, Wiesbaden 2017

Werner, G. W.; Ester, B (2001): Neue Aspekte der Kooperation, in: Markenartikel, 63. Jg., Heft 3, 2001, S. 12–18

Weßner, K. (1999): Durch Mapping zur Marke, in: planung & analyse, Heft 5/99, S. 34–37

Wiese, J. (2000): Implementierung der Balanced Scorecard – Grundlagen und IT-Fachkonzept, Wiesbaden 2000

Winkelmann, P. (2012): Marketing und Vertrieb, 8. Auflage, München, Wien 2012

Wolf, C. (2000): Probleme unterschiedlicher Organisationskulturen in organisationalen Subsystemen als mögliche Ursache des Konflikts zwischen Ingenieuren und Marketingexperten, Freiberger Arbeitspapiere Nr. 19, Freiberg 2000

Wolf, J. (1977): Kennzahlensysteme als betriebliche Führungsinstrumente, München 1977

Zentes, J.; Swoboda, B. (2000): Hersteller-Handels-Beziehungen aus markenpolitischer Sicht, in: Moderne Markenführung, hrsg. von F.-R. Esch, Wiesbaden 2000

Zentes, J.; Swoboda, B. (1998): Kundenbindung im vertikalen Marketing, in: Handbuch Kundenbindungsmanagement, hrsg. von M. Bruhn, Wiesbaden 1998, S. 273–299

Zink, K.; Bäuerle, T. (2000): Kundenorientierung und -zufriedenheit in Business Excellence-Konzepten, in: Kundenorientierte Unternehmensführung, hrsg. von H. Hinterhuber, K. Matzler, Wiesbaden 2000, S. 311–341